W0181262

hänssler

PAUL SCHNEIDER

Der Prediger
von Buchenwald

Herausgegeben von
Margarete Schneider

Die Deutsche Bibliothek — CIP-Einheitsaufnahme

Schneider, Paul:
Der Prediger von Buchenwald : das Martyrium Paul Schneiders /
Paul Schneider. Hrsg. von Margarete Schneider. — Überarb.
Neuaufl., 3. Aufl. — Neuhausen-Stuttgart : Hänssler, 1995
  (TELOS-Bücher ; Nr. 311 : Telos-Taschenbuch)
  ISBN 3-7751-2274-5
NE: GT

Das vorliegende Buch erschien zuerst als TELOS-Taschenbuch
mit der Bestell-Nr. 70.311

3. Auflage 1995
hänssler-Taschenbuch
Bestell-Nr. 392.274

. . . und sollst mein Prediger bleiben

Jer. 15, 19a

Inhalt

Vorwort

Wer dies Buch gelesen hat, wird mich begreifen, wenn ich als erstes gestehen muß, daß ich am liebsten kein Wort davor oder dazu setzte, sondern die Aufgabe des Herausgebers* wirklich nur darin sähe, an seinem geringen Teil dazu zu helfen, eine große Gabe weiterzugeben, damit der heimliche Segen überströme.

Als ich jemand, der das Manuskript dieses Buches vor der Drucklegung lesen durfte, fragte, wie es ihm damit gegangen wäre, bekam ich die Antwort: »Alles, was ich vorher für Glauben hielt, war Geschwätz, bestenfalls befand ich mich im Vorhof ...« Ich kann mir nicht denken, daß einer diese Blätter läse, ohne sich im letzten gefordert und in Frage gestellt zu finden.

Ich kann mir aber auch erst recht nicht denken, daß es jemand zu Ende läse, ohne überwältigt zu werden von dem leuchtenden Geheimnis eines Sieges, der mitten in der Niederlage triumphiert.

Ja, es ist ein Buch, in dem auch Grauenvolles berichtet wird, Dinge, die so sind, daß es einen im Halse würgt ... Aber es ist darin alles so ganz anders als in jener Literatur unserer Tage, die vom Grauen der Nackten und Toten, aber nicht von der Überlegenheit der Gnade zu sagen weiß. Dies Buch ist gar kein »literarisches« Erzeugnis und, wenn man so will, überhaupt kein »Buch«, sondern ... ja, was denn? Sagen wir: ein einziges lautes Rufen, und zwar von Gott her, im Namen des Gottes, der sich für uns kreuzigen ließ und uns an seinem Auferstehungssieg beteiligt.

* Bei der 1. Ausgabe dieses Buches 1953–64 vom Lettner-Verlag Berlin war Heinrich Vogel der Herausgeber.

Ein Rufer Gottes mitten in der Wüste des KZ, mitten unter den Erniedrigten, Beleidigten und Entrechteten, selbst einer der Elendsten unter all den Elenden, – das war dieser Pfarrer Paul Schneider, den wir unseren Bruder nennen durften.

Es ist geradezu wundersam, aus dem Bericht, den uns seine Frau hier schenkt, sich auf das Geheimnis der Führung dieses Lebens gewiesen zu sehen. Von dem Ende her gesehen erscheint alles wie eine einzige Zurüstung und Vorbereitung darauf, daß er »der Prediger von Buchenwald« wurde.

Als ein Mithäftling unter sein Zellenfenster tritt und ihn bittet, sich doch zu schonen und an Frau und Kinder zu denken, erhält er die Antwort: »Ich weiß, warum ich hier bin . . .«

Ja, das ist es: Dieser Mann wußte, und zwar mit einer über alle Anfechtungen triumphierenden Gewißheit, warum er diesen Weg der Hirtentreue zu seiner Gemeinde und dann des Zeugen Jesu Christi unter den Sterbenden bis in den Tod gehen mußte.

Das Größte ist wohl, daß dieses »mußte« für ihn verwandelt war in ein »durfte«.

Die Riegel seiner Zelle, seiner Folterkammer waren ja aus – Papier! Das will sagen: Er hätte nur einen kleinen Zettel, einen Revers zu unterschreiben brauchen, daß er die Ausweisung aus seiner Gemeinde anerkenne, so hätten sie den unbequemen Mahner, der ihnen beim Lagerappell immer von neuem den Stachel ins Gewissen trieb, entlassen. So hätte er . . .

Es gehört schon noch etwas mehr als eiserner Wille dazu, um das unter Foltern bis zum letzten durchzuhalten.

Dazu gehört die Gnade Gottes.

Von dem heimlichen Licht dieser Gnade sind diese Blätter randvoll. Darum ist seine Sprache auch so menschlich. Wir müssen der Frau dieses Mannes, die gewürdigt war, die Last mitzutragen und am Zeugnisamt des Lebensgefährten beteiligt zu sein, sehr dankbar sein, daß sie ihr persönlichstes Eigentum, jene aus dem Gefängnis und dann aus dem Konzentrationslager an sie gerichteten Briefe, uns in die Hand gibt. Gerade die menschliche Fürsorge des Gatten und Vaters, die Art und Weise, wie sich dieselbe aus solch einer Situation heraus äußert, spricht Bände für den, der unter dem Ausgesprochenen das aus äußeren und inneren Gründen nicht Sagbare zu hören vermag.

Für uns alle aber ist dies Zeugnis Paul Schneiders ein einziger Ruf in die Nachfolge des Gekreuzigten und damit in eins: in die Gewißheit des Endsieges Gottes. Damals im KZ ist manch einer durch diesen Prediger von Buchenwald zum Christen geworden. Es könnte sein, daß es manch einer über dem Lesen dieser Blätter wird.

Unabsehbar ist, welchen Dienst die Stimme dieses Predigers in der Wüste heute der Kirche tun könnte, der angefochtenen, zum Leidensgehorsam gerufenen Kirche, aber wahrhaftig auch der sicheren, satten, selbstgefälligen und weltgefälligen Kirche!

Und was uns Prediger angeht – dies Buch ist nicht zuletzt ein hohes Lied der Hirtentreue, das für uns einfach eine Bußpredigt ist.

Möge es mir gestattet sein, mit einigen Strophen zu schließen, die für mich mit dem Namen Paul Schneiders unlöslich verknüpft sind. Während er dem Letzten entgegenging, durfte ich damals im August 1939 noch im Montafon mit meiner Frau den Urlaub verleben.

Ich könnte noch die Stelle im Gargellener Tal bezeichnen, wo uns beide die Nachricht von seinem Tode erschütterte. Zwei ungeheure Felsspitzen waren durch eine eigentümliche, vom Licht durchbrochene Wolkenbildung anzusehen wie ein apokalyptisches Zeichen. An jenem Tag entstanden die Verse, mit denen ich das Vorwort beschließen darf, durch das ich das Wort und Zeugnis des »Predigers von Buchenwald« weiterreiche in die Hand seines Hörers.

Zephanja 3, 12: »Ich will in dir lassen übrigbleiben ein armes, geringes Volk; die werden auf des Herrn Namen trauen.«

> Du wirst Dir übrig lassen
> Ein Volk arm und gering,
> Das wirst Du, Retter, fassen,
> Noch eh es gar verging;
> In unsre Herzen schreiben
> Wirst Deinen Namen Du,
> Daß wir bei Dir verbleiben,
> Du unsre Burg und Ruh.
>
> Dein Geist lehrt uns Dich kennen
> In Deinem lieben Sohn,
> Daß wir Dich Vater nennen
> Auf Deinem Gnadenthron;
> Herr, denen Du vergeben,
> Kein Satan schaden wird,
> Mit Deinem Leib und Leben
> Deckst Du uns, guter Hirt.
>
> Das Hohngeschrei der Feinde,
> Ihr Lug, Gewalt und List,

Schafft nichts bei der Gemeinde,
In der Du bist, Herr Christ;
Und ob wir unterliegen
Bis in die letzte Not,
Du läßt uns sterbend siegen
Durch Deinen Siegestod.

Ob tausend von Dir gehen
Und fliehn an ihren Ort,
Dein Häuflein läßt Du stehen
Auf Deinem Felsenwort;
Aus Not und Todesketten
Wirst Du Dein Volk und Heer,
Du Auferstandner, retten,
Zu Deines Namens Ehr.

Heinrich Vogel

Heimat und Kindheit

»Der ist in tiefster Seele treu, der die Heimat liebt
wie du.«   Fontane

Paul Schneider nannte sich einen »*einfachen, bäuerlichen Pfarrerssohn*«, er war seinem Wesen nach dem
Bauerntum verbunden. Seine Kindheit im Pfarrdorf
seines Vaters, in Pferdsfeld, Kreis Kreuznach, hat die
Liebe zur Natur, zu Tieren und bäuerlichen Menschen tief in seine empfindsame Seele eingedrückt.
Hier war sein »Kindheitsparadies«. In einem Gemeindebrief »aus dem Urlaub« schreibt er 1931: »*Wie wohl
wir daran tun, die Heimaterinnerungen, die Heimat-
kunde und die Heimatliebe zu pflegen, merke ich in
diesen Tagen sonderlich, da ich in dem Lande weile, wo
meine Wiege gestanden hat und das mir die Eindrücke
der Kindheit vermittelt hat. Das Dörflein, hoch im Wie-
sengrund des beginnenden Hoxtbachtales gebettet, der
machtvoll aufgebaute Soonwald im nahen Blickfeld,
die alten, niedrigen Häuschen, die Winkel und Ecken
des Dorfes, die Leute, zum Teil noch die alten Gestalten
der Kindheit, der plätschernde Röhrenbrunnen jetzt wie
einst: wie nimmt das alles die Seele in einer guten und
starken Liebe gefangen, wie ruht da Leib und Seele so
gern aus im Schoße der Heimat.*« 1925 schreibt er in
sein Tagebuch: »*Heimatluft ist halt Heimatluft, und
diese Naturgebundenheit können wir wohl überwinden,
aber nie verlieren.*«

Pauls Vater, der Pfarrer Gustav Adolf Schneider,
geboren am 13. 1. 1858, stammte aus Kaufmanns-
familien, die zur Elberfelder Kirchengemeinde gehör-

ten. Früh verlor Gustav Adolf seine Mutter; deshalb wuchs er im großelterlichen Haus auf, wo seine Tante, die Lehrerin an der Höheren Mädchenschule war, ihm Erzieherin und geistliche Führerin wurde. Durch sie kam er unter den Einfluß Kohlbrügges, doch wurde er von Pastor D. Krummacher in der reformierten Gemeinde konfirmiert. – Während des Theologiestudiums hatte er den größten Gewinn von Prof. Tobias Beck in Tübingen. Aber trotz guter wissenschaftlicher und theologischer Bildung war er durch seine Schwerfälligkeit oft in seinem Amt gehemmt. Der Tod seiner Frau im Jahre 1914 machte ihn vollends zum in sich gekehrten Einsamen. Die Erschütterung über den nationalen Zusammenbruch im Jahre 1918 verwand er nie. Nur selten konnten wir einen Blick in seinen inneren Reichtum und seine verhaltene Güte tun. Ich staunte als junges Mädchen über seine praktische Textauslegung. Predigte er aber nicht mehr Gesetz als Evangelium? Das mag auf sich beruhen. Ich hörte Paul stets mit Ehrerbietung und verständnisvoller Nachsicht über seinen Vater reden. Es war ihm wichtig, ein gehorsamer Sohn zu sein; um so mehr hat ihm ein Ereignis im Pferdsfelder Pfarrgarten innerlich zu schaffen gemacht. In einer Zeit tiefster Angefochtenheit – in Glaubens- und Berufsnot – kam er im Jahre 1925 in seinem Tagebuch darauf zurück, so daß wir in sein empfindsames Gemüt hineinsehen können.

Daß Pauls Mutter ihren Kindern zu einer glücklichen Kindheit verhalf, ist nicht ganz selbstverständlich: Paul kannte sie nur als Leidende. Elisabeth, geb. Schnorr, wurde in Düsseldorf am 8. 8. 1863 geboren. Sie hatte keinen leichten Weg hinter sich, ehe sie im

Jahre 1888 Pfarrfrau in Pferdsfeld wurde. Ihre Eltern waren in der Gründerzeit aus einem hessischen Dorf ausgewandert. Sie besaßen in Düsseldorf ein Hotel, sind aber beide früh gestorben. So kamen ihre beiden kleinen Töchter ins Waisenhaus nach Mülheim/Ruhr. Elisabeth, die ältere von beiden, war dann bis zu ihrer Heirat Erzieherin. Nach der Totgeburt ihrer ersten beiden Kinder begann ihr unheilbares Gichtleiden. Die Tapfere schenkte dann noch drei Söhnen das Leben: Adolf im Jahre 1891, Paul am 29. August 1897 und Hans im Jahre 1901. Paul schrieb einmal über seine Mutter: »*Sie blieb die fröhliche Seele unseres Hauses, solange sie immer unter uns sitzen konnte.*« Offenbar war sie darauf bedacht, ihre Jungen selbständig und unbeschwert aufwachsen zu lassen: Da durfte man Raben zähmen, Eichhörnchen fangen, Frösche halten, kurz – an allem erreichbaren Getier sich erfreuen. Mutters Weihnachtsabend war für Paul zeitlebens der Inbegriff alles Schönen.

Bald wurde die Tatkräftige ganz an den Stuhl gefesselt. Um ihr noch den Genuß der Waldlandschaft zu verschaffen, kaufte Vater Schneider ein Eselsgefährt. Der kräftige Paul hebt die Mutter in die Kutsche, der Vater setzt sich auf den Bock, die Buben traben nebenher – das ist sicher ein köstlicher Anblick für die Dorfbewohner gewesen! – Pauls Sangesfreudigkeit und seine gute Stimme ist ein Erbteil seiner Mutter. Unvergessen in ihren Gemeinden ist die gelähmte Pfarrfrau, am Fenster sitzend, mit dem freundlichen Gruß und dem frohen, getrosten Gesang.

Im Sommer 1914 erlag Pauls Mutter ihrem Leiden. Auf dem Grabstein ist zu lesen: »Seid fröhlich in Hoffnung, geduldig in Trübsal, haltet an am Gebet.«

Der 1918 aus dem Krieg Heimgekehrte empfindet ihren Verlust noch schwer: »*Seit 1914 wieder die erste Weihnacht, die zweite ohne Mutter zu Hause. Es ist einfacher geworden, stiller, nicht schöner, das warme Gefühl, das sonst die Mutter, die Frau mit dem lieben-den Herzen, hereingebracht hat, fehlt.*«

Aber da war ja noch das gute Sophiechen, der Paul so sehr zugetan war! Sophie Helmes aus Pferdsfeld war seit den ersten Ehejahren der Eltern die vorbildlich treue Pfarrmagd. Nach Kräften versorgte sie ihre Pfarrfamilie auch später im frauenlosen Haushalt. In der Kriegs- und der Nachkriegszeit bewirtschaftete sie umsichtig Garten und Pfarrland, Hühner-, Schweine- und Kuhstall mit eingeschlossen! Oft und gern half Paul ihr dabei. – Noch als Rentnerin hatte Sophie ihren Platz am Tisch unserer jungen Familie. Dieser Bindung und Verpflichtung setzte die Zerstörung unseres Elberfelder Hauses im Zweiten Weltkrieg 1943 ein Ende. Von da ab wohnte sie wieder in ihrem Heimatdorf; dort starb sie 92jährig.

Schule, Krieg und Studium

»Geh deinen unmerklichen Schritt, ewige Vorsehung! Nur laß mich dieser Unmerklichkeit wegen an dir nicht verzweifeln! Laß mich an dir nicht verzweifeln, wenn selbst deine Schritte mir scheinen sollten, zurück zu gehen!«

Lessing-Zitat aus Paul Schneiders Tagebuch

Von seinem Vater wurde Paul auf den Besuch des humanistischen Gymnasiums in Bad Kreuznach vorbereitet. In einer Pension mit anderen Jungen untergebracht, lebte man zum Samstag hin, der einen wieder in die dörfliche Freiheit und Geborgenheit des Elternhauses zurückbrachte. Um der Mutter in einem milderen Klima Linderung zu verschaffen, ließ Vater Schneider sich im Jahre 1910 nach Hochelheim, Kreis Wetzlar, versetzen. Nun war das humanistische Gymnasium in Gießen Pauls Bildungsstätte. Der Schulweg dorthin, teils mit dem Rad, teils mit der Bahn, entbehrte nicht der Spannungen und Abenteuer. Des Dorfes Norm war: »Wenn Pärners (Pfarrers) Paul fortfährt, reicht's sonst niemand mehr.« Wie sehr der ihm vom Vater zur Konfirmation gegebene Denkspruch ein Leitwort fürs Leben war, erkannten wir erschüttert nach Pauls Sterben: *Christus spricht: Ich bin dazu geboren und in die Welt gekommen, daß ich für die Wahrheit zeugen soll. Wer aus der Wahrheit ist, der höret meine Stimme«* (Joh. 18, 37).

Ja, in der Tat, der König der Wahrheit allein hat den Träumer und nach Selbsterlösung Suchenden, den um das soziale Problem Ringenden, nach der rechten Stellung zur Körperkultur und Lebensreform Fragenden in das Licht des Wortes Gottes und in die Freiheit der Kinder Gottes geführt. Es war ein langer, oft banger Weg für ihn und die, die ihn liebten, aber er führte dahin, daß ein Amtsbruder 1937 von ihm sagte: »Paul Schneider hat ein selten feines und waches Gewissen. Sein unbestechlicher Wahrhaftigkeitssinn ließ auch nicht die kleinste Krummheit und Schiefheit des Weges zu«, er führte dahin, daß er mitten in der Bedrängnis des Kirchenkampfes fröhlich ausrufen konnte: *»Es ist eine Lust zu leben!«,* daß er strahlend vom Predigtdienst heimkehrte: »Diese Predigt durfte ich noch einmal halten«, und daß er gewürdigt wurde, der Prediger von Buchenwald zu werden.

Um sich als Kriegsfreiwilliger melden zu können, machte Paul schon 1915 als Unterprimaner sein Notabitur. Er wurde Dragoner in Hofgeismar. Als Berufsziel gab er damals Medizin an. Sich fürs Vaterland tapfer einzusetzen war ihm gemäß. An der Ostfront verwundet (Bauchsteckschuß), mit dem Eisernen Kreuz ausgezeichnet, kam er 1916 zur Fußartillerie, und von da ab bis 1918 machte er die Kämpfe vor Verdun, der Champagne und in Flandern mit. Als Leutnant ritt er ein Pferd, seine Liesel, mit dem er sich besonders verbunden fühlte. Aus den Gefahren der Etappe wurde er wie träumend herausgeführt: *»Eine blonde Frau und gesunde Kinder standen vor mir, die wollte ich doch gesund erhalten.«*

Auf dem Rückmarsch hatte er eine Begegnung mit einem niederrheinischen Mädchen, dessen reines und schlichtes Wesen es ihm antat. Dieses Erlebnis ließ ihn so schnell nicht los. Es ist kennzeichnend für ihn, wie es ihn umtrieb und belastete, ob er dem Mädchen nicht doch Hoffnungen gemacht hätte, und er nicht ruhte, bis er ihr Verständnis fand und das gute, klare Verhältnis von einst sich auf unsere gegenseitigen Familien übertrug. Diese Arbeiterfrau trauerte mit mir um den »allzeit hochverehrten und geliebten Paul«.

Nach dem Kriegsende war es aus mit Pauls Neigung zur Medizin, mit »reinem Willen zum Pfarrerberuf« wollte er beitragen zur Gesundung des Volkes. Aber wie stand er zur Theologie? »*In der Schule hatte mir ein liberaler Religionsunterricht das Mysteriöse, priesterlich Geheimnisvolle, mich immer wie Aberglauben Anmutende an der Religion bzw. dem Inhalt der neutestamentlichen Geschichten genommen, so daß mir das theologische Studium je und dann in freundlichen Farben erschien*« (Tagebuch). So fing denn Paul in Gießen bewußt mit dem Studium der liberalen Theologie an. Ein Freund berichtet darüber: »Wir hatten vom Gymnasium her eine innige Freundschaft, die in den Gießener Semestern fast zu zerbrechen drohte infolge des radikalen Liberalismus, dem Paul sich völlig verschrieben hatte. Es verging kein Tag ohne heftige theologische Auseinandersetzung auf dem Weg zur und besonders von der Universität zum Bahnhof und im Zug. Paul konnte darüber das Aussteigen vergessen, und oft mußte ich ihn dazu ermahnen. Er führte das Gespräch dann vom Trittbrett weiter und sprang vom fahrenden Zug ab. Pauls Eifer für die ›Wahrheit‹ ging bis zum äußersten, er hätte ihm sogar die Freundschaft geopfert, wenn er es für nötig hielt. Ich glaube aber heute, daß unsere Kämpfe die Vorbereitungen seines späteren Wandels waren, der dann ebenso klar und stark zutage trat.«

Vater Schneider war Wingolfit; Paul trat in Gießen und Marburg in diese Studentenverbindung ein. *»Ist die Verbindung die Opfer an Zeit und Geld wert? Entspricht dem auch der Gewinn? Diese Frage und Hang zur Einsamkeit, Scheu vor der Gesellschaft lassen mich beinahe zurückschrecken. Aber ein innerstes Pflichtgefühl, das mich heißt, die angeborene Neigung zum Träumen und zur Bequemlichkeit zu überwinden, hält mich doch der Farbe schwarz-weiß-gold treu. – Wenn du unentschlossen bist zwischen zwei Dingen, so wähle das dir weniger Bequeme«* (Tagebuch). – In Gießen wurde er in den ersten Semestern dann auch tüchtig in das Verbindungsleben mit hineingezogen. Daneben trieb ihn der Niederbruch Deutschlands 1919 dazu, sich immer wieder mit Kommunismus und Sozialismus zu beschäftigen. *»Der Bolschewismus, ein Widerspruch in sich selbst, da ein Zustand, der nur durch die Liebe des einzelnen zur Allgemeinheit und seinen guten Willen bedingt sein kann, mit Gewalt eingeführt werden soll. Und dieses gewaltsame Einführenwollen kann letztlich nicht dafür zeugen, daß die Vertreter dieser gewaltsamen Einführung, der Putsche und Streiks, diese Vorbedingung des sozialen Staats erfüllen. Das Proletariat soll herrschen, bis alles sozialisiert ist. Aber allein durch die äußere Sozialisierung tritt doch nicht ein Umschwung der Gesinnung ein, und so müßte die Sozialisierung zu einer dauernden Diktatur des Proletariats werden, womit nichts erreicht wäre, weil bei diesem noch weniger als bei den Bürgern die Vorbedingung sozialer Zustände, sittlicher sozialer Gesinnung gegeben ist. Versittlicht das Volk, macht die Menschen besser, dann nähern wir uns ganz von selbst dem sozialen Staate!«* (Tagebuch). – Im Wintersemester 1920 war er in Marburg. Hier herrschte im Wingolf ein strammer Korporationsgeist; Pauls Reformpläne, die auf Beseitigung des Frühschoppens hinzielten und dem Turnen mehr Raum geben wollten, fanden keinen Anklang. Er belegt einen Turnlehrerkursus und macht das Examen als solcher. Er übt Orgel und gibt Nachhilfestunden.

Der Frühling 1920 führt ihn nach Tübingen. Die Wohnungsnot ist groß, er bittet im Weilheimer Pfarrhaus um Aufnahme. Er erlebt nun zum erstenmal einen großen Familienkreis und ist in die Familiengemeinschaft aufgenommen. Sein bescheidenes, ruhiges, dann wieder jungenhaft übermütiges Wesen erinnert an den gefallenen Theologensohn. – Zwei junge Menschen gehen täglich den Weg zur Stadt, er zur Uni, sie, gerade der Schule entwachsen, in die Frauenarbeitsschule, treffen sich über Mittag im Kahn auf dem Neckar und sind versonnen und versponnen in ein unausgesprochenes Glück. Beim Abschied meint er sprechen zu müssen – es ist noch zu früh. Zwei Jahre gehen ins Land, bis sie sich ganz finden und von da an Hand in Hand durch vier Jahre Brautzeit wandern; der »eine Stab des andern und süße Last zugleich«! Immer mehr bietet eins dem andern Heimat, kann eins das andere seelsorgerlich tragen.

Von Heims »Ethik« ist Paul tief erfaßt, sein bisheriges Leben in seiner »Eitelkeit« liegt vor ihm, die innere Unruhe und Sehnsucht nach der Ruhe in Gott nimmt zu. Im Wintersemester 1921 ist er wieder in Marburg. An einem Vorweihnachtstage dringt ein Strahl des ewigen Lichts in seine Seele, es hebt ein großes Freuen an, und er zehrt lange von diesen »*seelischen Erregungen und Bewegungen*«; das Wissen davon, daß Gott Licht werden lassen kann, bleibt in ihm.

Innerhalb des Wingolf kommt es immer wieder zu Konflikten, bis die Verbindung im Sommer 1921 *»diesmal aus eigener Initiative das Band zwischen sich und mir zerschnitt, da ich Kommentformen und Institutionsformen: ›Die Grundlagen des Verbindungslebens‹, als reformbedürftig angegriffen habe. In der Hauptsache war es der Trinkkomment. Ich von mir aus hätte drum ruhig in der Verbindung bleiben können, bin nun aber doch froh, Zeit und Kraft für andere Dinge frei zu haben«* (Tagebuch). Aus dem Gießener Wingolf trat Paul 1933 aus. Er verweigerte in Ablehnung des Arierparagraphen – in einer »christlichen« Verbindung – den arischen Nachweis.

Wie sehr Paul, im Idealismus und Liberalismus steckend, von Glaubens- und Lebensnot umgetrieben war, können wir nur ahnen. Er war dem Abgrund nahe genug, das erzählte er. *»Das unbegreifliche, unfaßbare Leben ist größer als wir, und aller Trotz und alle Kraft hilft nicht dagegen. Es ruht nicht eher, als bis es uns niedergeworfen und zusammengebrochen hat. Das Leben sagt: Nicht wie du, sondern wie ich will. Und so bekommt der Mensch mit der Zeit eine ganz andere Orientierung. Durch Zusammenbruch und Tod und Leere muß es hindurchgehen, durch Verzweiflung und bittern Schmerz ... Aber das Neubauen, das macht den Menschen dann selig und froh, und erst allmählich muß er sich an diese Freude gewöhnen ... Auch zu dieser Freude muß man stark sein, um sie nicht zu verlieren im Überschwang.«* So wollen *»seine Flügel immer wieder wachsen«*. Das eine oder andere Stück seiner Kräfte taucht aus dem *»Strudel«* wieder hervor, und er hofft zu Gott, *»daß er mich noch einmal zusammenleimt zu einem ganzen Kerl«*. (Aus einem Brief an den künftigen Schwiegervater vom Juli 1921.)

Nun begann die »Paukarbeit« für das erste Examen. *Die Kunst des Lebens will täglich neu erlernt sein. Hier gibt es nie ein Fertigsein, ein ›über dem Berg‹. Unser Leben muß sein ein ständiger Kriegsdienst, ein ›Immer-auf-dem-Posten‹. Ohne diese ständige Bereitschaft werden die Anfechtungen Herr über uns, wir verlieren die Orientierung, und unversehens sind wir der Depression erlegen. Wenn du glaubst, du ständest, siehe wohl zu, daß du nicht schon tief gefallen bist. – Ich habe vielleicht zu kleingläubig, einseitig die Notwendigkeit der Körperpflege betont. Ich habe Askese getrieben und wurde doch nicht Herr über mich und mein Wohlbefinden. Du hast die Gesundheit des Leibes und der Seele noch zu sehr an der Oberfläche gesucht und nicht zuerst im Gebet an der tiefsten, an der Urquelle!*« (Tagebuch Februar 1922). Er müht sich um das vernünftige Maß zwischen körperlicher und geistiger Arbeit. *»Noch bin ich ein Suchender, noch frage ich, wieviel Zeit darf ich dem Turnen, der Arbeit mit dem Spaten, der Hacke widmen. Eben glaubte ich ein gesundes Maß zu haben, ... und schon habe ich dieses Maß wieder verloren. Kann mir Gott nicht Kraft geben, soviel er will, soviel ich bedarf, und jedes vernünftige Maß über den Haufen werfen? So bleibt mir also nur, mein Leben ganz auf Gott, den Übervernünftigen und Wunderbaren, Allmächtigen und Grundgütigen zu legen. Von ihm will ich mir sagen lassen, was ich zu tun, wie ich zu leben habe und auf alle eigenen Maßstäbe verzichten. Herr Gott, zeige du mir mein Ziel, das Ziel meines Lebens und meiner Arbeit! Für dieses Ziel gilt es dann alle Kräfte einzusetzen, ihm dienstbar zu machen, und so manches jetzt so Dunkle muß dann licht werden. Diese befreiende Ausschau schenke mir, mein Gott und Vater!*« (Tagebuch).

Nach der bestandenen Prüfung lautet die Eintragung: *»Ich glaube, ich muß immer treu, fleißig und auch mühevoll arbeiten, aber dann läßt es mir Gott auch gelingen«* (Tagebuch).

Lehr- und Wanderjahre

»Gott, mein Gott! Hältst du mich denn fest?«

(Tagebuch)

»*Was meine nächste Zukunft anbetrifft, so will ich zunächst in ein Bergwerk bei Dortmund, um an Ort und Stelle bei ihrer Arbeit, die mir mein Körper auch ermöglicht, die Arbeiter kennenzulernen in ihren Vorzügen und Mängeln, um womöglich zu erkennen, in welchem Winkel ihres Herzens sich die Religion verkrochen hat und um sie hoffentlich immer mehr lieben zu lernen.*« (Brief vom 10. April 1922 an die künftigen Schwiegereltern.) Das Industriegebiet sieht er zum ersten Male: eine andere Welt! Ein grandioses Landschaftsbild; ihm scheint, auch den Menschen sei ein ganz bestimmter Stempel aufgedrückt. – Er wird mitten in die Auseinandersetzung Kapitalismus–Sozialismus hineingezogen und ist zum Teil ungeheuer bedrückt davon. Sein Herz zieht ihn zur Arbeiterschaft, der Herkunft nach ist er konservativ. Paul hat in Aplerbeck einen Onkel, der kaufmännischer Direktor einer Hütte ist. Dieser führt ihn in seine gesellschaftlichen Kreise ein und verschafft ihm eine gut bezahlte Stelle.

»*Donnerstag, nach Kenntnis von meiner Bevorzugung mit Hauerarbeit, kann ich es nicht über mich gewinnen, dem Einfahrtbefehl Folge zu leisten. Ich melde dem Betriebsführer, daß meine Zwecke hier schlecht gewahrt seien und ich anderswo arbeiten wolle.*« – »*Auf einem langen Instanzenweg vom städti-*

schen Arbeitsnachweis bis zum untersuchenden Arzt gelang mir dies nach 8 Tagen, und nun arbeite ich als ›dritter Mann‹ an einem großen Schmelzofen in Hörde« (Tagebuch). Er wohnt in einem Ledigenheim und lernt die verschiedensten Arbeitertypen kennen. Alle Lebensbedürfnisse sind schrecklich teuer, und er will doch gerne Geld sparen, denn der Vater rückt ungern Geld heraus und ist der Inflation nicht gewachsen. *»Die Organisation ist groß, die Industrie ist überwältigend. Und die Menschen sind klein. Hier ist die Feuerprobe, ob du dich, Mensch, behauptest. Der Mensch, der die Industrie meistert, muß riesenstark sein«* (Tagebuch). Dies ist der erste Eindruck. Nun war er Arbeiter unter Arbeitern. *»Habe ich mir manchmal wohl eingebildet, ein Opfer gebracht zu haben, als ich unter die Arbeiter ging, so erleide ich tagtäglich mit meiner Selbstsucht wieder Niederlagen, gegen die Liebe verstoßend. Und immer wenn der Teufel der Selbstsucht mich beherrscht, dann bin ich krank und unentschlossen. Dann sagen die andern wohl: ›Komischer Mensch!‹ Es ist gerade, als ob ich besonders häßlich und eklig sein könnte im persönlichen täglichen Leben, nachdem ich versucht, mir die großen Richtlinien des Lebens nach großen Idealen zu gestalten. Hier gilt es jetzt, den alltäglichen Kleinkampf, um immer mehr ein Leben aus der Liebe heraus, zu führen. Dazu helfe mir Gott!«* (Tagebuch). Sein Körper wird immer mehr gestählt unter der schweren Arbeit. *»Wie schmeckt auf Schicht ein Schluck kalten Wassers so gut! Was für ein Genuß ist in dem Brausebad nach Staub und Dreck der Arbeit enthalten! O kehr' zurück zu dem göttlichen Gebot: Im Schweiße deines Angesichts sollst du dein Brot essen!«* (Tagebuch). Fröhliche Ausflüge mit den Kameraden unterbrechen den Alltag. Aber dann wieder der Schrei: »*Obwohl mir's allmählich graut, so einsam zu wandern, treibt mich's doch immer wieder dazu, denn keiner mag meine Interessen teilen. Mich ekelt die Einsamkeit, und mich ekelt die Gesellschaft der Menschen. Ich habe nichts mehr, alles ist mir Problem. Kapitalismus und Sozialismus, Religion und Leben. Ich stehe vor dem Nichts, vor dem völligen Ausgehöhltsein und Leersein. Meine Arbeitszeit ist bald zu Ende. Ich soll wieder predigen. Was soll ich predigen? Kraft von oben tut mir not, darum will ich beten!*« (Tagebuch).

Er kommt wieder heim. »*Mit gemischten Gefühlen verließ ich Mitte August meine Arbeitsstätte. Auf unserer Stube hatten wir bei der Abschiedsfeier so etwas wie ein Gemeinschaftserlebnis. Und noch bis 4 Uhr morgens konnten wir vor den letzten Gedanken, die wir miteinander auszutauschen hatten, den Schlaf nicht finden. Um 6 Uhr brachten mich dann zwei von der Stube an den Zug. Ich glaube sicher, daß die innere Verbindung mit einigen unsere äußere Trennung lang überdauern wird. All die Liebe, die mir dort entgegengebracht wurde und die man in der rauhen Industrie- und Arbeiterwelt doppelt dankbar empfindet, kann ich gar nicht in geschriebene Worte bannen. Aber sie hat mir den Glauben an unser Volk und vor allem den Glauben an unsere Arbeiter gestärkt. So möchte ich dieses Vierteljahr im Ledigenheim um keinen Preis missen*« (Brief vom 7. September 1922). Lange läßt ihn das Abschiedswort in Hörde »Du bist einer der Unsern, du solltest dableiben« nicht los. – Nun hilft er in Hochelheim dem niedergedrückten und zitterigen Vater treulich im Amt, hilft dem guten Sophiechen bei der größer gewordenen Landwirtschaft; das Pfarrland wird selbst bewirtschaftet, eine Kuh steht im Stall. Im Oktober 1922 reist Paul nach Weilheim bei Tübingen zu unserer Verlobung. – Dann kommt ein Jahr des geistigen Schaffens im Predigerseminar in Soest, seine eigentliche theologische Schule! »*Die Ordnung, Ruhe und geistige Arbeit des ›Kloster‹-Aufenthalts empfinde ich als sehr wohltuend, wenn*« – und das ist nun noch ein Nachklang von Hörde – »*ich sie nur so recht mit ganz reinem Gewissen genießen könnte. Auf Schritt und Tritt atmen wir hier die schwere Luft längst vergangener Zeiten*« (Tagebuch November 1922). Offnen Sinnes nimmt er die Schönheit der ehrwürdigen Stadt in sich auf. »*Ich stehe hier dauernd in geistig-wissenschaftlicher Verbindung mit Tübingen, da wir Schlatters Dogmatik in der systematischen Theologie behandeln ... Von den Kollegs hat mir am meisten das Systematische über Schlatters Dogmatik gegeben. In Tübingen hatte ich Schlatter nicht verstanden und war an seinen Kollegs vorübergegangen, und als in Soest nun Schlatter behandelt werden sollte, war ich zuerst enttäuscht, um ihn dann während des Semesters immer mehr und mehr schätzen zu lernen. Hand in Hand geht damit eine Wandlung meiner eigenen theologischen Ansichten. Ich glaube, ein bißchen verstanden zu haben, was die Positiven zu sagen haben, und möchte mich selber meiner Grundstruktur nach auch eher positiv als liberal nennen. Im eigenen Sündenbewußtsein erschließt sich uns mit absoluter Geltung die Gottheit und Erlöserkraft Jesu Christi*« (Brief vom 8. April 1923). – Aber auch in Soest geht es durch viel Dunkelheit und Not, die den Starken, oft Übermütigen und fröhlich in der Arbeit Stehenden ganz verwandelt. »*Das Allerschwerste für das Menschenherz ist die Demut. Demut hat nur* der, der ganz von sich selber loskommt. *Wir müssen uns hassen lernen. Die dunkelsten Stunden unseres Lebens führen uns auch am nächsten zu Gott, und wir schulden Gott für sie den größten Dank«* (Tagebuch). *».. . Gott sei Dank, der meine Tage wieder füllt und ihnen die Öde und Leere nimmt. Gott aber ist getreu, der euch nicht läßt versucht werden über euer Vermögen, sondern schafft, daß die Versuchung so ein Ende gewinne, daß ihr's könnet ertragen«* (Tagebuch). Dieses Wort leuchtet in den nächsten drei Jahren immer wieder auf und gibt dem an sich und am Amt Zweifelnden Halt.

Der Ruhrkampf bewegt Paul sehr. *»Wir Kandidaten stehen scheinbar abseits von dem großen Geschehnis; wir sind frei, uns zwingt keine äußere Gewalt oder Macht zur Mehrarbeit, und der Staat sorgt noch nach wie vor für uns und mit dem Staate also diese arbeitende Volksgemeinschaft. Es ist einzig das Gewissen, das uns den Kampf in seiner lastenden Schwere empfinden lassen kann. Da, wo es wach ist oder sich wecken lassen will. Was sich daraus für jeden einzelnen für Aufgaben ergeben, hat dieser selbst zu sagen«* (Tagebuch). Er hofft auf einen sozialen Staat als Frucht dieser Leiden: *»Dieses Leiden legt sich bei der starken Solidarität unserer Arbeiter über die ganze deutsche Arbeiterschaft, schmilzt sie nur um so fester zusammen und wird Deutschland zu einem Arbeitsstaate, und das ist dann der soziale Staat, umschaffen. Wer die Kräfte zu diesem Arbeitswillen allein geben kann, ist klar, und so wird dieser soziale Staat viel mehr von den Kräften des Christentums durchdrungen sein müssen, als es bisher eine Volksgemeinschaft gewesen ist«* (Brief vom Februar 1923). – *»Ein dunkler Schatten liegt ja wie über unser*

aller Leben, so ganz besonders über Deinem Lebens-
abend, lieber Vater: die Not des Vaterlandes; seine seelische Not, die es in dem Stürmen und Brechen der Tage
den haltenden Anker noch nicht hat finden lassen.
Darum muß die Not vorläufig noch immer höher stei-
gen. Und ob nicht das Deutsche Reich darüber zerbricht? Es berührt einen heute ganz eigen, wenn man
sieht, wie die großen Propheten des Alten Testaments der
fast völligen Vernichtung ihres Volkes so kalt und entschlossen ins Auge sehen. Gottes Reich über alles. Auch
das deutsche Volk nur sein Werkzeug, das er sich für
seine Zwecke zubereitet, wie er immer will, das auch
nur ein zeitliches, vergängliches, bedingtes Zwischen-
glied sein kann auf dem Wege zu dem Ziele ›Da er sein
Reich groß machen wird und des Friedens auf dem
Throne Davids kein Ende und in seinem Königreich‹.
Nein, die tiefste Freude, die Freude in Gott soll auch
kein noch so schweres Geschick des Vaterlandes uns
rauben dürfen und können, uns, die wir nicht sehen
auf das, was sichtbar, sondern was unsichtbar ist. Denn
was sichtbar ist, das ist zeitlich, was aber unsichtbar ist,
das ist ewig. Und wenn es schon den alten Propheten
nicht bange wurde, die doch nur auf Hoffnung lebten,
die das Heil noch nicht gesehen hatten, wenn sie die
Heilshoffnung schon höher achteten als Ruhm und
Ehre und Glück ihres Volkes, wie sollte uns bangen,
denen das Heil gegeben und versiegelt ist und die wir
wissen, daß alles, was nun noch kommt, nur der voll-
endete Ablauf der Heilsgeschichte ist? Gewiß, wir leben
noch in dieser Welt und mit diesem unserem leidenden
Volke und teilen auch seine Leiden. Aber wir haben
Auftrag und Beruf aus einer anderen Welt, und dort
ist unser Bürgerrecht. Und wir wissen, diese Welt wird

trotz allem einmal siegen, deshalb sind wir fröhlich in Trübsal« (Brief vom 11. Juli 1923).

Ende Oktober 1923 legte er in Koblenz das zweite theologische Examen ab. »*Meine wissenschaftliche Hausarbeit: ›Was ist von dem Begriff der Heilstatsachen zu halten?‹ hatte mich diese Frage ganz im positiven Sinn beantworten lassen ... Die Arbeit half mir sehr zur theologischen Klärung des eigenen Standpunktes. Du weißt, ich mußte mich von dem liberalen Standpunkt dahin durchfinden. – Die praktisch-wissenschaftliche Arbeit hieß: ›Religions- und Moralunterricht‹. Da war ich in meinem Element. Ich stellte zwei Leitthesen auf! Religionsunterricht kein Moralunterricht und kein Religionsunterricht ohne Gesetzesunterweisung*« (Brief).

Zum Abschluß der Soester Zeit möchte ich das Wort eines der Soester Freunde bringen. Er schrieb nach Pauls Tod: »Paul war in unserm Kreis ein Eigenartiger. Wir haben uns alle von ihm hie und da gefallen lassen, was wir uns wohl von keinem andern hätten gefallen lassen. Bei ihm war das anders, weil die Lauterkeit seiner Gesinnung uns über allem Zweifel stand. Wir haben ihm nicht immer alle folgen können, er war einer von denen, die nicht anders können als eigene, auch einsame Wege gehen, aber er hat sicher uns alle in einer heilsamen Unruhe gehalten.«

Aus Soest »flüchtete« Paul mit der letzten billigen Fahrgelegenheit in den *Berliner Osten,* um in der Stadtmission mitzuarbeiten. »*Von Soest schrieb ich noch meinem Vater, daß ich unsere Kirche liebhabe, und fühlte doch zugleich die innere Notwendigkeit, außerhalb ihrer schützenden und stützenden Mauern das Wachsen und Werden des Reiches Gottes kennen-*

zulernen und draußen in freiem Arbeiten für den Herrn innerlich zu erstarken und freier zu werden von jeder fleischlichen Liebe zur Kirche und zur Arbeit in derselben. Du kannst diesen meinen Wunsch begreifen.« – »So bin ich nicht von ungefähr gerade in den Schnepelschen Kreis geraten, der einst in Notzeit, um die Stadtmission zu entlasten, sich finanziell von ihr freigemacht hatte und seit der Zeit auch in äußerer Beziehung, in Sachen des täglichen Brotes, alles nicht mehr auf den Mittelsweg einer Organisation, sondern unmittelbar von dem lebendigen Herrn erwartet, ohne daß sich der einzelne an ein bestimmtes Gehalt bindet.« »Daß die Auseinandersetzung mit einer Frömmigkeit, deren Ansprüche über die der hergebrachten kirchlichen Lehre hinausgehen, mir nicht so ganz leicht ist und mich wieder einmal die Rolle eines Bankrotteurs spielen läßt, ist letztlich doch auch als gutes Ergehen zu buchen. Wenn ich auch aus diesem merkwürdigen Berlin mit seinen noch merkwürdigeren Menschen schon mal habe ausrücken wollen, so hat Gott mir doch den Mut, wie Ihr mir wünscht, wieder gefrischt, und ich will nun gewiß nicht eher hier weg, als bis ich mit dieser Auseinandersetzung zu Rande gekommen. – Hier gibt es nämlich Menschen, die behaupten, Jesus nicht nur zu kennen und seiner Lehre zu folgen suchen, sondern ihn als die lebendige Kraft ihres Lebens zu besitzen, der sie frei gemacht hat von der Sünde, daß diese nun keine Gewalt mehr über sie hat. Sie behaupten das aber nicht nur, sondern machen ganz den Eindruck, als hätten sie ihr Leben wirklich vollkommen an Jesus ausgeliefert, liebten nur ihn allein und als seien sie wirklich allem Eigenen in Wunsch, Gedanke oder Gefühl abgestorben. Sie machen den Eindruck von wirklich Erlösten. Sie be-

währen ihr Christentum in großer Opferkraft und Freudigkeit. Ganz kindlich verkehren sie mit dem Heiland wie mit dem nahen und wirklich lebendigen Freund, der gewiß all ihr Anliegen erhört. Da muß ich mir sagen, so ein Gotteskind bist du noch nicht. Ich fühle es, wie ein Bann trennt mich noch soviel unausgesprochene Sünde, soviel Hängen an eigenen Wünschen, soviel Trotzen auf eigene Gedanken von ihm. So kommt es, daß ich aus einem Subjekt der Mission erst mal ihr Objekt geworden bin« (Brief vom 25. März 1924).

»Bei dem wahren Hexensabbath von religiösen Strömungen, den Berlin darstellt, ist die Seelsorge ungemein schwierig, und es heißt dabei sehr: Prüfet die Geister. Fromm sein wollen sehr viele, aber lehrreich ist darum auch, hier einmal unterzutauchen.« – *»Mit der ›Werkheiligkeit‹ berührst du einen wunden Punkt bei mir. Dafür bin ich dir dankbar. Und das Ende der Werkheiligen wäre schließlich, daß sie die Welt räumen müßten, und ihre Schuld ist, daß sie innerlich noch nicht recht ausgegangen sind von der Welt und nicht ihr Bürgerrecht im Himmel haben. Wo der Geist des Herrn ist, da ist Freiheit. – Auch mein Dienst geht durch viel Not und Schwachheit und Irrtum, aber auch Hilfe von oben. Die ›flatternden Fahnen‹ gibt uns der weise Meister dann, wenn wir sie vertragen können.«* (Aus einem Brief an den Schwager vom 31. Juli 1924.) – Beide Väter sorgen sich um Paul, daß er ein Kirchenstürmer werde. *»Man hat's nicht leicht, wenn sich zwei Väter gegen einen verschwören.«* – *»Ich habe viel Schönes hier schon erleben dürfen. Mit zum Schönsten aber gehört doch die Begegnung mit einem alten Mütterlein, meiner Wirtin, das selbst in einer durch Fallen und*

*Knochenbruch ihr auferlegten Geduldsprobe die rüh-
rendste Dankbarkeit gegen ihren lieben Heiland nicht
verliert.«* Mit diesem »Muttchen« war er bis zu ihrem
Ende über Jahre hinaus eng verbunden. Ebenso bleibt
er Seelsorger eines Trinkers, dessen verworrene Le-
bensverhältnisse er immer wieder zu ordnen sucht.

Als er im Sommer 1924 im Urlaub daheim ist, sieht
er, daß der Vater der Hilfe bedarf, und bleibt nun als
dessen persönlicher Vikar vier Monate in Hochelheim.
*»Ich bin also nicht mehr nach Berlin gekommen, wie ich
zuerst vorhatte. Es kam eine Bewerbung um Pferdsfeld
und meine Probepredigt dort dazwischen, und da ich
zum kirchlichen Dienst entschlossen war, hätte ich Vater
nur unnötige Kopfschmerzen verursacht, wie ich es
ohnedies schon genug getan hatte. Hier kann ich nun
die Kunst der Kanzelpredigt üben und habe das fast
sonntäglich getan und gewinne dabei allmählich die
Zucht über mein Denken wieder. Auf meine Predigt am
letzten Sonntag habe ich mich seit langem wieder recht
eigentlich gefreut. Es ist mir klargeworden, wie nötig
gründliches Durchdenken und Studieren der Texte ist
und daß die Bekehrung allein keinen Prediger macht.
Ich wundere mich jetzt selbst, wie ich mich in das Be-
kehrungsdogma und die Evangelisationsmethode so
hatte verrennen können«* (Brief vom November 1924).

Ende Januar 1925 wird Paul, ehe er eine Hilfspredi-
gerstelle in Essen-Altstadt antritt, in Hochelheim
durch den Superintendenten ordiniert. Text Römer
1, 16: »Ich schäme mich des Evangeliums von Christo
nicht; denn es ist eine Kraft Gottes, die da selig macht
alle, die daran glauben.« Nachbarliche Pfarrleute helfen Sophie, dem Tag einen guten festlichen Rahmen
zu geben. Die »Schwaben« waren leider zur Reise zu

schwerfällig und haben Paul allein gelassen. – Es ist Paul nicht leicht geworden, sich in Essen in den kirchlichen Großstadtbetrieb einzufügen. Das Amt bedrückt ihn, seelische und körperliche Hemmungen bringen ihn oft zur Überlegung der Flucht aus dem Amt. Er meint sogar, in dieser Konsequenz auch seine Verlobung zum Opfer bringen zu müssen: »*Ich habe das allerliebste Mädchen, das sich denken läßt, und kann es nicht heimführen. Gott, das ist deine gerechte Strafe. Ich stehe in dem höchsten Beruf und kann ihn schlecht, schlecht, fast nicht ausüben. Habe ich meine Zeit benutzt, oder war ich ein ungetreuer Haushalter? Mir scheint alles heute wie in einer großen Täuschung und Lüge gelebt. Ist dieser mein jetziger Zustand die endliche Auswirkung der Lüge von 1910 im Pfarrgarten in Pferdsfeld? Nun kommt das große Nichtaufgenommenwerden, das große Sitzenbleiben, vor dem ich damals Bange hatte. O hätte ich dem Vater damals gesagt: Vater, ich habe dich belogen. Vielleicht wäre alles anders gekommen. Mit der Lüge vor dem irdischen Vater begann auch die Lüge vor dem himmlischen, den ich nun nicht finden kann. Gott, du verbirgst dein Antlitz vor mir, vor meiner großen Lüge. Was war mein Dichten und Trachten bisher anders, als dieses Leben zu gewinnen? Mein Lebensglück aufzubauen band ich Gretel an mich. Nun willst du mir in deiner Gnade ein ›Halt‹ zurufen. Ich erwäge, ob du mich zum Bauernknecht machen willst. Du, mein Gott, hast mich ganz zerschlagen. An deine Gnade und Barmherzigkeit wende ich mich, verwirf mich nicht von deinem Angesicht und zeige mir den Weg, den ich gehen soll. Wo dein Geist mich nicht immer wieder aufgerichtet hätte, wäre ich lange vergangen. Oder war es nicht dein Geist, war es ein*

*Lügengeist, der mich täuschte über meine Kraft? –
Aber nun, was anfangen?! Es zieht mich in die Landwirtschaft und Siedlung, unserem armen Volk möchte
ich Wege weisen helfen, an Leib und Seele zu gesun-
den. Dafür gelte es zuerst, am eigenen Leibe die neue
Lebensweise auszuprobieren. Vergesse ich nun nicht,
nach dem Reiche Gottes zu trachten, wenn ich Gesundung und Freiheit suche? Erhebe ich nicht neue Göt-
zen auf den Thron? Gott, sieh', wie ich allein auf deine
Gnade geworfen und gewiesen bin. Erbarm dich meiner!«* (aus dem Tagebuch 1925).

Aber auch Freudigkeit zum Amt ist da: *»Es ist mir
doch seither so gewesen, als ob Gott mich im Pfarramt
bestätigen wolle. Er ließ mir meine beiden letzten Predigten ganz leidlich gelingen. – Wenn man Kraft zur Arbeit hat, ist es doch eine Genugtuung besonderer Art, in
das Großstadtelend das Wort des Lebens tragen zu dürfen.«* – *»Es wird Euch und besonders Vater freuen,
wenn ich bekennen darf, daß ich mit Freuden Pastor
bin, auch in der Großstadt. Gott gibt mir mit den wach-
senden Aufgaben wachsende Kraft. Am Sonntag hatte
ich fünf Amtshandlungen. Das soll mir mein Trost und
meine Zuversicht sein, wie Wichern es einmal aus-
spricht: ›Du, Gott, läßt nichts unvollendet und hast in
mir das Wollen geweckt; du wirst auch des Vollbrin-
gens Kraft mir schenken nach deiner Gnade und Liebe
um Jesu willen‹«* (Brief). – Der letzte Eintrag im Tagebuch der Lehrjahre ist vom 8. Juli 1926: *»Der
Wurm des Todes ist die Sünde, aber Gott sei Dank, der
dem Tode die Macht genommen hat. Wie sind die vorigen Zeilen wieder ein Dokument meines Unglaubens!
Aus wie mancher und wie großer Not hat nicht mein
Gott mir schon geholfen, und immer wieder weiß ich so*

schlecht, daß seine Hand zu helfen hat kein Ziel, wie groß auch sei der Schade. Ich darf meinem Gott nun wieder Loblieder singen. Es ist der Geist von oben stärker, viel stärker als alle naturhaften Mächte. Nun sind wir auch nicht mehr Knechte der Natur. Gott, zu dir zieht alles Leben, und was nicht zu dir gegangen kommt, wird krank.«

Hochelheim

»Anfechtung lehrt auf das Wort merken.«

Jesaja 28, 19

Um eine Probepredigt im Kreise Wetzlar zu halten,
kommt Paul im Januar 1926 heim und findet einen
sterbenden Vater. Ein Schlaganfall hat ihn beim Gottesdienst im Filial getroffen, und nach drei Tagen ist
sein Ende da. Paul wird einstimmig in Hochelheim als
Nachfolger gewählt; er nimmt an, wohl wissend, daß er
kein leichtes Erbe antritt und daß die Gründe seiner
Wahl nicht ganz geistlicher Natur sind. Viele Häuser
sind dem »Paul«, der nun der »Herr Pfarrer« wird,
herzlich zugetan, vielerlei Erwartungen knüpfen sich
daher auch an sein Pfarramt. Die einen wollen »alles
beim alten« haben, wie es beim alten Pfarrer war, d. h.,
sie wollen außerhalb der Predigt in Ruhe gelassen
sein; die andern denken an die Zeit, als Paul im Turn-
verein einen liberalen Vortrag hielt und zuzeiten aktiv
dort mitmachte; die »Stillen im Land« hoffen auf ein
volles Mitgehen in ihrem Gemeinschaftsleben, kurz,
jeder möchte gern seinen Stempel auf ihn drücken.
Was Wunder, daß es von den ersten Tagen an Spannungen gab? – Im Pfarrhaus wird aber nun zuerst
geräumt und geordnet, gestrichen und tapeziert, und
darüber wird es Sommer. Paul ist in der Zwischenzeit
Hilfsprediger in Rotthausen bei Essen. Das Weilheimer Pfarrhaus richtet seiner Jüngsten die Hochzeit.
Der Vater ruft seinen Kindern nach Ruth 1, 16 zu:
»Seid einig, einig, einig – in Glaube, Liebe, Hoff-

nung.« – Vor dem Einzug ins neue–alte Heim – es war eine ganz glückliche Mischung – wandern die beiden, wie sie es in Brautzeiten so gerne getan, und dieses Mal erschließt sich ihnen ein Stück schönstes Neuland: Bodensee und Oberstdorf. Brauche ich zu sagen, daß es Wochen fröhlicher, erfüllter Zweisamkeit waren, wie sie uns in ihrer Unbeschwertheit und äußeren Freiheit nie mehr geschenkt waren? – Im Hochelheimer Pfarrhaus erwarten sie der jüngere Bruder cand. ing. und Sophie, die nun auch der jungen Frau die Treue hält über alle Jahre hin. Superintendent Wieber führt Paul sehr feierlich und väterlich am 4. September 1926 ein. Er hat 1. Chronik 28, 20 zum Text gewählt: »Und David sprach zu seinem Sohn Salomo: Sei getrost und unverzagt und mache es; fürchte dich nicht und zage nicht! Gott der Herr, mein Gott, wird mit dir sein und wird die Hand nicht abziehen noch dich verlassen, bis du alle Werke zum Amt im Hause des Herrn vollendest.« Pauls Predigttext ist 1. Timotheus 3, 1 und 2. Timotheus 3, 14–17. Wie sehr Paul ein »Herz« für seine Gemeinde hatte, geht aus einem Gemeindebrief, den er im Urlaub in Pferdsfeld 1931 schreib, hervor: *»Nun sollt Ihr aber nicht denken, meine lieben Gemeinden, daß ich Euch jetzt nicht als meine Heimat betrachte, zumal Ihr mich durch Eure Wahl ja in meinem Elternhause in Hochelheim und an der Stätte meiner Jugendjahre habt bleiben heißen. Ihr seid nun die Heimat meiner Arbeit, meine Mannesheimat und meine Pfarrerheimat, die ich als Pfarrer mit der ganzen Kraft und Liebe, die mir gegeben sind, zu einer rechten, wohligen, warmen, kirchlichen Heimat für Euch alle ausgestalten helfen möchte. Aber gerade darum, weil Ihr wißt, daß ich als Pfarrer gerne* *bei Euch bin und bleiben will, werdet Ihr es mir gerne gönnen, daß ich mich nun auch in der Arbeitspause der Heimat meiner Kindheit freue und hier neue Kräfte für die Arbeit sammle.«*

Wie sah nun diese Gemeinde Hochelheim aus? Zwei stattliche Dörfer mit 1000 und 500 Einwohnern, von denen nur das Filial rein bäuerlich ist. In Hochelheim ist fast jeder neben seiner kleinen Landwirtschaft erwerbstätig. Der Mainzer Käse wird hier hergestellt, zuerst im häuslichen Betrieb, später entstehen maschinelle Käsereien. Sie nehmen zu unserer Zeit einen großen Aufschwung. Die Frauen des Dorfes reisen mit dem Käse auf die Märkte der Großstädte Hessens und des Rheinlandes, und ihre bäuerliche Tracht, die schöne Hüttenberger Tracht, kommt ihnen dabei sehr zustatten. Was früher mühselig im Schubkarren gefahren wurde, kann nun bald mit dem Auto befördert werden! Das Dorf verändert sich dadurch sehr. Der Jugend gefällt die Bauerntracht nicht mehr, sie wird »vornehm«, d. h. städtisch. Großer Fleiß und große Geschäftigkeit herrschen im Dorf. Durch ihren Handel sind sie den Umgang mit Menschen gewöhnt, und das Wort sitzt lose auf der Zunge. Sie haben einen großen Familiensinn, und es ist bezeichnend, daß sie, die so viel unterwegs sind, bei ihren Familienfesten als Lieblingslied singen: »Ich bin so gern, so gern daheim – das ist mein Himmel auf der Erden!«

Mehr und mehr wächst Paul in sein Hirtenamt hinein. Nur noch einmal, im November 1927, vertraut er sich seinem Tagebüchlein wieder an, aber er weiß nun, wer Herr wird über seiner »Anfechtung Schmerz«. *»Ehemann, Vater und Pfarrer bin ich geworden. Wie viele wandeln in solcher Würde doch auf verkehrtem*

Wege! Kommt doch auch zu mir noch heutigentages die große Unruhe, daß mein Herz nicht alles verlassen, um Jesus zu dienen. Sind mir denn auch die weichen Arme, von denen Kierkegaard schreibt, verhängnisvoll geworden? Habe ich in entscheidungsschweren Augenblicken meines Lebens den rechten Entschluß der Entsagung, des Verzichtes nicht gefunden? Darf ich morgen vor die Gemeinde treten mit der Adventsfreude und Adventsbotschaft? Möchte sie doch heller in meinem Herzen brennen! Möchte Gott mich seine Gnadenfülle wieder reichlich erfahren lassen! O. C. tröstete mich, ich habe seit Berlin einen großen Schritt vorwärts gemacht. Sein Hiersein bedeutete, wie ich mir erbeten, Stärkung und Segen. O Gott im Himmel, laß mir nicht alles wieder geraubt werden! Schenk mir Glauben und Frieden. In der Spannung stehend, muß ich hinter all mein Tun und Sagen ein Fragezeichen setzen. Du, Gott, kannst deinen Geist der Liebe über mich ausschütten, daß aus dem Fragezeichen ein freudiges Ja werde. Amen.«

Paul wird ein Beter, einer, den es im Kämmerlein auf die Knie zwingt. Ich darf hier ein Wort aus einer Predigt, die er über Daniel 6 am 27. 9. 1936 hielt, für ihn persönlich geltend machen: »*Das Gebet macht aus Menschen Männer, die sich beugen allein vor Gott und die Gott bekennen vor der Welt. Das Gebet ist die Kraft Gottes für den Lebens- und Glaubenskampf.*«

Pauls Liebe und Fürsorge galt in erster Linie seinen Kranken; er merkte oft, daß bei ihnen die seelische Not weit größer war, als ihre leiblichen Nöte. Er mühte sich, ihre Gewissen wachzurufen und ihnen zum Sterben zu helfen. Eine sterbende junge Frau soll gesagt haben: »Eines muß ich euch noch sagen: Eine selige Sterbestunde wiegt's ganze Leben auf! Das hat mich

Pfarrer Schneider gelehrt, den könnt ihr darum fragen.«

Unsere Gemeindeschwester berichtet: Ich denke an einen jungen Epileptiker, der von einem schweren Anfall gepackt wurde, der drei Tage und drei Nächte andauerte. Der Körper wurde hin und her gezerrt, so furchtbar, daß wir alle – eingeschlossen der Arzt – machtlos an seinem Bett standen und trotz schwerster Betäubungsmittel ihn nicht zur Ruhe bringen konnten. Der Teufel grinste uns an in diesem gequälten Menschen. Da trat Pfarrer Schneider an sein Bett, und wir lagen lange mit ihm auf den Knien und flehten zu Gott um Erbarmen. Dann nahm Pfarrer Schneider den Kranken in die Arme, redete ihm gut zu. Was keiner von den Pflegenden fertiggebracht hatte, das wurde Pfarrer Schneider geschenkt: Der Kranke wurde unter seiner Hand ruhiger und schlief ein. Wenn ich nachts an diesem Krankenbette stand und selber fast verzweifelte bei dieser schweren Pflege, dann hörte ich plötzlich das Motorrad von Pfarrer Schneider, und er kam in die Krankenstube und sagte: »Ich wußte, daß ich hier nötig war«, und er war es im wahrsten Sinn des Wortes. Nicht selten kam mir in diesen Tagen der Gedanke an Pfarrer Blumhardt. Alle, die dies Lager umstanden, erlebten die Kraft des Gebetes. Der junge Arzt sagte zu mir: »Es ist doch etwas Seltsames um Pfarrer Schneider!« Als es mit dem jungen Mann zum Sterben ging, wurden plötzlich seine Sinne noch einmal ganz klar. Er setzte sich in seinem Bette hoch auf und sagte: »Ich danke euch allen, daß ich aber selig sterben kann und keine Angst habe vor dem dunklen Grab, das danke ich Ihnen, Herr Pfarrer! Nun bin ich mit meinem Gott im reinen, und der Teufel hat keine Gewalt mehr über mich!« Er legte sich um und starb in Pfarrer Schneiders Armen ruhig und friedlich.

Die gefährdeten Familien ließ er nicht aus dem Auge, und er redete oft sehr eindeutig, und bei aller Liebe und Güte konnte er grob werden, so daß er zum Beispiel zu einem Trinker, bei dessen Familie er bis spät in die Nacht hinein saß, sagte: »*Sie sind ein Lump!*« Als dieser aufbrauste, da sagte er es nochmals: »*Es wird erst dann mit Ihnen besser, wenn Sie zu mir sagen: Herr Pfarrer, ich bin wirklich ein Lump!*«

Eines Tages brachte Pfarrer Schneider einen Schützling aus der Berliner Stadtmission zu einem Urlaub in unser Haus. Als er mir aus seinem Leben erzählte und ich in Abgründe hineinschaute, da sagte ich zu Pfarrer Schneider: »Aber Herr Pfarrer, was haben Sie mir denn da für einen Menschen gebracht?« Da sah er mich ganz traurig an: »*Was soll denn Herr Christus mit uns machen, wenn wir so von unserem Bruder denken? Ich hatte gedacht, Sie könnten mir beten helfen.*« Ich schämte mich und war entwaffnet.

Am 30.1.1934 schreibt mir Pfarrer Schneider: »*Wir wollen es immer besser lernen, daß das meiste, was uns zu schaffen machen soll, worüber wir uns zu bekümmern haben, unsere Sünde sein soll, um so auch besser die Sünden anderer priesterlich tragen zu lernen.*« – Und im April 1937: »*Nur im Geiste rechter Buße können wir mit Vollmacht beten um Gottes Segen für unsere jungen Paare, um Gottes Hilfe gegen die Geister der Krankheit und der Seelennot. Wir wollen bei uns selber anfangen, uns gewiß nicht besser halten als andere. Daß alle menschliche Gerechtigkeit und aller menschlicher Ruhm zunichte werde und ganz allein übrig bleibe Christi Gerechtigkeit, die er uns am Kreuz erworben. Darin allein findet unsere Blöße und Fluchwürdigkeit ihre Deckung. Solange wir noch fromme und tüchtige und gerechte Leute sein wollen, geht uns Christi Gerechtigkeit nichts an.«*

Auf die kirchliche *Sitte* wird gehalten. Jede Altersgruppe geht zweimal im Jahr an ihrem bestimmten Sonntag zum *Abendmahl.* Die feierliche Abendmahlstracht der Frauen gibt diesen Sonntagen ein besonderes Gepräge. Jeder Neuling ist beeindruckt von der Ehrwürdigkeit dieser kirchlichen Sitte. Paul aber weiß, daß sie im Gegensatz steht zu der zunehmenden Verweltlichung und Entkirchlichung, die besonders bei der Jugend eingesetzt hat. Zwar wird am Abendmahlsgang festgehalten, aber wo kann da noch Ehrfurcht sein, wo Sündenerkenntnis, wo Buße, wo Bereitschaft, sich von Christus beschenken zu lassen, wenn man sonst selten oder nie unters Wort kommt? Läßt man sich nicht nur vom Rhythmus des Althergebrachten bestimmen? Paul wurden die Abendmahlsfeiern der jüngeren Gruppen mehr und mehr zur Last. Ältere Amtsbrüder rieten Paul, diese Sonntage als missionarische Gelegenheiten zu werten, aber er, der volksmissionarisch Begabte, war gerade an diesen Sonntagen gehemmt. Trug er als Seelsorger nicht mit die Verantwortung, wenn viele mit gleichgültigem Herzen zum Herrenmahl kamen? In der Beichtansprache bat er die Jugend – wohl nicht nur in dem einen mir bekannten Fall –, doch den Mut zu haben und in den Bänken zu bleiben, er achte sie darum – wenn sie doch nicht von ihrem alten Treiben lassen wollten. Sie taten's nicht. Am Abend aber besuchte sie der Pfarrer im Tanzlokal. Paul wies immer wieder hin auf die Notwendigkeit des selbständigen Beichtgottesdienstes und die persönliche

Anmeldung zum Abendmahl, wie es ja auch in früheren Zeiten gute Sitte war. Er erstrebte eine Abendmahlsfeier inmitten der mitsingenden und betenden Gemeinde, die in kürzeren Abständen jeden rief und jeden anging, der sich rufen und dienen lassen wollte. Mit seinem Presbyterium* kam er darüber nicht überein. Weihnachten 1933 schien ihm das Jungendabendmahl in der alten Form unmöglich zu sein; er setzte dafür ohne Beschluß des Presbyteriums am letzten Adventswochengottesdienst ein Gemeindeabendmahl an. »*An Weihnachten konnte ich nun nicht mehr wie nun 7 Jahre lang das Jugendabendmahl nach alter Sitte abkündigen und abhalten. Es war nachgerade ein Unfug, daß bei dem im übrigen recht spärlichen Gottesdienstbesuch der Jugend – Sport und Hitlerdienst haben einer Gottesdienstsitte der Jugend den Rest gegeben – sich zu diesem Fest-Abendmahl alles drängte und so seine Verpflichtung gegen Kirche und Gott ablöste. Nun habe ich also den Zwang der Sitte zerbrochen. Ich rief zu einer Bekenntnisfeier mit anschließendem freiwilligen Abendmahl auf*«* (Brief vom 29. 1. 1934). – Die Gemeinde wird »nicht entlassen«, eine kleine Schar – Junge und Alte – läßt sich rufen. Wer etwas weiß von Dorfgemeinschaft, Gebundenheit an Dorfsitte bis hin zur feierlichen Kleidung, der mag ermessen, wie schwer es jedem einzelnen geworden ist. Auch einer der sechs Presbyter erhob sich und trat ruhig und feierlich heraus. Dies ist Pauls letztes Abendmahl in Hochelheim gewesen. Der Bruch mit seinem Presbyterium wurde darüber endgültig. Sein »eigenmächtiges Handeln« wurde dem Konsistorium** angezeigt. Paul wußte, daß er gegen die presbyteriale Ordnung

---

* Kirchenvorstand, bzw. Kirchengemeinderat
** offizielle Kirchenleitung der Rheinprovinz

verstoßen hatte, er hoffte aber, daß er sich um der Sache willen mit seinen Presbytern wieder zusammenfände, aber diesem Ringen wurde vom Konsistorium und von der NSDAP bald ein Ende gesetzt. (Siehe den Bericht am Ende dieses Abschnittes über Hochelheim.)

Die rechte Stellung zu den Sakramenten nicht ohne Kirchenzucht! Vater Schneider hielt in seiner Amtszeit streng gesetzlich darauf, daß der Rest von Kirchenzucht, der sich durch die Jahrhunderte erhalten hatte, geübt wurde. Es handelte sich dabei um Verstöße gegen das 6. Gebot. Brautpaare, die ein Kind erwarteten, wurden ohne Brautschmuck und ohne jede Feierlichkeit in der Studierstube getraut. Eine große häusliche Feier war nicht erwünscht. Stille Trauungen waren am Werktag, festliche Hochzeiten immer am Sonntag. Es kam auch vor, daß der Pfarrer vor der Taufe eines Kindes sagte: *»Die Eltern dieses Kindes haben Gott und die Menschen belogen«* u. a. m. – Paul war von den ersten Tagen seines Pfarramts an gezwungen, sich um die rechte Ausübung der Kirchenzucht zu mühen. Er wurde förmlich unter Druck gesetzt – durch Unterschriften des Presbyteriums, durch einen »Streik« eines Brautpaares – am Vortag seiner Amtseinführung! –, die alte Form zu lockern. Er konnte auch aus eigener Überzeugung des Vaters Kurs nicht halten. – *»Zu meinem Empfang warteten statt der Kutsche am Bahnhof gleich vier Amtshandlungen, darunter zwei nicht ganz erquickliche: eine Trauung, bei der ich den letzten Rest von Kirchenzucht in Gestalt der Stilltrauung einstweilen fahren ließ, indem ich sie am Sonntag feierlich in der Kirche vornahm, was mir in Anbetracht des darauffolgenden lärmenden Festes wieder leid tun wollte, und dann die Beerdigung* *eines Selbstmörders aus unserem Studentenkreis, bei der ich nun umgekehrt mich an die kirchliche Ordnung bindend – gegen alle Bitten der Gemeinde – nur im schwarzen Rock auf dem Friedhof amtierte, Text Jes. 48, 17 u. 18. Recht gemacht werde ich es auch diesmal nicht haben«* (Brief vom 6. September 1926). – »*Der Kampf um die Kirchenzucht in den Gemeinden ist noch nicht ganz ausgetragen und wird wohl noch mit meiner Niederlage enden, die mir selbst am Ende nicht so unlieb ist. Da bleibt nachher nur noch der Kranz und die Krone (Tracht) als Ehrenzeichen und die stille Trauung für die, die guten Willens sind*« (Brief vom 21. Oktober 1926). – Von nun an rang Paul während seiner ganzen Amtszeit um das Verständnis der reformatorischen Kirchenzucht. Über Kirchenzucht sagt Calvin: »Sie ist die Sehne der Kirche. Wenn man diese Sehne zerschneidet, dann ist der ganze Leib kraftlos.« In seinem Filial versuchte er in Einheit mit seinem Presbyterium sie im Glaubensgehorsam auszuüben, wo immer ein *öffentlicher* Verstoß gegen Gottes heilige *Zehn Gebote* der christlichen Gemeinde Ärgernis gab. Diese Kirchenzucht wurde von einem großen Teil der Gemeinde im Glauben angenommen, von anderen mit heftigstem Widerspruch abgelehnt. Ein Beispiel:

Da hat der Streit zweier Nachbarn ein solches Ausmaß angenommen, daß der Pfarrer einschreitet und beide vor dem Abendmahlsgang vors Presbyterium lädt, um ihnen Gelegenheit zur Versöhnung zu geben. Der eine kommt, der andere nicht, ist aber dann dennoch beim Abendmahlsgottesdienst. Der Pfarrer läßt ihn vor der Beichte durch den Küster bitten, die Kirche zu verlassen. Er bleibt. Da wendet sich nach der allgemeinen Beichtfrage der Pfarrer ganz persönlich an ihn, den im Dorf einflußreichen Mann. Nun steht er auf und geht hinaus. Erst später, nach einem Unfall und langem Krankenlager des Betreffenden, kommt diese Geschichte zu einem guten Ende. – Wer dreimal unentschuldigt in der Christenlehre fehlte, wurde ein Jahr lang nicht zum Patenamt zugelassen. Da dort die jungen Paten sehr beliebt waren und man bis zu sechs Paten hatte, mußte man schon aufpassen! Getauft wurde nur in der *Kirche* im Gemeindegottesdienst und nur in Gegenwart des Vaters bzw. der Eltern. – In Hochelheim hielt das Presbyterium im wesentlichen nur an der sehr gelockerten Trauzucht fest. In der Seelsorge ging Paul persönlich ratend und mahnend darüber hinaus. Er hat sich dadurch manche Feindschaft zugezogen, wie z. B. die des Stützpunktleiters der NSDAP, der Pauls Stellung zum NS-Staat darum doppelt scharf unter die Lupe nahm.

Unser großes Anliegen war die Erfassung der Gemeindejugend. Das gelang wohl im Filial etwas besser als im Hauptdorf. *»In Dornholzhausen sind die Verhältnisse anders als hier, ich möchte sagen alttestamentlicher! Geiz, Alkohol und Unsittlichkeit unter der Jugend sind auch dort mächtig. Aber in der Evangelisation vor Totenfest durch einen Berliner Freund wurde das Wort im ganzen willig aufgenommen, und es bietet sich dem missionarischen Willen der Kirche weit mehr Einflußmöglichkeit auf das ganze Dorf.«* – *»In Hochelheim trafen wir einen Jungfrauenverein und Jünglingsverein an, und da es kaum gelang, aus der Dorfjugend neue Glieder dazu zu gewinnen, hielten wir auch offene Abende. Wie oft stand aber die Tür des Pfarrhauses umsonst offen!«* Auch durch Freizeiten suchten wir Eingang zu gewinnen. Paul konnte mit der Jugend von Herzen froh sein. Spielen, Basteln, Turnen, Wandern und besonders Singen waren ja auch seine Freude! Selbstverständlich aber war ihm, daß die Bibelbesprechung im Vereinsleben nicht fehlte und daß man von denen, die kamen, auch etwas verlangte an christlicher Lebenszucht und Mitarbeit im Gemeindeleben. Es war ein Auf und Ab in unserer Jugendarbeit. Oft mußten wir einsehen, daß *»zuviel gemacht und zu wenig gewachsen war«*.

In beiden Dörfern entstanden bald Frauenhilfen. An diese Arbeit kann ich nur mit großer Freude und Liebe zurückdenken. Unsere beiden Frauenhilfen standen uns tätig und hilfsbereit zur Seite, sei es in der Armenpflege, sei es bei der Einrichtung einer Schwesternstation. In allen Stürmen blieben die Frauenkreise bestehen, verfestigten sich immer mehr unter Gottes Wort und waren auch während des Dritten Reiches ein Bollwerk der Bekennenden Kirche (BK). Nach unserem Weggang durften wir ihre Treue erleben. Wir wurden mit Omnibussen besucht, durften Gegenbesuch mit unseren Hunsrückern machen. Am Grab meines Mannes standen diese treuen Frauen, und noch heute reißt die Verbundenheit nicht ab.

Gerne fuhr Paul zu Singwochen und kirchlichen Freizeiten. Erfüllt kam er heim, aber das *»Heimkommen ist doch immer das Schönste«*. – *»Und wie freundlich fügt es Gott, daß er uns über dem Ärger und der Enttäuschung draußen in der Gemeinde die Freude an unseren Kindern drinnen schenkt, gleichsam als Ausgleich. Nein, wir wollen und dürfen nicht klagen und haben doch noch viel mehr Ursache zum Loben und Danken!«*

Auf seinem Rad, später Motorrad, war Paul vielfach

unterwegs, da er die synodale Betreuung der Fürsorgezöglinge hatte. Sie waren in »dauernder Bewegung«, und es gab viel zu helfen und zu raten. Auch bei Bastelkursen für Arbeitslose in der Kreisstadt tat er mit, überall der sozialen Not unseres Volkes an seinem Teil steuernd. – In unserem Dorf war ein primitives Obdachlosenheim für fahrende Leute. Wie oft hat er sich um sie bekümmert! Zweimal hatten wir selbst längere Einquartierung von obdachlosen Familien. Aus einem Brief an die Mutter: *»Es ist ein Wort so recht für unsere Tage, daß der rechte Sozialismus nicht auf der Straße, sondern in der Familie anfange.«* – Schwester Anna Groth aus Gießen erzählt von ihrer ersten Begegnung mit Paul Schneider: »Mir fehlten Gardinenschnüre für Vorhänge; ein Telefonanruf hatte mir gemeldet, daß ein Handwerker mir in kurzer Zeit das Fehlende bringen werde. Da sprang ein hochgewachsener Mann im Lodenmantel und mit einem Rucksack auf dem Rücken in großen Sätzen die Treppe herauf. ›Na endlich, schön, daß Sie kommen. Nehmen Sie nur gleich die Leiter mit!‹ Paul Schneider strahlte über das ganze Gesicht. ›Gut, wir wollen uns schnell dranmachen. Wie oft habe ich meiner Mutter schon dabei geholfen!‹ Und dann stellte er sich vor: ›Der neue Pfarrer von H.‹ Wie oft haben wir später über diesen Irrtum gelacht! Ernster wurde dann später unsere Begegnung an dem Sterbebett einer jungen Mutter, die eine Schar unversorgter Kinder zurückließ. Die Forderung des jungen Pfarrers, sich nur ungesäumt mit Freuden zu einem seligen Sterben zu rüsten, schien mir unmenschlich, und ich sagte ihm das. Wir kamen nicht überein, und auch ihn ließ dieses Sterbebett so bald nicht mehr los. Eines Tages bat er mich, ihn und seine junge Frau doch einmal in H. zu besuchen, wir könnten dort in Ruhe über diese Dinge sprechen. Im Laufe der Jahre bin ich dann so manchesmal dort eingekehrt, und immer war unsere Begegnung eine lebendige. Waren wir uns über irgendeine Fragestellung und ihre Beantwortung nicht ganz im klaren, so bekam ich ein Buch in die Hand gedrückt, dessen Seiten mit zahlreichen Notizen, Frage- und Ausrufungszeichen bedeckt waren. Bei der Lebhaftigkeit seines Geistes und Temperamentes konnte er manchmal heftig dreinfahren; das blieb nicht aus. Meine ›Toleranz‹ ärgerte ihn oft; für ihn gab es nur schwarz oder weiß, Feuer oder Wasser. Seit er sich unter schweren Kämpfen seinen Glauben errungen hatte, stand dieser Glaube fest wie ein kantiger, aus dem Boden gewachsener Felsen, an dem die Wasserwirbel emporschäumen und sich, wenn auch unter Toben und Brausen, teilen mußten. Niemals habe ich einen Menschen gekannt, der so völlig unbeirrt, so kompromißlos seinen Weg gegangen wäre. Der junge Kämpfer nötigte einem schon Hochachtung ab, wenn auch seine Jugendkraft über das Ziel hinausschießen konnte. Regelmäßig kam er dann hinterher, um die Sache wieder in Ordnung zu bringen. Einmal schrieb er mir: ›*Es war mir doch eine große Erleichterung, als Sie mir auf meinen etwas kriegerischen Brief eine so freundliche Antwort schrieben. Hinterher habe ich es nämlich doch mit der Angst gekriegt, ob es recht war, so zu schreiben, wie ich es tat. Christen sollten sich doch immer ganz ernst nehmen und einander gelten lassen.*‹ – Dieser seiner herzlichen Art konnten sich nur wenige Menschen verschließen. Dazu kam eine großzügige Gastfreundschaft des Pfarrhauses. Es war in den Jahren der großen Arbeitslosigkeit. Menschen zogen mit Kind und Kegel durch das Land, um für sich und die Ihren das tägliche Brot zu finden. Als ich wieder einmal nach H. kam, herrschte im Pfarrhaus Hochbetrieb. Eine zehnköpfige Familie war dort ohne Unterkunft und Barmittel hängengeblieben. Was war natürlicher, als daß sie im Pfarrhaus Aufnahme fanden? Schnell wurde auf der Scheuer Heu ausgebreitet zum Nachtlager. Wir kletterten die steile Leiter hinauf; da konnte man zwischen den krabbelnden Kindern den großen Mann sitzen sehen, mit ihnen spielen und ihnen von dem großen Kinderfreund erzählen hören. Unvergeßlich stehen diese Bilder mir vor Augen. Damals wohnte das sorglose Glück im Pfarrhaus, strahlend und leuchtend und andere an seiner Wärme teilnehmen lassend . . .«

In diesem bewegten Pfarrersleben hatte die große Politik nicht viel Raum, doch äußerte sich Paul im geschwisterlichen Rundbrief 1932 nach der Beschreibung einer großen Radtour mit einigen Burschen der Gemeinde darüber so: »*Im übrigen bewege ich mich auf viel faulere Weise mit dem Motorrad im gelben Staubanzug fort, den Pfarrer bis zur Unkenntlichkeit verleugnend und von den Kindern und andern begeisterten Hitlerinnen mit den typischen Heilrufen gegrüßt. Wir sind dieser modernen Volksbewegung – ich drücke mich vorsichtig aus, um in unsern geschwisterlichen Kreis keine politische Trennung zu tragen – noch nicht zum Opfer gefallen, sondern halten es viel lieber mit dem gut schwäbischen Gewächs des christlichen Volksdienstes, haben uns treu und offen zu Hindenburg bekannt bei den Wahlen, was mir meine Stellung freilich noch erschwerte und mir eine Beschwerde des Gauführers der NSDAP beim Superintendenten eintrug, sind*

aber mit Hindenburgs neuesten Taten nicht ganz ein-
verstanden. – O des unseligen Parteigeistes! der sich so
versündigt am Volksganzen von hüben und drüben. Wo
sind die gerecht urteilenden christlichen Gewissen, die
weder vom Nationalismus noch vom Sozialismus, son-
dern vom Evangelium her die Maßstäbe für ihr politi-
sches Handeln gewinnen? Aus dieser Quelle bezieht sie
aber der Nationalsozialismus auch noch nicht; wird er
dann wirklich die beiden Pole vereinigen und unser
Volk der sittlich-religiösen Erneuerung entgegenführen
können, deren es so dringend bedarf?« – Im Februar
1933 schreibt er, an einer Lungen- und Rippenfellent-
zündung schwer daniederliegend: *»Heute deutscher*
Abend mit deutschem Tanz. Ob das nun ein anderer
Tanz ist als der gewöhnliche? Aber zu Lichtbildervor-
trägen, Bibelstunden lädt man das Gros der Leute ver-
geblich ein. Was sind unsere evangelischen Gemeinden?
Und doch sind es Gottes Zeiten und hat Gott sein Werk
irgendwie unter uns, daran gilt es festzuhalten und
fröhlich vorwärts zu glauben.« – Im Dorf zieht der
Nationalsozialismus langsam ein, viele stehen noch ab-
wartend, die neuen politischen Machthaber des Dorfes
werden kritisch betrachtet. Ein Handwerker spricht
aus: »Der einzige National-Sozialist ist hier der Pfarrer, und der ist keiner!« – Daß aber der 1. Mai 1933
das ganze Völkchen mit all ihren Gaben und Verschie-
denheiten vereint und alles beim Feldgottesdienst
und den Kundgebungen durchs Radio zugegen ist,
das erfüllt Paul nun doch mit Freude. Er fängt an,
dem *»sozialen Wollen Hitlers Vertrauen zu schenken«.*
– *»Wenn wir nur auch als Kirche den positiven Beitrag*
zum inneren Aufbau unseres Volkes leisten können,
den wir ihm schuldig sind in unserer eigentlichen Amts-

arbeit!« – Daß aber der Stützpunktleiter alle Augenblicke sich der Kirchenglocken zum nationalen Festläuten bemächtigen will, den kirchlichen Jugendgruppen das Existenzrecht streitig macht, von den kirchlichen Körperschaften Reverse, die er nur bedingt unterschreibt, gefordert werden, das und noch viel mehr erfüllte ihn immer wieder mit Mißtrauen. – Den »deutschen Gruß« hat er nie über seine Lippen gebracht, er konnte die »*fromme Auslegung*« desselben nicht leiden. – Den Arierparagraphen als solchen, und im besonderen im Raum der Kirche, lehnte er ab. Nur mit allergrößtem Mißbehagen stellte er von nun an die arischen Nachweise aus, die im Dritten Reich jedem Dorfpfarrer soviel Zeit nahmen. Es bedurfte manchen Zuredens, daß er nicht einfach ablehnte, sie auszustellen, und sie gingen manchmal mit Zusätzen ab, z. B. der »Arier« solle seine ersten Eltern nicht vergessen!

Mitte Juli 1933 ist eine Kundgebung der DC in Wetzlar mit einer Rede des Frankfurter Pfarrers Pr. Aus seiner Unruhe heraus, ob es nicht doch eine Stelle gäbe, bei der er guten Gewissens beim Aufbau mithelfen könnte, geht Paul hin. Er hört dort etwa das, was ihn über Gemeindeaufbau und -arbeit lange beschäftigt, und glaubt nun guten Willens, sich auch einreihen zu können. Es ist ihm aber »*nicht so recht wohl dabei*«, und er fürchtet, »*der wirklich positive Flügel der DC (Deutsche Christen) könne sich doch nicht durchsetzen*« (August 1933). Auf einer Singwoche Ende August 1933 findet er bei Freunden Klärung und Befreiung. Und da er von Grund seines Herzens ein bußfertiger Christ war, so konnte es nicht fehlen, daß er alsbald vor seine Gemeinde trat und sagte, er wolle ein schlichter evangelischer Christ bleiben und sich hierbei das Vorzeichen »Deutsch« schenken, das verstünde sich von selbst. Von da an war seine Haltung eindeutig, so daß ein Freund bezeugen kann: »Niemand, den ich kenne oder dessen Geschichte mir zu Ohren gekommen ist, hat diesen Kampf unserer Kirche schlichter und einfältiger, zugleich lauterer und unerbittlicher geführt als mein Freund und Bruder Paul Schneider.«

Die letzten Monate in Hochelheim. Über die Vorgänge der letzten Monate lasse ich Paul aus seinen Briefen an meine Mutter selbst reden. »*Am 8. Oktober, in Dornholzhausen schon 8 Tage früher, hatte ich von der Kanzel und im kirchlichen Bekanntmachungskasten gegen den Aufruf von Röhm gegen das ›Mukkertum‹ protestiert*. Ich wurde natürlich, wie ich das vorausgeahnt hatte, angezeigt. Um mich vor einer Verhaftung zu schützen, beurlaubte mich das Konsistorium schnellstens. Wir waren gerade fröhlich beim Singkreis in Dorlar, als der Herr Superintendent mit dem Auto vorfuhr. Am nächsten Tage wurde ich nach Koblenz befohlen, vor einen Konsistorialrat und unseren neuen Bischof, Dr. Heinrich Oberheid (ein führender deutscher Christ). Ich mußte mich unterrichten lassen, daß der Röhmsche Aufruf in der Hauptsache sich gegen das unberechtigte Vorgehen von SA- und SS-Leuten gegen dritte Personen gerichtet habe und daß ich in einer geführten Kirche als einzelner nicht eine so wichtige Sache vom Zaune brechen dürfe . . . Ich ließ mich*

---

* Paul erwartete einen Protest der offiziellen Kirche; als der nicht kam, verlas er bei den Abkündigungen seinen eigenen: »*Stabschef Röhm irrt sich, wenn er meint, nur mit revolutionären Kräften das Dritte Reich bauen zu können ohne eine innere Erneuerung des Volkes.*« (Nur sinngemäße Wiedergabe aus dem Gedächtnis.)

bestimmen, soll ich sagen, verleiten?, meinen Protest öffentlich zurückzunehmen . . .

Die Kreisleitung gab sich aber noch nicht zufrieden, sondern dort war ich schon seit langem angeschwärzt als politisch unzuverlässig, und Stützpunktleiter und Kreisleitung waren sich offenbar dahin einig geworden, daß ich mindestens versetzt werden solle. Durch den Widerstand von Wetzlar konnte das Konsistorium die Beurlaubung nicht aufheben. Ich willigte ohne weitere Beweisgründe natürlich nicht in eine solche Versetzung. Es kamen zwei Vertreter des Konsistoriums; sie waren zuerst bei mir und dann bei den Stützpunktleitern. Inzwischen war eine erhebliche Unruhe und Auflehnung gegen die Stützpunktleiter in beiden Gemeinden wach geworden . . . So waren diese schließlich froh, wieder einlenken zu können. Ich habe am letzten Sonntag wieder gepredigt über Römer 1, 16« (Brief vom 26. Oktober 1933). – *»Ich glaube nicht, daß unsere evangelische Kirche um eine Auseinandersetzung mit dem NS-Staat herumkommen wird, daß es nicht einmal geraten ist, sie noch länger aufzuschieben, bei allem schuldigen christlichen Gehorsam«* (Brief vom 29. Januar 1934). – Die Stützpunktleiter rühmten sich nachher, daß sie des Pfarrers Schicksal in der Hand gehabt hätten. Paul gab dagegen bekannt, nur das Vertrauen der Gemeinde hätte ihn in Hochelheim gehalten. Er fühle sich frei von einer Bindung.

Anfang Januar wird Paul um eine Probepredigt in Monschau gebeten. Da ja Paul wegen *»seines schriftgemäßen Verstandes der Abendmahlsfeier und der ernstzunehmenden Beichtfrage«* im Konflikt mit seinem Hochelheimer Presbyterium stand, drängte das Konsistorium auf dessen Beschwerde hin auf Pauls Wegmeldung, aber noch fühlte er sich gebunden, und sein Weggehen wäre ihm als Fahnenflucht erschienen. So zieht er nach der Probepredigt seine Meldung zurück.

Aber die Dinge gestalteten sich immer schwieriger. Paul hatte eine Äußerung gegen den Goebbels'schen »Moralin«-Aufsatz, der durch alle Zeitungen gegangen war, gemacht, und gerade als er sich im Februar 1934 wegen der Abendmahlsbeschwerden vor dem Konsistorium zu verantworten hatte, lief ein Telefongespräch vom Landrat ein, das seine Beurlaubung deshalb forderte. Dazu kam, daß er Ende Januar 1934 die Notbund-Erklärung gegen den Reichsbischof-Erlaß vom 4. Januar 1934 nach seiner Predigt über »Die Sturmfahrt der Kirche Christi und Jesu Herrlichkeit« (Matthäus 8, 23–27) verlesen hatte: »*Obwohl ich im allgemeinen nicht Kirchenpolitik oder Politik auf die Kanzel bringe, sprach ich in dieser Predigt recht scharf gegen die DC und wies auch auf die Gefahren hin, die vom Volksleben und dem Staat auch im Dritten Reich dem Schifflein der Kirche Jesu Christi drohen*« (Brief vom 4. 2. 1934).

Trotz seiner zweiten Beurlaubung fühlte er sich um des Gemeindeteils willen, der treu hinter ihm stand, zum Bleiben verpflichtet. Aber am 19. Februar 1934 kommt das amtliche Schreiben mit seiner Versetzung nach Dickenschied. Seines Bleibens sei in Hochelheim nicht mehr möglich, besonders nicht von seiten der staatlichen Stellen. Bis zum Umzug, Ende April, sei kein Dienst mehr gestattet. Das war eine schwere Probe für Paul, innerhalb der Gemeinde zu stehen und zu wohnen und doch Predigt und Unterricht anderen überlassen zu müssen. In einem Brief vom 1. März 1934 schreibt er an einen Freund: »*Mein*

Hochelheimer Presbyterium stellte sich nicht hinter mich, und bei im übrigen sehr vielen Sympathien in den Gemeinden sind nur sehr wenige da, die für ihren Pfarrer den Kopf hinhalten wollen.«

Eine Abordnung zweier gutgesinnter Männer mußte sich auf dem Konsistorium belehren lassen, daß es für den Pfarrer das allerbeste sei, er gehe. Paul hatte also keinen Auftrag mehr in Hochelheim. Er wäre sonst bereit gewesen, die Treue zu halten.

Er schied in Frieden; die, die ihm am meisten schadeten, können es bezeugen. Aber die Sorge um seine ersten Gemeinden ließ ihn nicht los, und so wurde ihm sein Weggang immer wieder zur Anfechtung. – Die Gemeinden erwirkten bei den politischen Leitern die Genehmigung, Abschiedsfeiern im Vereinshaus bzw. in der Turnhalle für den Pfarrer halten zu dürfen. Dabei kam dann Paul auch noch einmal zu Wort. Von der Feier im Filial erzählt eine Freundin: »Paul Schneider sah angegriffen und abgezehrt aus. Mächtiger noch als sonst wölbte sich der starke Schädel mit der gebuckelten Stirn vor, die Augen lagen tief in ihren Höhlen. Aber eine große Stille lag wie ein Glanz auf seinen Zügen. Wir machten uns schweigend in dieser abendlichen Stunde auf den Weg. Ein Auto überholte uns – eine Frau mit einem amputierten Bein ließ sich herbeifahren, um in dieser Stunde nicht zu fehlen. Mir gegenüber äußerte sie sich dahin, durch Pfarrer Schneiders Seelsorge sei in ihr bisher unstetes Leben Ruhe und Frieden eingekehrt. Da saßen nun in dem Saal die Menschen, Kopf an Kopf, mit stillen, in sich gekehrten Gesichtern. Der Mädchenchor begann mit Liedern, die sie bei ihrem Pfarrer gelernt hatten, die Frauen sagten Gedichte und brachten als Abschiedsgabe ein Bild ihres Kirchleins. Ein Presbyter trat vor und erklärte, lange habe er in der Hl. Schrift nach einem Trostwort für seinen Pfarrer gesucht, und nun wolle er ihm diesen Trostpsalm vorlesen. So begann er mit der eintönigen Stimme, wie es Landleute häufig tun, oft vor Bewegung stockend, zu lesen. – Dann erhob sich Paul Schneider und sprach zum letzten Mal zu der Gemeinde seiner Heimat. Nun gelte es, Abschied zu nehmen. Er bat seine Gemeinde, es seinem Nachfolger nicht schwerzumachen, jeder habe nun einmal eine andere Art. – Aber es gelte nun auch, Rechenschaft abzulegen. Diese seine Gemeinde sei seine erste große Liebe im Amt gewesen, und um sie habe er im Zorn und in Liebe geeifert ... Wäre ihm noch einmal vergönnt gewesen, ihnen das Wort Gottes zu verkündigen, so hätte es in größerer Liebe geschehen sollen. Das erkenne er in dieser Stunde, und darum bäte er sie alle, ihm zu verzeihen, wo er gefehlt habe, denn es bliebe dabei: Nun aber bleibet Glaube, Hoffnung, Liebe, diese drei; aber die Liebe ist die größte unter ihnen. Denn der Grund, auf dem sie erbaut seien, Jesus Christus, der Sohn des lebendigen Gottes, der müsse unwandelbar bis in alle Ewigkeit bestehen bleiben; seine letzte Bitte könne nun keine andere sein, als in Gehorsam und Glauben auf diesem Boden, was auch kommen möge, zu beharren. Dann schritt er durch die Reihen und reichte allen die Hand. Es herrschte eine lautlose Stille, in das Scharren der Füße klang das unterdrückte Weinen der Frauen. – Die Frauenhilfe hatte zu einem Abschiedskaffee eingeladen. Da saßen nun die Frauen auf den Bänken aufgereiht, immer noch fand keine das erlösende Wort. Das Dorf hatte seiner scheidenden Pfarrfrau eine vollständige Hessentracht mit den gefalteten Röcken, Häubchen und breiten Bindebändern zum Abschied geschenkt. Als Gretel Schneider nun, gekleidet wie alle andern, mit einem herzlichen Wort zu den Frauen trat, war der Bann gebrochen.«

Auch die Hochelheimer Frauenhilfe richtete uns einen Familienabend größten Ausmaßes, bei dem Humor und Fröhlichkeit nicht fehlten. Wir wollten uns gegenseitig den Abschied nicht zu schwermachen. – Unter dem Gesang der Frauen fuhren wir dann am 25. April zum Dorf hinaus.

Dickenschied

Wie Jesus Christus Gottes Zuspruch der Vergebung aller unserer Sünden ist, so und mit gleichem Ernst ist er auch Gottes kräftiger Anspruch auf unser ganzes Leben; durch ihn widerfährt uns frohe Befreiung aus den gottlosen Bindungen dieser Welt zu freiem, dankbarem Dienst an seinen Geschöpfen.

Zweite Barmer These*

Paul Schneider berichtet vom Einstand in Dickenschied: »*Mit einem Rest der Möbel, in Sofa und Sessel sitzend, mit Aussicht nach hinten, fuhr die Familie höchst gemütlich, andere sagen, zigeunermäßig, im Möbelauto die 200 km von Hochelheim nach Dickenschied. Ich selbst habe wie ein Schäferhund mit meinem Motorrad das Auto begleitet. Die ganze versammelte Gemeinde mit dem Kirchmeister an der Spitze bereitete uns dann im Pfarrhofe einen schönen Empfang.*

Auf die schönste und freundlichste Weise mit festlichem Grün und Kirchenfahnen wurde in der Filialgemeinde Womrath am 8. Mai 1934 die Amtseinführung gefeiert. Der Superintendent hatte als Text seiner Ansprache Jeremia 15, 19–21 gewählt: ›Darum spricht der Herr also: Wo du dich zu mir hältst, so will ich mich zu dir halten, und sollst mein Prediger bleiben. Und wo du die Frommen lehrest sich sondern von den bösen Leuten, so sollst du mein Mund sein. Und ehe du solltest zu ihnen fallen, so müssen sie eher zu dir fallen. Denn ich habe dich wider dies Volk zur festen, ehernen Mauer gemacht. Ob sie wider dich streiten, sollen sie dir doch nichts anhaben.

---

* Bekenntnissynode von Barmen Mai 1934

Denn ich bin bei dir, daß ich dir helfe und dich errette, spricht der Herr, und will dich erretten aus der Hand der Bösen und erlösen aus der Hand der Tyrannen.‹ – Ich hielt meine Einführungspredigt über 2. Petrus 1, 19.«

Paul sollte sich des teuer erkauften Friedens in Dickenschied nicht lange erfreuen dürfen. Schon am 12. Juni 1934 kam es zu einem Zusammenstoß. Er berichtet selbst darüber: *Vertretungsweise hatte ich im Nachbarort Gemünden, einem kleinen Landstädtchen, eine Beerdigung übernommen. Am Grabe kam es zu einem Zwischenfall. Es war nämlich ein riesiger Parteiapparat aufgeboten worden mit Musik und Fahnen, SA-Spalier, HJ, BdM, Arbeitsdienst, weil es sich um einen Hitlerjungen und Arbeitsdienstwilligen handelte. Nach der liturgischen Einsegnung folgten dann viele Kranzniederlegungen mit z. T. langen Ansprachen, in denen auch religiöse Anklänge vorkamen. Nachdem der stellvertretende Leiter des Arbeitslagers schon das Schicksal an Stelle des lebendigen Gottes eingeführt hatte, sprach unter den letzten noch der Kreisleiter und versetzte den Verstorbenen frisch-fröhlich in den himmlischen Sturm Horst Wessels. Ich hatte den Segen noch nicht gesprochen, und es war mir klar, daß ich nicht einfach in den Horst-Wessel-Sturm einsegnen könne, so schickte ich, um in mildester Form kirchliche Lehrzucht zu üben, voraus: ›Ich weiß nicht, ob es in der Ewigkeit einen Sturm Horst Wessels gibt, aber Gott, der Herr, segne deinen Ausgang aus der Zeit und deinen Eingang in die Ewigkeit. Laßt uns nun in Frieden gehen zu dem Hause des Herrn und Totengedächtnis halten vor Gott und seinem Heiligen Wort.‹ Das ging dem Herrn Kreisleiter gegen die Ehre, und er trat noch einmal vor und stellte es nun als gewisseste Behauptung auf: ›Kamerad . . ., du bist tatsächlich in den Sturm Horst Wessels heimge-gangen.‹ Darauf ich: ›Ich protestiere. Dies ist eine kirch-liche Feier, und ich bin als Pfarrer für die reine Lehre der Hl. Schrift verantwortlich.‹ Die Parteiverbände mar-schierten darauf an dem Gedächtnisgottesdienst vor-bei.«* – Paul ging nachher in die Wirtschaft zu der SA und suchte den Kreisleiter, um mit ihm persönlich die Sache zu bereden. Er war aber schon abgefahren. Dar-auf schrieb Paul den folgenden Brief:

»Dickenschied, den 13. Juni 1934
Sehr geehrter Herr Kreisleiter!
Zu dem gestrigen Vorfall auf dem Friedhof möchte ich Ihnen, nachdem ich Sie gestern vergeblich zu spre-chen suchte, einige Worte schreiben, die Sie bitten wollen, mein Handeln zu verstehen.
Es ist mir persönlich leid, daß es zu diesem Zusam-menstoß kam, aber ich handelte in einer Zwangslage. Auch die Friedhofsfeier ist eine streng kirchliche Feier, im Namen des dreieinigen Gottes eingeleitet und geschlossen mit dem Segen und der Einladung zum Gotteshaus. Es geht nicht an, daß dabei wer nur will und was er nur will, redet. Dies Verständnis für rechte kirchliche Ordnung darf ich bei Ihnen voraus-setzen. Wenn schon der Ersatz des lebendigen heili-gen Gottes durch das ›Schicksal‹, das den Jungen ab-gerufen habe, in einer evangelisch-kirchlichen Feier nicht wohl überhörbar ist, so mußte die Einführung des himmlischen Sturmes Horst Wessels, der übrigens von dem einmal gewesenen Bischof Hossenfelder erfunden worden ist, den die Feier leitenden und für deren kirchlichbekenntnismäßigen Charakter verant-wortlichen Pfarrer zum Widerspruch nötigen. Ich tat

das in der mildesten Form, die am wenigsten Aufsehen erregen sollte. Ihr nochmaliges Auftreten zwang mich, Protest einzulegen.

Bei einer evangelisch-kirchlichen Feier hat die Stimme Gottes nach der Heiligen Schrift unüberhörbar zu Gehör zu kommen. Unser Kirchenvolk ist wahrhaftig liberalisiert genug, als daß noch länger jede Meinungsäußerung in der Kirche zu ihrem Rechte kommen könnte. Bei einer kirchlichen Beerdigungsfeier insbesondere verträgt es der Ernst der Ewigkeit nicht, mit menschlichen Maßstäben gemessen zu werden. Nicht jeder, der einigermaßen in der HJ oder SA seine Schuldigkeit tut, ist darum seligzusprechen. Den irdischen Sturm Horst Wessels lasse ich sehr wohl gelten, aber darum läßt Gott ihn noch lange nicht geradlinig in die ewige Seligkeit marschieren. Das ist vielleicht ›Deutscher Glaube‹, aber nicht schriftgemäßer christlicher Glaube, der mit der vollen Wirklichkeit der tief in das Herz und Leben der Menschen verflochtenen Sünde Ernst macht.

Ich wende mich außerdem an Ihr Verständnis für Ordnung und Disziplin. Ich darf in einer Parteiversammlung der NSDAP auch nicht auftreten und sagen, was ich will. Mit einer kirchlichen Feier auf dem Friedhof vereinbaren sich allenfalls Kranzniederlegungen mit einem schlichten kurzen Nachruf, aber nicht lange Ansprachen mit glaubensmäßigen Aussagen, zumal wenn vorher nicht das Einverständnis des die Feier leitenden Pfarrers eingeholt wurde.

Es ist wohl jetzt nur eine überflüssige Versicherung, die ich Ihnen gebe, daß mich nicht politische Reaktion leitete, und Sie werden einem aufrechten deutschen Manne und Christenmenschen schon glauben, wenn er sich auf sein pfarrerliches, in Gott gebundenes Gewissen beruft. Im übrigen wäre es mir ein Vergnügen, wenn wir uns über die Sache selbst und die dahinterliegenden Glaubenswirklichkeiten weiter unterhalten dürften.

Mit deutschem Gruß

P. Schneider, Pfarrer«

Pauls Freund Langensiepen berichtet: »Drei Tage ließen die politischen Stellen sich Zeit zu der Überlegung, in welcher Weise hier eingegriffen werden müsse, dann stellten sie fest, daß die vielberufene Volksseele am Kochen sei, und nahmen Paul Schneider in Schutzhaft. Wir besuchten ihn in seiner Zelle. Er saß dort gelassen und getrost. Eine Woche lang hielt man ihn fest, dann wurde er entlassen. Die Volksseele hatte ausgekocht.« – Nun fährt Paul in seinem Brief vom 25. Juni 1934 fort: »Während meiner Haft unterschrieben von 48 Haushaltungen meines Filials 43 eine Eingabe, in Dickenschied das Presbyterium für die ganze Gemeinde. Die SA-Leute drohten mit Austritt, wenn der Pfarrer nicht wiederkomme, und riskierten Verhaftung, führten Glaubensgespräche mit dem Kreisleiter und antworteten auf die Frage, was ihnen lieber sei, der Glaube oder der Nationalsozialismus, ›der Glaube‹, um sich dann sagen lassen zu müssen, daß sie so keine rechten Nationalsozialisten seien. Sie waren aber hier bei den allerersten Anfängen der Bewegung längst vor dem Umschwung schon dabei! Die Presbyter des Filials und andere Männer verantworteten sich, vor den Herrn Amtsbürgermeister zitiert, dort für ihren Glauben. Der Ortsvorsteher und Vater des Stützpunktleiters sagte, wie wir für das Vaterland und den Nationalsozialismus gekämpft haben, so stehen und *kämpfen wir auch für den Glauben unserer Kirche. – Die Amtsbrüder der Pfarrbruderschaft, zu der ich gehöre, verfaßten eine Erklärung, in der sie ausdrücklich mein Handeln vor der Öffentlichkeit rechtfertigten. Sie sollte am letzten Sonntag von den Kanzeln verlesen werden, und auch an Innenministerium, Vizekanzlei und kirchliche Stellen wurde sie weitergegeben. Fast alle Amtsbrüder der Synode erklärten sich in einem Schreiben an mich ins Gefängnis solidarisch und wollten in gleicher Weise zur Wahrheit stehen und auch dafür leiden. Der Herr Superintendent, der in Simmern, dem Ort meiner Haft, wohnte, war rührend besorgt um mich und trug mir jeden Mittag durch die ganze Stadt in einem Körbchen das Mittagessen zu. Der Gerichtsdiener gab sich alle Mühe, meine Haft angenehm zu gestalten. Gretel durfte mich besuchen, soviel sie wollte. Nach sechs Tagen entließ mich der stellvertretende Landrat aus der Haft. Obwohl die Sache bis Berlin geleitet wurde, fand man doch keinen Grund zur Strafe und verwarnte mich nur, in Zukunft von staatsfeindlichen Äußerungen Abstand zu nehmen, wogegen ich mich mündlich und schriftlich verwahrte. Zwei Presbyter geleiteten mich heim, und abends versammelte sich die ganze Gemeinde in der Kirche. Ihr könnt Euch denken, daß wir viel mehr Trost und Freude hatten, als das bißchen Ungemach uns ausmachte. Ich glaube Euch dies unser Erleben nicht vorenthalten zu dürfen, weil es uns allen den Glauben stärken darf an die Sendung und Verheißung der Kirche Christi für unser Volk auch in unseren Tagen. Nachdem die Gemeinde hier solche Haltung gezeigt, möchten wir wirklich uns erst recht beglückwünschen zu unserer Verbannung auf den Hunsrück.«*

Folgenden Brief richtete Paul Schneider nach seiner Entlassung an die Staatspolizei:

»Dickenschied, den 21. Juni 1934

An die
Staatspolizeistelle in Koblenz
durch den Herrn Landrat

Wie ich schon bei meiner Entlassung aus der Schutzhaft am gestrigen Tage bei den mir gemachten Eröffnungen durch Herrn Oberinspektor Schmidt diesem
gegenüber zum Ausdruck gebracht habe, verwahre
ich mich entschieden gegen die nachträgliche Beurtei-
lung des Zwischenfalles auf dem Friedhof in Gemünden am 12. Juni, der zu meiner Inschutzhaftnahme
Anlaß gab, als einer ›staatsfeindlichen Äußerung‹.
Diese Verwahrung gebietet mir schon meine Amts-
ehre.
Gerade die Anwesenheit der vielen Uniformierten,
die ich in diesem Falle als Hörer der kirchlichen Botschaft anzusehen hatte, machte mir das Einstehen für
reine Lehre um so mehr zur Bekenntnispflicht.
Darum kann ich nicht, wie Sie mir eröffnen ließen, der
von mir in milder Form geübten Lehrzucht den Stempel der Staatsfeindlichkeit aufdrücken. In dieser Auf-
fassung weiß ich mich, wie verlautet, mit vielen der
anwesend gewesenen Uniformierten einig. Darum
kann ich auch nicht, wie Sie mir in den gemachten
Eröffnungen ansinnen, versprechen, mich in Zukunft
ähnlicher ›staatsfeindlicher Äußerungen‹ zu enthalten, wenn es die Pflicht meines Amtes und christlichen Bekennens mir gebietet.
Damit aber solche Zwischenfälle vermieden werden,
die freilich dem Ansehen der Partei bei unserer an
Bibel und Bekenntnis festhaltenden Bevölkerung
schaden könnten, wäre es geraten, wenn auch von sei-

ten der Partei und ihrer Organisation die Lebensord-
nungen, die Lehre und das Ansehen der Kirche ernstlich respektiert würden.

Schneider, Pfr.«

Die Gemeinde Dickenschied ist Diasporagemeinde,
zwei Drittel der Einwohner sind katholisch, Womrath ist
fast ganz evangelisch. Beide Gemeinden umfassen im
ganzen etwa 500 Seelen. Auf der Gemeinde Womrath
lag das Hauptgewicht der Entscheidungen. Die Gemeinden gehören zur altpreußischen Union, haben aber
reformiertes Gepräge, mit dem Heidelberger Katechismus als Lehrbuch. Den mußte nun der neue Pfarrer
zuerst selbst lernen, und er tat es mit dem ihm eigenen
Einsatz und Eifer. Auch innerlich eignete er sich dieses
Bekenntnisbuch immer mehr an. Und nun fand er auch
endlich Zeit, Barths Römerbrief zu studieren. Dieses
Studium und auch die Verlautbarungen und Synodal-
beschlüsse der Bekennenden Kirche, die aus dieser
Theologie entstanden, bedeuteten ihm Beglückung und
Befreiung. Wie oft hat er mich in seiner Freude über
dieses Studium in Küche und Kinderstube daran teilnehmen lassen wollen! – Die Gemeinde war im ganzen gut
geordnet und ließ sich seinen Dienst gerne gefallen.
Frauen- und Jugendarbeit bestand schon und durfte nur
weiter gepflegt werden. Neu entstand ein Singkreis, der
jung und alt beider Geschlechter zusammenführte. Daß
sie nicht nur fürs Singen aufgeschlossen waren, sondern
mit uns in guter christlicher Gemeinschaft standen, das
war unsere Herzensfreude. – Der größte Teil der jüngeren Pfarrerschaft des Hunsrücks stand seit Jahren
zusammen in wissenschaftlicher Arbeit und brüder-
lichem Beraten der Gemeindefragen. Der beginnende

Kirchenkampf hatte sie vollends zu einer Bruderschaft gemacht. Welch große Wohltat für Paul, in diesen Kreis hineinzukommen! Wie lange hatte ihn schon nach einer solchen Bruderschaft verlangt! – Weil in manchen Hunsrückgemeinden die Kirchenzucht noch nicht ausgestorben war, vielmehr sie nur einer Belebung bedurfte, wurde in der Bruderschaft gründlich darüber gearbeitet. Es wurden Thesen über Kirchenzucht aufgestellt, und Paul konnte mit seinen Erfahrungen dazu beitragen. Seine frühere Linie wurde durch diesen Austausch nur noch vertieft. – In seinen neuen Gemeinden fand er eine geistlichere Ausübung der Kirchenzucht vor. Trauzucht: Hatte ein Paar sich still trauen lassen müssen, dann kam es vor seinem ersten Abendmahlsgang ins Pfarrhaus, um im Beisein eines Presbyters »Kirchenbuße« zu tun, d. h. unter Gottes Wort und Gebet wieder die Zulassung zum Abendmahl zu erlangen. Ebenso war es bei Mischehen, wenn der evangelische Teil in katholische Kindererziehung gewilligt hatte. – Paul fand ein verständnisvolles Mitgehen seines Presbyteriums, vor allem nun einmal in den drängenden Entscheidungen des Kirchenkampfes. Er durfte die Freude erleben, daß alle Presbyter sich nach der Bekenntnissynode von Barmen der BK zuordneten. Auch ein großer Teil der Gemeinde ging mit und unterschrieb mit der Zeit die Mitgliedskarten der BK, treulich auch die BK-Beiträge bezahlend. Paul führte die Weisungen der Bekenntnissynode ohne Vorbehalt im Einverständnis seines Presbyteriums aus, so z. B. später die wöchentlichen Bittgottesdienste, die selbst in Erntezeiten in vorgerückter Abendstunde von den Treuesten noch besucht wurden. – Daß die Einführung der »grünen Karten« in der Gemeinde Fragen und Unruhe erweckten, ist zu verstehen. Ich füge das Konzept zu seiner Predigt über Römer 14, 1–9 hier an:

»Liebe Gemeinde! Wir sind durch den Kirchenkampf und die für oder gegen die Bekennende Kirche sich ergebende Haltung der Gemeindeglieder aufmerksam geworden auf die Frage der Einheit und Einigkeit der Gemeinde. Man hat gesagt, ich hätte die vorher einige Gemeinde gespalten; man hat gesagt, wenn wir noch Bekenntnisschulen hätten (Anm.: offiziell waren sie ja damals noch vorhanden), hätten wir an einer nicht genug, sondern müßten dann zwei haben. So redet auch im großen Kirchenminister Kerrl von den zwei Gruppen in der evangelischen Kirche, die er wieder zusammenbringen will, zu welchem Ende er die Kirchenausschüsse eingesetzt hat. Dabei wird im kleinen wie im großen deutlich, daß es eine Einheit um jeden Preis sein soll. Wie die Volksgemeinschaft, so soll auch die kirchliche Gemeinschaft um jeden Preis hergestellt werden, ein Volk, ein Gott, ein Glaube, eine Kirche. So lautet die Parole. Auch unser Text hat das Anliegen, daß die Kirche, die Gemeinde einig sei ... Er, der Apostel, ist aber in der glücklichen Lage, bei beiden Parteien es voraussetzen zu dürfen, daß sie mit ihrer Haltung dem Herrn Jesus gefallen wollen, daß sie aus ehrlichem Gewissen und ehrlicher Erkenntnis ihren Weg gehen und daß sie beide Gott danken ... Christus kann er als den Herrn ihres Lebens und ihres Sterbens bezeichnen, so daß sie im Leben wie im Sterben ihm als Eigentum angehören. Denn das ist ja nun allerdings der ganze und einzige Inhalt unseres Christenglaubens, daß Jesus Christus durch seinen Heilstod für uns den Sieg davongetragen hat und durch das Leben, das er wieder an sich genommen hat in Auferstehung und Himmelfahrt, unser Herr geworden ist, der Toten und Lebendigen Herr, daß ihm ebenso unser irdisches Leben gehört wie ihm unser Sterben gehören soll, daß er ebenso unsern ganzen vollen Gehorsam fordert, wie er uns in seinem Leiden und Sterben die Vergebung unserer Schuld schenkt. Er ist nun ebenso ›*der kräftige Zuspruch der Vergebung aller unserer Sünden, wie er der kräftige Anspruch ist auf unser ganzes Leben*‹. In dieser Herrschaft Jesu Christi, die hell und deutlich über seiner Gemeinde steht, in der alleinigen Herrschaft Jesu Christi, aber auch in dieser Herrschaft allein, werden alle Unterschiede der Christen sonst in der Erkenntnis und worin sie einander nicht verstehen und sich voneinander unterscheiden, aufgehoben. Jesus Christus ist die Einheit und Freiheit seiner Gemeinde. Nun können sich die Gemeindeglieder untereinander aufnehmen, weil der Herr sie aufgenommen hat. – Was will das für unsere Lage sagen? Freunde, es will uns erstlich das sagen, daß wir uns die Maßstäbe für die Einheit und Einigkeit in der Gemeinde und Kirche, für die christliche Liebe nicht von denen sagen und vorschreiben lassen dürfen, die nicht an Christus glauben als den Sohn Gottes und den Herrn seiner Kirche. Diese aber sind es, die am lautesten über Abtrennung, Lieblosigkeit, Pharisäismus und Sektenbildung schreien, wenn sich das Häuflein der Christen zu Christus ihrem Haupte sammelt und seinen alleinigen Herrschaftsanspruch in der Gemeinde und Kirche wieder sichtbar werden läßt. Von diesem Schreien sollen und brauchen wir uns also nicht beirren zu lassen ... Wie würde es, wenn wir unter allen Umständen alle Volksgenossen im Raum der Kirche halten wollten, die als räudige Schafe die ganze Herde krank machen und verderben! ...

Zum andern aber, liebe Gemeinde, haben wir uns doch auch vieles von dem Apostel Paulus sagen zu lassen nach der Richtung hin, wie auch wir wert und würdig sind, eine Gemeinde Jesu zu heißen ... Heute geht es nicht so sehr um die Dinge des Gesetzes Mose, die in Jesus Christus erfüllt und abgetan sind. Doch gibt es auch heute noch Unterschiede einer freieren, weltlicheren und einer gesetzlicheren frömmeren Lebenshaltung auch unter Christen, nach ihrer Erziehung, nach ihrem Herkommen, nach ihrer Erkenntnis begründet und erklärlich. Ich erinnere nur an die Frage, ob ein Christ Branntwein, Alkohol, Zigaretten genießen darf, an die Frage des Tanzens und der weltlichen Vergnügungen, Kino- und Theaterbesuch u. a. m. Tragen diese Dinge nicht bis in die engeren kirchlichen Kreise, bis in die Bekennende Kirche hinein, Mißtrauen, gegenseitige Verachtung, Unbrüderlichkeit und Unduldsamkeit, daß die einen die andern als schwach und eng gesetzlich und stur verachten, die andern den Freien ihr Verhalten als leichtfertig und sündlich kritisieren, daß Gemeinschaftskreise der BK fern und fremd bleiben und sich dem Ruf Gottes hier entziehen, weil ja in die BK auch soviel Leute aus der Welt kommen, auch Pfarrer, die einmal liberal gestanden haben, daß wieder andere die BK als Muckerei und Sektiererei ansehen, weil Christen pietistischer Haltung und Prägung sich ihr zugeordnet haben – das alles gehört hierher und hat bis in unser Dorf, in unsere Gemeinde, seine Auswirkungen. Aber dürfen diese Unterschiede uns dann noch trennen, wenn wir einig werden in dem Bekenntnis: Christus der Herr, und wir uns von seinem Wort regieren lassen wollen, wenn wir von dem ernsten Willen ergriffen worden sind, unser ganzes Leben dem Herrn dienstbar zu machen, wenn wir in seiner Kirche einig sind in dem Bekenntnis, daß Jesus Christus der Herr sei über Tote und Lebendige, der Herr aller Herren? . . . Wenn du als getaufter Christ dich gläubig achtest an den Herrn, schließe den nicht aus der christlichen Gemeinschaft, den du nicht dafür achtest, der doch mit dir Gottes Wort hört, an dem Gottes Geist wirkt – schließe ihn nicht aus deinem Herzen und aus dem Himmelreiche aus! Gott könnte dich im Gericht fragen nach deinem Bruder, mit dem du auf dem Wege warst. Und wenn du anderer, als getaufter Christ dein Recht ohne weiteres in der Kirche geltend machst, sperre dich nicht gegen den, dessen größerer Ernst im Glauben und christlichen Leben dir ein Vorwurf im Gewissen ist! . . . Betet füreinander, daß ihr gesund werdet. Haben wir nicht am letzten Sonntag geredet vom Gebet als unserer Liebespflicht füreinander, unserer geistlichen Nachbarschaftshilfe? Nehmet euch untereinander auf, gleichwie Christus euch hat aufgenommen. Tut das Herz einander auf, wie Christus uns sein Herz hat aufgetan in Vergebung und Fürbitte, in Hilfe und Heilung für leiblichen und geistlichen Schaden. Machet einander Bahn zur Bruderschaft und Schwesternschaft in Christo Jesu . . . So ist nun solche Liebe des Gesetzes Erfüllung. Wer in der Liebe bleibt, der bleibt in Gott und Gott in ihm. So wird unser ganzes Leben auf den Herrn Christus bezogen und seinen Dienst. So wird Christus unser einziges Gesetz. So sind wir in ihm frei geworden im Glauben und Dienst, Gnade und Liebe. So ist Christus unsere Einheit und Freiheit . . .«

Das Jahr 1934 bleibt ein unruhiges, es gilt »die Spannung tragen zu lernen«. So schreibt Paul am 31. Juli

1934: »*Im übrigen müssen wir im Gottvertrauen die Spannung tragen lernen – und uns auch immer ausspannen lernen von der Spannung, die heute in der Luft liegt, nicht in unseren Gemeinden, sondern im allgemeinen – und es wissen, daß die Kirche Christi mit dem Spannungsverhältnis zur Welt recht eigentlich in ihren Normalzustand zurückkehrt. Der Herr aber mache uns, seine kleine Herde, bereit für die Entscheidungsstunde, da es gilt, seinen Namen nicht zu verleugnen.*«

Und einen Tag nach seinem Geburtstag im selben Jahr: »*Das ruhige neue Lebensjahr wünsche ich mir selber auch! – Nun müssen wir freilich am nächsten Sonntage wieder auf Weisung der freien Synode unsern Ungehorsam gegen die Nationalsynode und ihre Gesetze erklären und ich muß sagen, ich tue das ja nun auch herzlich gerne, denn mit diesen verlogenen Praktiken kann es keinen ehrlichen Frieden geben für die Kirche Christi. Wir freilich bedürfen es, daß sich Gott unser erbarmt nicht nur äußerlich, auch über Weib und Kind, sondern auch innerlich, daß er uns reinigt und demütigt und neu ausrüstet zu seinem Dienst und Zeugnis. Dies unser Vertrauen zu ihm sollen wir nicht wegwerfen, und es hat große Verheißung. Welt bleibt Welt, und unsere Zeit ist gewiß nicht frömmer und christlicher, als es andere Zeiten waren. Aber seine Kirche will Gott erneuern in dieser gefährlichen Zeit, und zwar auf andere Weise, als es die DC meinen . . .*«

Durch die Absetzung des Superintendenten Gillmann durch das Konsistorium kommt der Hunsrück in den Brennpunkt des kirchlichen Geschehens. Viele Gemeinden und Pfarrer der Synode stellen sich hinter ihn; um sie dafür zu strafen, werden den Pfarrern die Zuschüsse gesperrt, die ja das Wesentliche des Gehaltes aus-

machen. Wir durften in diesem Herbst 1934 ein uner-
hörtes Ausmaß an Fürsorge erfahren, zuerst von unseren Gemeinden: »an Nahrung soll's ihm mangeln nicht«.
Es floß uns alles zu: Kartoffeln, Getreide, Milch und
Butter. Der Kirchmeister entwarf einen ganzen Versor-
gungsplan, und die lieben Leute »lieferten« ohne Murren
ins bevölkerte Pfarrhaus. Und das alles unter den schar-
fen Augen der Polizei, die die Sammlung für die Pfarrer
nicht gerade liebte! Auch außerhalb der Gemeinden
stand die Solidarität auf und füllte der BK die Hände für
die »armen Hunsrückpfarrer«. Was Wunder, daß das
Konsistorium nach zwei bis drei Monaten den Superintendenten wieder einsetzte und seine Pfarrer wieder
ordnungsgemäß bezahlte. Wir hatten nur zu danken für
diese Probe. Die Dahlemer Linie*, die Paul ohne Vorbehalt vertrat, konnte ein solches Auf-sich-selbst-
Gestelltsein der Gemeinde auch auf lange Zeit bringen,
und noch aus dem Gefängnis gibt Paul den Rat: »*Macht
die Gemeinden möglichst selbständig.*« – »*Wir müssen
uns ja alle erst ein wenig an den Kriegszustand gewöhnen,
aber dürfen dann auch lernen, darin nichts Fremdes und
Außergewöhnliches zu sehen. Jesus sagt: Ich bin nicht
gekommen, den Frieden zu bringen, sondern das
Schwert. Und wir als Christen können ja nun einmal
unser Volk und Vaterland nicht lieben, ohne daß wir
Jesus an die erste Stelle rücken, und wenn wir das nicht
tun, leisten wir unserem Volk und Staat auch nicht den
von uns geschuldeten Dienst und lassen ihn in Abgötterei
versinken. Bis jetzt geht es uns sehr gut, und wir sind mit
allem versorgt*« (Brief vom November 1934). – »*Es ist
köstlich, so unmittelbar aus der Hand Gottes leben zu
dürfen. An der recht oder unrecht gebeteten vierten Bitte
wird sich der christliche oder unchristliche Weg nicht nur*

* Bekenntnissynode von Berlin-Dahlem Oktober 1934

manches Pfarrhauses, sondern auch der der Gemeinde-
glieder entscheiden« (Brief vom 19. Dezember 1935). –
»Von uns hätten wir Dir wieder viel zu schreiben. Du
hast gehört von den 500 verhafteten Pfarrern in Preußen
über letzten Sonntag, die sich weigerten, durch Unter-
schrift zu bescheinigen, daß sie sich vom Staat die Kund-
gebung der altpreußischen Bekenntnissynode vom 5. 3.
zur Bekanntgabe im Kirchenvolk verbieten lassen. Man
wollte damit den Bekenntnischarakter und die Wucht
dieses blitzartig die Situation erhellenden Zeugnisses der
Kirche abdrosseln. Es ist nicht geraten. Der verhafteten
Pfarrer waren zu viele. Sie sind wohl alle vorläufig wieder
auf freiem Fuße. Ich saß am Samstagabend über den
Volkstrauertag bis Dienstagmorgen im Gefängnis in
Kirchberg, leider als der einzige vom ganzen Hunsrück,
aber es war doch gut, daß einer die Ehre des Hunsrücks
rettete. Die Brüder hatten sich alle überrumpeln und nöti-
gen lassen zur Unterschrift. Es war ihnen aber hinterher
herzlich leid, und sie haben inzwischen alle ihre Unter-
schriften zurückgezogen, wenigstens soweit sie zur Pfarr-
bruderschaft gehörten. Gretel mußte sich am Samstag-
abend noch eine Haussuchung gefallen lassen, und ich
bin noch heute einer großen Zahl Blätter und Schriften
beraubt, die man mir entführte. Die Kundgebungen, die
ich auch schon vorher gründlich verteilte, suchte man mit
sehr geringem Erfolg aus den Dörfern herauszuziehen.
Die Gemeinden standen wieder treu. Volle Passions-
andachten in dieser Woche, nachdem am letzten Sonntag
kein Gottesdienst sein konnte. – In Kirchberg war es nicht
übel. Mit den Kerkermeistern des Hunsrücks schließe ich
allmählich Freundschaft wie einst Paulus in Philippi«
(Brief vom 22. 3. 1935).

»Den Umfall, nicht Abfall der andern erkläre ich mir

auch noch hauptsächlich damit, daß sie den Inhalt der Kundgebung nicht wichtig und ernst genommen haben. Ich habe sie heute auswendig gelernt und merke immer mehr, wie gewichtig und entscheidend sie ist, daß wir uns durch die Unterschrift auch nicht das geringste durften abmarkten lassen von ihrer Geltung und der entschlossenen Hinausgabe in die Öffentlichkeit« (Brief aus dem Gefängnis vom 18. 3. 1935).

»Ich weiß, Du nimmst es mir nicht übel, daß ich als Pfarrer nicht immer nach dem Grundsatz handeln kann: Ruhe ist die erste Bürgerpflicht, und es mir verzeihst, daß es auch für Gretel nicht immer so glatt und ohne Aufregung abgeht. Wir haben uns diesen Kampf ja nicht gesucht, müssen ihn aber nun um des Evangeliums willen ausfechten. Wir wollen es uns erbitten, daß wir uns immer weniger aufregen, vielmehr den Kampf um den Glauben auch den öffentlichen Gewalten gegenüber als das Normale ansehen auf dieser Welt und im Vertrauen auf Gott immer das rechte Stillewerden und Entspannen uns schenken lassen« (Brief vom 22. 4. 1935 an unsere Mutter).

Frühling und Sommer 1935 brachten uns viele Besuche, mit denen wir uns an des Hunsrücks Schönheit freuten. Lebendig erinnert sich ein lieber Gast dieser Sommertage: »Was sollte man zu diesem großen Jungen sagen? Er schien die heraufziehenden schweren Gewitterwolken nicht zu sehen. Daß er dennoch tiefer schaute, sollte mir bald auf einer gemeinsamen Wanderung klarwerden. Es war nach dunklen Regentagen der erste strahlend schöne Morgen. Ein Kind nach dem andern durfte auf den Schultern des Vaters reiten, des Lachens und Jubelns war so bald kein Ende! An einem Feldweg überholten wir einen Mann, mit dem Paul

Schneider bald in ein Gespräch kam. Ich kannte diese seine Art wohl. Er war wie ein Mensch, der weiß, daß ihm nicht mehr viel Zeit bleiben sollte; immer stiegen Flammen aus einer verborgenen Glut auf. Am Waldesrand lagen Zigeuner um ein glimmendes Feuer gekauert. Paul Schneider setzte sich zu ihnen, er mußte ihnen von dem reden, was ihm Sinn seines Lebens war. Er tat dieses ganz schlicht und ohne jedes Pathos, eindrucksvoll stellte er die Menschen vor die entscheidende Christusfrage. – Auf dem Rückweg benutzte ich einen Augenblick, als wir allein waren, ihn inständig zu bitten, doch jedes Ärgernis zu meiden. Auf meine Bitten meinte er, er könne allerdings nur versprechen, sich nicht zu einem Martyrium zu drängen; wo immer aber er zu einem Zeugnis aufgerufen würde, könne er nicht anders als bezeugen, daß es auf Erden kein anderes Heil gebe als allein in Jesus Christ. – Mir schlug das Herz in trauriger Vorahnung, und ich wagte ein Weiteres und wies auf seine liebe Frau und seine unschuldigen Kinder. Unvergeßlich ist mir dieser Augenblick. Wir standen an einer steinernen Brücke, die über ein Wasser führte. Paul Schneider drehte sich um und sah mir mit einem unbeschreiblichen Ausdruck in die Augen: »Glauben Sie, daß ich meine Kinder von Gott erhalten habe, um nur für ihr äußeres Fortkommen zu sorgen? Wurden sie mir nicht anvertraut, um sie für die Ewigkeit zu bewahren? – Und meine Frau? Vielleicht muß es für sie so und nicht anders kommen, um völlig zum Glauben durchzubrechen.« – Schweigend, in innerer Erschütterung, traten wir den Heimweg an. Der folgende Sonntag war mein Abreisetag. In der Kirche wurde das Hl. Abendmahl gehalten. Es war eine alte Sitte, daß die Presbyter den Pfarrer in seinem Hause abholten, wo die

Abendmahlsgeräte aufbewahrt wurden. Die Kirche lag am Ende des Dorfes. So schritten sie nun über die Dorfstraße, der Pfarrer im Ornat in der Mitte, die Hl. Schrift in seinen Händen, links und rechts von ihm die Presbyter, den Kelch und das Brot tragend. So sah ich ihn zum letztenmal.«

Und ein anderer Freund, Hermann Lutze, stellt fest: »Er weiß, daß er den Menschen unseres Volkes, die er liebt, am besten dient, wenn er ihnen die ganze barmherzig-harte Wahrheit des Evangeliums verkündigt. Darum nimmt er gerade, weil er die Menschen liebt, kein Blatt vor den Mund. Er hält an, es sei zur Zeit oder zur Unzeit, und ist dabei völlig unbekümmert um die Folgen, die für ihn daraus erwachsen. Es ist fast eine gewisse Kindlichkeit in ihm, die aber zu der tapferen Männlichkeit seines Wesens in keinem Gegensatz steht.«

Paul hatte als Seelsorger und Volksmissionar nie »Urlaub«. Er kam auf der Bahn und auf Wanderungen immer wieder in Gespräche, darüber fast die Familie vergessend oder sie wenigstens zurückstellend.

Bäuerliche Arbeit war oft Pauls Entspannung. Gerne half er bei drängender Erntearbeit mit. Seine fröhliche Natürlichkeit und sein Geschick für die landwirtschaftlichen Arbeiten brachten ihn seinen Bauern nahe. Das Mähen am frühen Morgen war ihm eine Lust. Schon aus der ersten Gemeinde wird berichtet: »Als ich einmal durch die Gemarkung fuhr, traute ich meinen Augen nicht! Pfarrer Schneider lud einen Wagen Heu auf! Am Wege saß die Frau, der die Arbeit zu schwer geworden war. Ohne sich lange zu besinnen, war Pfarrer Schneider vom Rade gesprungen und hatte den Heuwagen geladen.«

Sehr oft wird Paul aus seiner stetigen Gemeindearbeit durch Vorladungen vor das Bürgermeisteramt aufgeschreckt. Meines Wissens waren es im Winter 1935/36 zwölf Anzeigen. Ihre Verdrehungen und Verleumdungen konnten jedesmal von Paul richtiggestellt werden, doch was half es, das Konto für das Sondergericht mehrte sich! Einmal sollte er für die Juden gesammelt haben – es war der christliche Verein für Israel –, das andere Mal Hitler einen Teufel genannt haben – »ob Hitler von Gott oder vom Teufel ist, wird erst die Zukunft lehren« – und so fort. – Das Presbyterium stellte sich ganz zu seinem Pfarrer und verwarnte gewisse Leute energisch, so daß eine Ruhepause eintrat. – Aber nun kam die Wahl am Palmsonntag 1936. Da sie keinen Raum für ein »Nein« bot – wie sonst bei Wahlen vorher –, also keine Wahl war, blieben wir zu Hause. Daß aber die Kirche beflaggt und die Glocken geläutet wurden, quälte Paul so, daß er folgende Erklärung verfaßte:

»Der evangelisch-reformierten Gemeinde Dickenschied bin ich folgende Erklärung schuldig:

Die erzwungene Anteilnahme der Kirche an der heutigen Reichstagswahl durch Glockenläuten und Fahnenzeigen zwingt mich, aus meiner Zurückhaltung, die ich bisher beachtet habe, herauszutreten. – Die Kirche kann dem Staat in seinen Plänen und Handlungen entweder den göttlichen Segen anwünschen oder aber dem Staat mit der göttlichen Warnung entgegentreten, wenn seine Pläne, Entschlüsse und Handlungen offenbar gegen Gottes Willen und Wort gerichtet sind. – Fahnenzeigen und Glockenläuten aber könnten nur zu leicht als Segensanwünschung verstanden werden. Diese

Segensanwünschung aber kann die Kirche dem Staate im Augenblick nicht geben. Offenbar ist mit dieser Reichstagswahl nicht nur verbunden, daß wir dem Führer unsere Stimme geben und die Außenpolitik des Führers billigen, sondern auch, daß wir die das ganze Schicksal der Nation zutiefst berührende Weltanschauungspolitik des Nationalsozialismus billigen, die sich in immer mehr offenbar werdendem Gegensatz zum biblischen Christentum setzt. – Deutschlands Schicksal entscheidet sich aber nicht an den Truppen am Rhein, sondern an der Stellung des deutschen Volkes zum Worte Gottes. Darum ist die Weltanschauungsfrage ungleich wichtiger als jede andere. Bis zum heutigen Tage aber ist dem Worte Gottes und dem bekenntniskirchlichen Leben die freie Entfaltung unter allen deutschen Volksgenossen immer mehr verwehrt worden. Vielmehr ist das deutsche Volk und seine Jugend einer immer offensichtlicheren Entfremdung von der Kirche Christi und von der Lehre der Hl. Schrift und damit dem Abfall und der Empörung gegen Gott entgegengeführt worden. Eine unchristliche deutsche Gemeinschaftsschule soll an Stelle unserer heutigen Konfessionsschulen mit Gewalt durchgesetzt werden. – Es ist auch nicht die leiseste Zusicherung von den verantwortlichen Männern in Staat und Partei gemacht worden, daß es in diesen Dingen anders werden soll. Die Kirche Christi kann darum den Weg des Dritten Reiches in dieser wichtigsten aller Fragen nicht gutheißen, kann der Wahl des neuen Parteireichstages die göttliche Segensanwünschung nicht geben. Sie ist es vielmehr schuldig, dem Führer und der Regierung die göttliche Warnung und Gottes Gericht anzusagen, wenn von der Politik der Entchristlichung und Entkonfessionalisierung des öffentlichen Volkslebens nicht Abstand genommen wird. Du aber, liebe evangelische Gemeinde, werde wach und verteidige mannhaft deine heiligsten Glaubensgüter, bezeuge die Ehre und Majestät des lebendigen Gottes, des Vaters unseres Herrn Jesu Christi, gegenüber den Herrgöttern und Abgöttern dieser vergehenden Welt.«

Am Wahltag selbst hatten wir wider Erwarten außer einigem Nötigen von seiten der Partei Ruhe. Am Sonntag darauf, dem Ostermorgen, war dagegen die Front unseres Hauses mit großen Buchstaben und viel roter Farbe verziert! »Er hat nicht gewählt. Vaterland?? Volk, was sagst du??!!« Nun, das deutsche Volk konnte zu diesem Falle kaum Stellung nehmen, aber die Gemeinde tat es dafür um so gründlicher. Sie kam trotz des Ostermorgens mit Schrubbern und Eimern und einer wahren Schaffensfreude und ging der Farbe zu Leibe! Nachher beim Gottesdienst bedankte sich Paul für diese Hilfe.

Paul ist wohl schon vor dieser Zeit aufgefordert worden, eine militärische Übung zur Wiederaufnahme in den Stand des Reserveoffiziers zu machen. Ich hätte ihm den sportlichen Teil derselben sehr gegönnt, da ich ja wußte, wie sehr sein Körper einer solchen Entspannung bedurfte. Er schreibt aber ganz ruhig dem Wehrkommando, als Pfarrer in BK-Gemeinden könne er nicht ohne Not wochenlang weg sein, und lehnt ab. – Später ließ er die Frage offen, ob er überhaupt auch als gemeiner Soldat diese Uniform tragen könne, wenn Hitler einen Krieg anfänge. Während seiner Lagerzeit wurde ihm ja auch dann seine Unwürdigkeit für den Heeresdienst erklärt. – Paul blieb bei dieser entschiedenen Haltung in großer Bescheidenheit und Demut. Im Mai 1936 wurde er mit anderen rheinischen BK-Pfarrern zur »Kirchenvisitation« nach Westfalen gesandt. Er reiste mit den größten Hemmungen ab, fühlte sich dem nicht gewachsen, und es widerstrebte ihm, dort von seiner eigenen und der Gemeinden Haltung zu berichten. Gott müsse ja doch ihr »armes Bekennen« in Gnaden ansehen, und sie hätten ja oft genug versagt! Er fährt »auf Befehl« um der Sache willen.

Im Juli 1936 waren wir bei unserer Mutter in Tübingen. Das geistige und kulturelle Leben war dort in diesen Tagen auf einem Höhepunkt: Mozartfest! Mutter wollte uns an diesen Genüssen gern teilnehmen lassen. Pauls Sinn stand aber nicht nach Konzertsälen, nur uns zulieb ging er mit. So war die erste Zeit nicht der ihm gemäße Urlaub und machte unser Verhältnis etwas gespannt. Wie sehr stand ich damals in der Angst um den Geliebten und wollte retten, was zu retten war! Wir hatten Meinungsverschiedenheiten vor der Mutter ausgetragen. Paul schreibt nun nachher der Mutter: »Mich bedrückt, daß wir ›Bekenntnisleute‹ uns Dir in einem so schlechten und anstößigen Licht gezeigt haben. Wir lassen uns das recht zur Demütigung dienen, auf daß wir uns keinen fleischlichen und menschlichen Ruhm daraus machen, wenn der Herr uns nötigt – mit viel Mühe genug –, daß wir seinen Anspruch und sein Herrschaftsrecht auf die Kirche nicht verleugnen. Dich möchte ich nur bitten, uns auch als Sünder anzusehen, die an sich nicht besser sind und sein können als andere Menschen. Bitte verstehe auch, daß unser Weg in der Bekennenden Kirche eine Last für unsere Ehe und unser Amt und unsern Stand bedeutet, die andere so nicht tragen müssen.« – Paul fand dann noch Erholung in Bad Sebastiansweiler für zehn Tage. Die letzten vier Tage teilte ich mit ihm. Eine Frau an unserem Tisch fragte: »Sind Sie auf der Hochzeitsreise?« – »Nein, wir haben fünf Kinder zu Hause.«

»Ja, ihr lieben Freunde, es ist mir ein ganz großes Geschenk Gottes, daß wir trotz der so überaus ernsten und gefahrvollen Zeit und des so ganz unsicheren Weges, den wir in der Bekennenden Kirche gehen müssen, doch so fröhlich, ich möchte sagen sorglos, sein können und nun erst recht die Familie und die lieben Kinder, das tägliche Brot, unser Amt und alles uns zu köstlichen Gaben Gottes werden. Wir haben hier am 23. 8. die Abkündigung der Vorläufigen Kirchenleitung* und des Reichsbruderrates zu verlesen gehabt; mich hat es in der Seele frohgemacht, es war mir eine große Befreiung, daß unsere Kirchenleitung dieses Wort gefunden und gewagt hat und wir damit durchstoßen durften durch die Nebelschwaden von List und Lüge, mit denen die weltanschauliche Lage getarnt und unser armes christliches Volk verwirrt wird. Die neu durchbrechende Sonne nach Regenwochen und Erntenot war mir wie ein freundliches Sich-Bekennen Gottes zu diesem Wort.« (An einen befreundeten Lehrer am 2. September 1936.) – *»›Siehe, dein König kommt zu dir‹, das wird uns ja gerade in unser sündiges, notvolles Herz hinein verheißen. Der Mann auf dem Eselein, der zu Jerusalem einkehrt, will auch noch in unser Volk einkehren, das von ihm abfällt, und er will auch noch – und das sollte uns freilich verwunderlich sein – in unser eigenes Herz einkehren. Gott helfe dir mit unverletztem Gewissen durch die schwere Zeit. Er gebe dir zur rechten Zeit das gute Bekenntnis, das dem einziehenden König die Kleider vom Leibe unter die Füße breitet und ihm ein Hosianna-Geschrei vor einer Welt ausrichtet, die ihn fort und fort kreuzigt.«* (An denselben am 29. November 1936.)

* Illegale Leitung der BK in Deutschland

Ein ganz wichtiges Gemeindeanliegen war Paul die evangelische Schule. Es handelte sich in beiden Dörfern um einklassige Schulen mit je einem Lehrer. Diese beiden Lehrer machten Paul Kummer. Er sah in ihnen die Lehrer der Konfessionsschule und Religionslehrer seiner eigenen und seiner Pfarrkinder und bedauerte so doppelt, daß sie ganz und gar dem Zeitgeist anheimgefallen. 1936 schrieb er: »*Mit unseren Kindern haben wir schon unsere Erziehungssorgen, da sie in unserer Schule so schlecht beraten sind. Sie lernen wenig, dafür aber ist unser Lehrer mit allen Erziehungsneuerungen vornean. Nun haben sie vor und nach der Schule neue Gebete eingeführt, die auch nicht die Spur mehr christlich oder evangelisch zu nennen sind und ganz deutschgläubigen Geist atmen.*« Jeder Lehrer tat sein möglichstes, die biblischen Geschichten nach dem neuesten Stand der nationalsozialistischen »Forschung« zu lehren. Paul bespricht darum mit dem Presbyterium die Notwendigkeit eines Vorkatechumenats, das später durch seinen Stellvertreter eingeführt wird. Während seiner Haft 1937 stellte er einen Plan auf, welches Wissen die Kinder an Bibelkunde, Liedern und Katechismusfragen vor der Aufnahme zum Konfirmationsunterricht haben müßten, sei es, daß sie es im Elternhaus oder im kirchlichen Unterricht lernten.

Paul ließ es an seelsorgerlichen Einzelgesprächen mit den Lehrern nicht fehlen, sie brachten ihm meist nur Anzeigen ein. Der Dickenschieder Lehrer führte förmlich Buch über ihn und ließ durch die Schulkinder die Leute zur Einsichtnahme bitten. Als sie zu ihm nicht kamen, wurde dies Sündenregister in einem Bauernhaus aufgelegt. Dazu kam, daß der Lebenswandel des Dickenschieder Lehrers ständig dem Dorf Gesprächsstoff bot. Als er nun einmal den katholischen Lehrer in der katholischen Schule vertreten sollte, streikten die katholischen Eltern und schickten eine Begründung an die Regierung. Paul sah sich mit dem Presbyterium genötigt, nun um die Untersuchung dieser Anschuldigungen zu bitten. Statt dessen wird Paul nun seinerseits um Stellungnahme ersucht. Er hätte diese Sache viel lieber innerhalb der christlichen Gemeinde – also nur durch die christliche »Bußzucht« – ausgetragen. Der Schluß des Schreibens des Presbyteriums an den Regierungspräsidenten zeigt seine Einstellung: *»Es ist mir leid, daß ich durch die Rückfrage genötigt bin, diese Dinge auszupacken, die wir durch das Beschwerdeschreiben von katholischer Seite genügend betont glaubten, um dessen gründliche Untersuchung wir ja gebeten hatten. Es geht uns auch letztlich nicht um diese Dinge als solche und an sich, das haben wir schon in unserem Schreiben vom 15. 2. und der früheren Beschwerde deutlich gemacht. Es geht uns um die Verhinderung der völligen Entchristlichung des evangelischen Schullebens der Gemeinde. Wir bitten darum die Regierung, in diesem Sinn bei ihrem Einschreiten zum wahren Vertrauen und Frieden zwischen Gemeinde und Schule zu helfen. Wir haben auch, bevor wir unser Beschwerdeschreiben machten, den Lehrer als bevorzugtes Glied der Gemeinde, das er in seiner Eigenschaft als evangelischer Lehrer ja auch ist, vor das Presbyterium geladen, um diese Dinge in einer für ihn und die Gemeinde tragbaren Weise zu bereinigen. Es war leider vergeblich. Uns leitet nicht irgendwelche Gehässigkeit, sondern einzig die Sorge um die rechte und christliche Erziehung unserer*

Kinder. Darum bitten wir die Regierung auch darum, daß sie doch ihren Einfluß dahin geltend mache, daß die Lehrer die Zusammenarbeit mit und die Achtung vor der Kirchengemeinde – der christlichen Gemeinde –, in der sie dienen, nicht grundsätzlich versagen möchten, auf daß es christlichen Eltern nicht leid sein muß, daß sie ihre Kinder noch der Schule anvertrauen« (4. 3. 1937).

Paul war mit der »evangelischen Schulgemeinde« in enger Verbindung. Auch von daher ließ er die Gemeinde aufklären. Im Januar 1937 sagt er in der Predigt über Lukas 2, 40–52: *»Wir wollen christliche Erziehung. Darum wollen wir es verlernen, liebe Gemeinde, wenn wir von christlicher Erziehung reden, das Wörtlein christlich klein zu schreiben. Wir müssen es groß schreiben, denn es kommt von Christus, von Christus selbst, und kein Geringerer will Gestalt gewinnen in den Herzen unserer Kinder. Er will sein Bild in ihre Herzen und Seelen einprägen. Wenn er das aber will, dann kann er sich nicht mit einem Winkel oder einer Ecke, mit einem sogenannten Ort im Herzen, oder mit dem ihm zugewiesenen, von der Welt noch zugestandenen Jenseits begnügen. – Dann, liebe Gemeinde, fordert er uns und unsere Kinder total, erhebt Anspruch auf unser ganzes Leben. Dementsprechend muß die christliche Erziehung, soll es wirklich eine christliche Erziehung sein, eine das ganze Leben des Kindes umfassende sein. Wie Jesus den Gehorsam gegen seine Eltern nur scheinbar verletzt, sondern nur dem Gehorsam gegen seinen himmlischen Vater in rechter Ordnung unterstellt, wie er mit diesem Gehorsam sein Leben in die Hand seines himmlischen Vaters legt bis zu seinem letzten Wort am Kreuz: Vater, in Deine Hände befehle ich* *meinen Geist, so müssen wir es auch tun und müssen auch unsere Kinder anleiten, alle irdische Rücksicht, allen irdischen Gehorsam dem Gehorsam gegen den lebendigen, heiligen Gott, gegen den Herrn und Heiland Jesus Christus zu unterstellen. Dann werden wir gegen alle christliche Entstellung der Erziehung unserer Kinder mit zäher, verbissener Entschlossenheit, die um die Größe der Entscheidung weiß, rufen um unserer Kinder Heil und Seligkeit oder Unheil und Verdammnis: Wir wollen christliche Erziehung! Amen.«*

Seine Stellungnahme behielt den klaren Blick nach beiden Seiten. *»So wenig wir um die alte Kirche kämpfen, so wenig kämpfen wir freilich auch um eine alte Schule, sondern unter der Losung ›Bekenntnisschule‹ für Schulen, die wirklich diesen Namen verdienen. Jetzt gilt es nicht, das bankrotte Firmenschild aufzugeben – wir haben es ja auch nicht in der Kirche getan –, sondern den Zwangsvergleich und das Entschuldungsverfahren einzuleiten. Laßt uns von den Kindern der Welt lernen, die klüger sind als die Kinder des Lichts . . . ›tole‹ (indonesisch), d. h. vorwärts und niemals zurück, ist die Losung des Evangeliums! Kein Einsatz darf uns für unsere Kinder, ihre Seelen und ihr ewiges Heil zu schade sein! . . . Es soll nur keiner denken, auf irgendeinem Gebiet mit einem Vergleich mit der Welt und den Mächten dieser Welt, die doch gerichtete Richter sind, durchzukommen. Auch das Evangelium erhebt den Totalitätsanspruch, und nicht erst seit gestern! Ich meinerseits kann nicht glauben an das friedliche Nebeneinander von christlicher und völkischer Erziehung, und die führenden Leute auf der anderen Seite glauben auch nicht daran . . . Drum ›mutig drein und nimmer bleich, denn Gott ist allenthalben‹, Ihr wißt selber, wie es* *weiter heißt ... Von der Lage in der BK, die freilich durch Unglaube, Ungehorsam und Verwirrung in den eigenen Reihen kritisch genug ist, davon mündlich mehr«* (Brief vom 2. 9. 1936).

Trotz dieser »Konfessionsschulen« in unseren Orten ist Paul bis ins Gefängnis hinein der Kämpfer gegen die Deutsche Gemeinschaftsschule des Dritten Reiches. Er sucht noch in seinem letzten (inoffiziellen) Brief aus Koblenz seine Frau und seinen Vertreter festzumachen in diesem Kampf. *»Die Mitteilung über mein Verhör geht wohl auch die Gemeinden an und hauptsächlich die Gemeinden, wie nach meiner Meinung auch die Auseinandersetzung mit der Schule und den Lehrern des Pudels Kern ist bei meiner Haft und Ausweisung. Sollte auch in Dickenschied-Womrath, wie ich aus Andeutungen von Herrn O. und eines anderen Beamten zu verstehen glaube, die Gemeinschaftsschule eingeführt sein, sollte nun auch das Firmenschild der Konfessionsschule offen wider alles Recht und alle Versprechungen heruntergerissen sein, sollte man den Eltern das Recht offen abstreiten damit, ihre Kinder in Schulen ihres Bekenntnisses zu schicken, so hielte ich für die wahrhaft evangelischen Eltern den Schulstreik für geboten: Jedenfalls spreche ich meiner Frau das Recht zu, sich ausdrücklich auf meinen Willen zu berufen, unsere Kinder nicht in die Gemeinschaftsschule zu schicken, komme daraus, was da wolle. Jetzt kann und muß auch in den Gemeinden erneut deutlich gemacht werden, um was es geht. Sie dürfen ruhig den Eltern sagen, um dieser Dinge willen säße ich im Gefängnis. Wenn Sie jetzt die Gemeinschaftsschule, sei es auch unter Protesten, hinnehmen, so würden Sie meinen Kampf und meine Verantwortung verraten. Nach*

allem, was bei uns vorausgegangen ist, dürfen Dicken-
schied und Womrath die Gemeinschaftsschule nicht
hinnehmen, und wenn von uns das Signal zum Schul-
streik ausgehen sollte, bitte, schonen Sie meine Person
nicht ... Nur ja jetzt keinen faulen Versprechungen
und Vertröstungen Glauben schenken! Grundsätz-
liches Mißtrauen ist am Platz. In der Abteilung II b
Vogelsang (Stapogebäude) und auch hier unter den
Bibelforschern bekommt man einen lebhaften Ein-
druck, wie planmäßig und entschlossen der Kampf ge-
gen die christliche Weltanschauung geführt wird. Wie
keine Sekte, keine namenlose christliche Gemeinschaft,
keine aus dem üblichen Rahmen fallende kirchliche
Veranstaltung dem Blick der Gestapo entgeht und wie
Pfarrer der Kirche, mit denen wir noch aus einem Pott
unser Gehalt beziehen, ihre Handlanger sind. Hier kann
man es immer noch viel schwärzer annehmen, als man
vor Augen sieht. Mein vorstehendes Urteil will ich nie-
mand aufzwingen. Sie und die Gemeinde und meine
Frau sollen handeln, wie sie es selbst verantworten kön-
nen und wozu sie sich von Gott die Kraft erbitten kön-
nen« (Nov. 1937). Die Gemeinschaftsschule wurde
nach Jahr und Tag von uns dann doch nur »unter
Protest« hingenommen! Nach den Erfahrungen mit
den evangelischen Lehrern vertraute man dem katholischen Lehrer, der die Gemeinschaftsschule nun allein
hielt, die Kinder mit »besserem Gewissen« an. War es
im Grunde aber nicht doch nur die Liebe, die die Kinder schützen und behalten wollte, und Leidensscheu?

Die Not mit den Lehrern und ihre bekenntniswidrige
Unterweisung ließen Paul immer wieder ins Gespräch
mit dem Presbyterium über die »christliche Bußzucht« kommen. Es lagen in Womrath auch noch zwei

andere Fälle vor, die der christlichen Gemeinde Ärgernis gaben. Da war ein Mann, der der Kirche seit Jahren den Rücken gekehrt hatte, nun aber auch sein Kind, dem er doch bei der Taufe die christliche Unterweisung versprochen, vom Kindergottesdienst unter Drohen und Schelten fernhielt und es selbst einmal aus der Kirche herausholte. Es war nicht zu reden mit ihm, so sehr es Paul erstrebte. – Und da war ein Parteimann, ebenfalls seit langem dem kirchlichen Leben gleichgültig, der aber nun sich zum Richter des bekenntniskirchlichen Lebens machte. Mit ihm war Paul manchmal im Gespräch. Er suchte es dann immer vom christlichen Anliegen des Pfarrers aufs politische Glatteis zu bringen. Seinen Jungen meldete er vom Konfirmationsunterricht ab und schickte ihn zu einem DC-Pfarrer Thüringer Richtung. Er versuchte diesem im Dorf Einfluß zu verschaffen. In Dickenschied und Womrath beschließen die Presbyterien, diesen Männern (die beiden Lehrer mit eingeschlossen) die christliche Bußzucht zu verkündigen, da sie nicht vor dem Presbyterium ihre Sache bereinigen wollten. In Dickenschied schreckt das Presbyterium am Sonntag der ersten Abkündigung vor der Tragweite seines Handelns zurück, in Womrath bleiben die Presbyter einmütig auf ihrem Beschluß bestehen.

Ansprache an die Gemeinden vor Abkündigung der Kirchenzucht

Liebe Gemeindeglieder! Das Presbyterium hat sich genötigt gesehen, zum erstenmal ein in unserer Kirche lang vernachlässigtes Mittel, das der öffentlichen christlichen Bußzucht, in Anwendung zu bringen. Es handelt sich in drei Fällen, in denen das geschah, um öffentliches Ärgernis, das der Gemeinde Jesu Christi gegeben wurde und das leicht größeren Schaden in der Gemeinde anrichten könnte, wenn es nicht gemäß der Anweisung unseres Herrn Jesu selbst (Mt. 18, 15–20) und gemäß dem Bekenntnis unserer reformierten Kirche (Heidelberger Katechismus, Frage 83–85) unter die strafende Zucht der Gemeinde gestellt würde.

Diese kirchliche Zucht der Gemeinde wird ausgerichtet in der Vollmacht Jesu Christi und auf seinen Befehl und seine Verheißung hin. Christus spricht: »Was ihr binden werdet auf Erden, soll gebunden sein im Himmel, und was ihr lösen werdet auf Erden, soll los sein im Himmel.« »Merke du aber ernstlich, daß er gewiß zusagt: Tut ihr der Schlüssel Werk, so will ich's auch tun; ja wenn ihr es tut, so soll's getan sein. Was ihr bindet und löset, das soll gebunden und los sein, ohn' mein Binden und Lösen – es sei einerlei Werk, meines oder eures, tut euer Werk, so ist meines schon geschehen. Da haben wir ... Sünde zu behalten oder zu vergeben.« Die kirchliche Zucht der Gemeinde wird ausgerichtet nicht aus Zorn oder Haß, sondern aus Liebe. Die Reformatoren haben die Kirchenzucht gepriesen als das köstliche Mittel, an einem Menschen wirklich Liebe zu üben, indem die Gemeinde ihm seine

Sünden vorhält und durch den Ernst, mit dem sie dies tut, ihn in besonderem Maße zur Buße treibt. Luther sagt: »Der kirchliche Bann ist also eine liebevolle und mütterliche Geißel der Kirche, verhängt über den Leib und die leiblichen Dinge.«

So ist es beides, die Sorge um die Gemeinde und die Liebe, die Besserung des unbußfertigen Sünders sucht, wodurch die Kirchenzucht der Gemeinde unumgänglich wird.

Wollte man einwenden, daß durch die Kirchenzucht Feindschaft geweckt und die Gemeinde uneinig gemacht und auseinandergerissen werde, so darf hier nicht zu große Rücksicht genommen werden auf eine falsche Einigkeit und einen falschen Frieden, die unter dem Angriff der Welt auf die Kirche und Gemeinde sowieso nicht standhalten werden. Es gibt keine wahre Einigkeit und Frieden ohne Wahrheit.

1. Das ist vielmehr Zerstörung der Gemeinde, wenn ihr ungestraft öffentliches Ärgernis gegeben wird, wenn die Gemeinde, die christlichen Eltern und der Ort, da ihre Kinder ihre Schulunterweisung empfangen, durch die Art und Weise, in der dies geschieht, auseinandergerissen werden und eine Kluft befestigt wird zwischen Schule und christlicher Gemeinde; wenn eine andere Art, das heilige Christfest zu feiern, eingeführt und gepriesen wird.

2. Das ist Zerstörung der Gemeinde, wenn etliche sind, die ihre Kinder vom Unterricht und vom Kindergottesdienst fernhalten. Das ist Zerstörung der Gemeinde, wenn Wort und Sakrament und die Mahnung und die Zucht der Gemeinde verachtet werden, das zu deren Leitung bestellte Presbyterium, der Pfarrer und die Ältesten der Gemeinde gar verhöhnt und geschol-

ten werden, ohne daß hierfür der Beweis angetreten wird.

3. Das ist endlich Zerstörung der Gemeinde, wenn man hin und her in den Häusern die Gemeindeglieder verführt zur Unterschrift, daß die Predigt eines Thüringer Deutschen Christen, die selbst nach dem Gutachten des Generalsuperintendenten Zöllner vom Reichskirchenausschuß auf unbiblischem und unkirchlichem Boden steht, in die Gemeinde hineingelassen werden soll.

Wahrlich, wo das alles in einer Gemeinde geschehen kann, ist es Zeit, daß sich die christliche Gemeinde auf Recht und Pflicht christlicher Bußzucht besinnt, wenn sie nicht den Vorwurf verdienen will, daß sie selber an der Zerstörung und Verweltlichung des christlichen Gemeindelebens schuld hat.

Wer sich an der Kirchenzucht ärgert, mag sich immerhin ärgern; er beweist damit, daß er nicht auf dem Bekenntnis der Väter steht und eine zuchtvolle Kirche, die aus dem Wort Gottes allein lebt und ihrem Herrn Jesus Christus allein gehorcht, ihm selber nicht liebenswert ist. Die christliche Bußzucht sucht nicht das Verderben des Sünders, den sie aus der christlichen und kirchlichen Gemeinschaft ausschließt, sondern seine Besserung. »Demnach – sagt Calvin –, wenn es auch die Kirchenzucht nicht erlaubt, mit den Verbannten familiär zu verkehren oder innigen Umgang zu haben, so sollen wir dennoch bestrebt sein, sie zu besserer Frucht zu bekehren und in die Gemeinschaft und Einheit zurückzurufen.« So lehrt der Apostel 2. Thess. 2, 15: »Haltet sie nicht für Feinde, sondern straft sie als Brüder.«

So behalten die unter christlicher Bußzucht Stehenden, wenn ihnen auch die Sakramente verboten sind und ihre kirchlichen Rechte ruhen, doch Anspruch auf Wortverkündigung und Seelsorge in der Gemeinde.

Möge Gott die Wiedererweckung ernsthafter Kirchenzucht unserer Gemeinde und den Betroffenen zum Segen, zu der Seele Heil und Seligkeit setzen.

Es folgten nun die Namen der in Bußzucht Genommenen. Nach der zweiten Abkündigung, ohne Namensnennung, schreibt der Pfarrer den Betroffenen im obigen Sinn. Zwei von ihnen lassen das Schreiben des Pfarrers wieder zurückgehen, der Parteimann behält es, und nun ist endlich eine Handhabe gegen den Pfarrer geschaffen: Boykott! – Eine dritte Abkündigung hat es nicht gegeben.

Inzwischen ist Paul mit seinem Motorrad jeden Abend unterwegs. Der Führer hat die Kirchenwahl in Aussicht gestellt. Paul wird in etwa zehn Hunsrückdörfern um kirchenpolitische Vorträge innerhalb von BK-Gottesdiensten gebeten. Wir machten uns dabei auf manche Anfeindung gefaßt. Einmal warf man ihm auch beim Abfahren einen Stein ins Kreuz. Besonders am letzten Abend war mir angst, da er in einer argen DC-Gemeinde sprach. Auf Umwegen führte ihn der Pfarrer wohlbehalten aus dem Dorf. Am nächsten Tag ist Paul wieder in Womrath, um Konfirmandenbesuche zu machen. Lang warten wir abends auf ihn. Ich muß mit dem Singkreis allein üben – es ist Freitag vor der Konfirmation! Da wird mir gemeldet, Paul liege verunglückt auf der Straße! Im dichten Nebel war er auf ein schlecht beleuchtetes Langholzfuhrwerk gestoßen. Er wird ins Krankenhaus überführt. Die erste

Nacht bleibe ich bei ihm; er leidet sehr, will aber keine Spritze, da er überhaupt eine Abneigung gegen Spritzen hat. Frühmorgens fahre ich heim, um noch alles für die Konfirmation zu ordnen. Mir geht nicht aus dem Sinn: »Die Wege sind oft krumm und doch gerad – da pflegt es wunderseltsam auszusehen.« – Wenn die Besucher mich bei meinem Mann bedauern wollten, sagte er lachend: »O die freut sich, daß ich hier so wohlgeborgen liege und es so gut habe!« In der Tat, Paul hätte die Geburt unseres sechsten Kindes ohne diesen Unfall nicht mehr in der Freiheit miterlebt.

»Am 13. Mai zu früher Nacht
hat Gottes Wundergüte
und treue Vaterliebe
ein starkes Büblein uns gebracht.

Sind's auch der Buben fünfe nun, das Mädchen eines nur,
so deckt doch Gottes Weisheit
die menschliche Besorgtheit
und weist dem Glauben ihre Spur.

Wir sagen wohl den Namen ›Ernst Wilhelm‹ in der Tauf',
doch soll der Name Christ' des Herrn
gleich einem hellen Morgenstern
nur selig leiten seinen Lauf.

Allen lieben Verwandten und treuen Freunden, die unser in der Zeit des Wartens und anläßlich meines Unfalls gedacht haben, senden herzliche Grüße, der Vater am Stocke hinkend, die Mutter wohlauf im Bett. Dickenschied, den 14. Mai 1937
Gretel und Paul Schneider«

»*Es ist ja eine gnädige Bewahrung Gottes, daß er in der Nacht zuvor den Sturz und Zusammenprall mit einem Reh so glimpflich ablaufen ließ. Und diesmal der Anprall mit dem ungenügend und unrichtig beleuchteten Holzfuhrwerk, das nur den Schalthebel des Rades und mein Bein noch packte! Die Lektion, die Gott mir damit aufgibt, daß er mich in dieser Festzeit und der Zeit wichtigster kirchlicher und Glaubensentscheidungen in den Gemeinden lahmlegt – Du nennst es freundlich ›die nötige Ruhe‹ –, muß ich zu lernen suchen. Bitte für mich, daß ich sie lerne. Was die Pflege angeht, habe ich es unverschämt gut hier. Ich liege allein, kann darum auch gut lesen und studieren. An Besuch hat es nicht gefehlt. Das Schienbein hat doppelten Bruch, das Wadenbein einfachen*« (Brief an Mutter vom 23. März 1937). – In Einzelgesprächen am Krankenlager versucht Paul seinen Gemeindegliedern seine Haltung in der christlichen Bußzucht klarzumachen und äußert sich mir gegenüber, er wolle den Betroffenen möglichst lange Bedenkzeit geben, ehe er die dritte, endgültige Abkündigung vornehme.

Noch im Gipsverband tut er über Pfingsten dreimal Dienst. Er predigte mit ganz seltenen Ausnahmen über die Perikopen. Die Predigten schrieb er wörtlich auf, hielt sie aber ohne genaue Bindung daran, frei, mit lebendigem Vortrag. Er strebte immer mehr, von der Themapredigt zur Textpredigt zu kommen. Im Winter 1937 hielt er Evangelienpredigten. Sie hatten den Grundakkord: Jesu Herrlichkeit! Z. B. am 10. Januar 1937 über Matthäus 2, 1–12: Die Weisen beim Kind: Ein Ruf zur Heidenmission – Ein Ruf zu Trost und Dank – Ein Ruf zu Opfer und Dienst – Ein Ruf zum Schauen der Herrlichkeit Christi und seines Reiches.

Die letzte Predigt von Paul im regulären Pfarrdienst, Estomihi 1937, war über Lukas 18, 31–43:

»Liebe Gemeinde!

Wir gehen heute wieder durch ein neues Tor, durch das Eingangstor der heiligen Passionszeit, da unser lieber Herr und Heiland auch uns zu sich nehmen möchte und zu uns sprechen: ›Sehet, wir gehen hinauf nach Jerusalem!‹ Er wartet darauf, daß wir das wirklich ernst nehmen, was wir gesungen haben: ›*Lasset uns mit Jesu ziehen, seinem Vorbild folgen nach.*‹ Darf er uns denn zu sich nehmen auf dem Passionsweg, den Weg ins Leiden, ins heilige Kreuz? Oder gehören wir vielleicht zu denen, von denen es heißt: ›Von da ab‹ – als er von seinem Leiden und Sterben sprach – ›gingen viele seiner Jünger hinter sich?‹ Daß unser gekreuzigter Herr uns mitnehmen möchte hinauf auf die Höhe des Kreuzes, hinab in die Tiefe des Leides, das dürfte jedem allmählich deutlich geworden sein, der den Herrn Christus aufrichtig liebhat.

Aber daß wir uns wieder sammeln dürfen um sein Kreuz in dieser angehenden Passionszeit, das ist seine große Gnade. Daß er uns mit seinem Wort den Weg weist und uns zurüstet, den Weg hinauf mit ihm zu gehen, das ist unser Trost und unsere Zuversicht. Und nun zeigt uns der Herr gleich in unserem ersten Evangelium am Tore der Passion soviel Herrliches und Tröstliches, soviel Licht und Gnade, daß es uns wie eine ermunternde Wegweisung begleiten darf vom Tore der Passion durch Leiden zur Herrlichkeit, durchs Kreuz zur Krone! Dieser Weg will im Glauben erkannt, diese Wegweisung im Glauben hingenommen werden.

Als Jesus seinen Jüngern von seinem Weg durch Leiden und Sterben zur Auferstehung sagte, durch Schmach und Hohn und Verspeiung, durch Preisgabe an die Heiden und Geißelung zur Auferstehung am dritten Tage, da können es die Jünger nicht fassen. Sie dachten nicht und faßten nicht, daß das der Weg ihres lieben Herrn und Meisters, mit dem Gott so offensichtlich war in Zeichen und Wundern und Heilungen, sein könne. Und obwohl sie ihr Herr und Meister auch auf das Zeugnis der Schrift hingewiesen hatte, daß es so alles erfüllt werden müsse, was die Propheten sagen von des Menschen Sohn, konnten sie es doch nicht fassen. Es widerstritt zu sehr aller ihrer Vernunft. Wie sollten auch die Jünger das begreifen können! Den Heiden preisgeben, die ärgste Schmach, getötet, und doch sollte die Sache noch einen herrlichen Ausgang nehmen!? Weil denn der Jünger Vernunft das Wort von ihres Meisters Leiden und Kreuz nicht fassen konnte, gehören dies Wort und dieser Weg des Heilands durch Leiden zur Herrlichkeit und der Glaube zusammen, der solches Wort fassen kann. *Der Weg des Meisters ist aber der Weg seiner Jünger und seiner Gemeinde,* so wie es die Apostel hernachmals auch gelernt und erfahren haben. Auch für die Jünger und die Gemeinde kann es nur durch Leiden zur Herrlichkeit, durch das Kreuz zur Krone gehen.

Darum setzt Jesus schon diese *Seligpreisung* in das Tor der Bergpredigt, und alle anderen Seligpreisungen haben ihre Kraft und Bedeutung nur, wenn wir sie mit dieser zusammennehmen: ›*Selig sind, die um der Gerechtigkeit willen verfolgt werden . . .*‹ und: ›*Selig seid ihr, wenn euch die Menschen um meinetwillen schmähen und verfolgen und reden allerlei Übles wider euch, so sie daran lügen*‹ und wiederum: ›*Wer mir will nachfolgen, der verleugne sich selbst und nehme sein Kreuz auf sich.*‹ Und doch steht über dem allen die *Verheißung,* daß unser Glaube der Sieg sei, der die Welt überwunden hat, und daß wir mit Christo leben, regieren und triumphieren sollen, wenn wir hier mit ihm gelitten haben und mit ihm gestorben sind.

Das ist noch genauso gegen unser natürliches Gefühl und unsere Vernunft, wie es damals die Worte Jesu für die Jünger waren. Der natürliche Mensch sieht in dem Kreuz und dem Kreuzesweg nur den Zusammenbruch aller menschlichen Kräfte, nur das gänzliche Ende und Aus-Sein eines Weges, daß er ohne Glaube nimmer bereit sein kann, den Weg des Kreuzes zu gehen. Darum muß er allerdings auch an der Herrlichkeit des Sieges und an der göttlichen Wundermacht vorbeizielen.

Wie töricht fragen doch die Menschen heute vielfach in bezug auf den Kirchenkampf: Ist's denn nicht bald mit der Kirche wieder in Ruhe und Ordnung? Hat es die Kirche nicht bald gepackt? Ich meine doch, wir werden es packen. So urteilen die der Kirche günstig Gesinnten; sie sind schon baß erschrocken über den geringen Anfang von Kampf und Leiden, in den Gott uns geführt, und meinen, es könne doch unmöglich so weitergehen; und indem sie das meinen, nehmen sie dann sich jedenfalls von solchem Leidensweg aus. Die andern aber, die Feinde der Kirche, urteilen nun vollends, daß unsere Sache, die Sache Jesu Christi, aus und verloren sei, daß von der Kirche jetzt schon nur noch ein Haufe sich streitender Pfarrer übrig sei und man die Kirche ruhig ihrem sich von selbst vollziehenden Ende überlassen könne; und beide, Freunde wie

Feinde, können nicht sehen, daß *der Sterbensweg der evangelischen Kirche nun gerade der Weg Jesu, der Weg des Kreuzes, der Weg zum Leben ist.* Ein Blick nach Rußland sollte uns belehren. Dort ist jede äußerlich organisierte Kirche zerschlagen, die Pfarrer sind verschwunden, die Kirchenhäuser zerstört bis auf wenige. Und doch lebt dort die Kirche Jesu Christi wohl mehr als je und vielleicht schon stärker als bei uns in Deutschland, lebt dort unter dem heiligen Kreuz der Verfolgung in denen, die sich hin und her in den Häusern sammeln, in den schlichten Laienpriestern, die das Wort verkündigen und willig die darauf gesetzten Strafen auf sich nehmen. Warum sollte nicht auch in Deutschland der Weg der Kirche durch noch viel größeres Leiden und Sterben, durch gänzliches äußerliches Unterliegen zum Siege und zur Herrlichkeit führen? Und täusche dich nicht: Auch du kannst an Jesu Herrlichkeit und Sieg *nicht* Anteil haben, als indem du das heilige Kreuz um Jesu willen auf dich nimmst und mit ihm den Leidens- und Sterbensweg gehst. Dazu bedarf es des Glaubens, der von der Kraft und dem Sieg des Kreuzes weiß. Solcher Glaube ist ja eine verborgene, stille Kraft, aber er ist darum nicht untätig und träge, sondern betätigt sich im herzandringenden Gebet.

Der Blinde am Wege nach Jericho hat von Jesus gehört, der eben gerade hinaufgeht nach Jerusalem; und er glaubt an Jesus und wartet auf ihn. Als er vorbeigeht, erhebt er sein Geschrei, läßt sich auch nicht abhalten von anderen, die ihm vorreden wollen, der Heiland sei nicht da für seine Not und sein Elend. Als er nun vor Jesus steht, da wagt er kühn und glaubensstark die Bitte: ›Herr, daß ich sehend werde‹, und Jesus quittiert ihm: ›*Dein Glaube hat dir geholfen!*‹ Die Welt ist blind für den Weg Jesu und seiner Jünger: durch Leiden zur Herrlichkeit; und auch wir sind von Natur blind dafür. Unsere Augen sind gehalten, daß wir die verborgene und kommende Herrlichkeit auf dem Leidensweg nicht sehen. Wir sind dem blinden Manne gleich, mutlos, verzagt, verzweifelt in Not und Leid, blind für die Herrlichkeit des Kreuzes. Wie die Heiden, die von Jesus nichts wissen, als Bettler am Wege sitzen und warten, bis Jesus vorüberkommt, so sitzen wir wieder mitten in der alten Christenheit, ebenso in dieser Blindheit für des gekreuzigten Jesu Herrlichkeit und die Herrlichkeit des Kreuzesweges, und würden uns viel lieber Freude und Wonne erwählen als die Schmach Jesu Christi.

Was anders ist uns da nötig, als daß wir mit der herzandringenden Bitte zu unserem Herrn gehen, daß er uns die Glaubensaugen öffne für seine Kreuzesherrlichkeit und daß wir von diesem Glaubensblick fröhlich, satt und reich gemacht werden, daß wir nicht mehr als Bettler am Wege der Welt sitzen müssen und von ihrer Bettelfreude und ihrem Bettelvergnügen leben müssen. Die Welt will dich nicht zu Jesus lassen und mit Jesus ziehen lassen. Sie will die Kraft deines Wollens gleich zu Anfang des Passionsweges ausbrechen, indem sie dich in ihre Lust hereinlockt. Es ist der Ausdruck knechtischen Unglaubens, wenn man meint, vor dem Beginn der Passionszeit noch einmal mit der Welt sich lustig machen zu müssen. Das ist keine evangelische, innerliche und von Herzen gehende Erwählung der Kreuzesnachfolge, die in den weltlichen Vergnügungen sich zuerst schadlos zu halten versucht. ›*Habt nicht lieb die Welt!*‹ – Karnevalsveranstaltungen und Fastnachtstreiben sind nicht auf evangelischem Boden erwachsen, und wahrhaft evangelische Christen haben damit nichts gemein. Dafür aber laßt uns in stiller Sammlung und Bereitung und wahrhaftig sonntäglicher Feier vor unsern Herrn Jesus treten und glaubensvoll ihn bitten, daß er uns sehend mache für die Herrlichkeit seines Kreuzesweges. Freuet euch, daß ihr mit Christo leidet, auf daß ihr auch zur Zeit der Offenbarung Freude und Wonne haben möget. Lasset uns mit ihm hinausgehen vor das Lager und seine Schmach tragen. So wird er uns begegnen wie dem Blinden am Wege und zu uns sprechen: ›*Sei sehend! Dein Glaube hat dir geholfen.*‹

So hat uns Gott in der Kreuzesnachfolge unseres Herrn einen Weg gegeben durch Leiden zur Herrlichkeit. Ist er nicht am Ende doch der schönste und beste Weg dieses Erdenlebens? Der Weg, bei dem wir nicht im Bettelleben dieser Welt bleiben, sondern reiche, gesegnete Kinder unseres reichen himmlischen Vaters sein dürfen? Der Weg, auf dem wir nicht auf die schalen, nichtigen, giftigen Freuden dieser Welt angewiesen sind, sondern die Freude am Herrn allerwege gewinnen dürfen? Die Jünger, denen noch das Verständnis der Wege ihres Herrn verschlossen war, sind ihm dennoch gefolgt, und ihr Weg mündet in solchem Nachfolgegehorsam aus in die schöne Pfingstfreude. Der blinde Bettler, dem das Licht neu geschenkt war und zugleich der Blick auf Jesu Herrlichkeit: auch er folgte ihm nach und lobte Gott. ›*Und alles Volk, das solches sah, lobte Gott.*‹ Wie sollten wir anders durch das Tor der Passion treten, wie sollten wir anders mit Jesu ziehen wollen, als daß auch wir Gott die Ehre geben! Der Herr, der uns vorangeht im Kreuz, der wird auch uns stärken und erhalten vor dem Bösen. *Er wird unser Leben, wenn wir es hier an ihn verlieren, erhalten zum ewigen Leben.* Er wird uns seine Herrlichkeit sehen lassen hier und dort. Denn durch Leiden geht es zur Herrlichkeit, durchs Kreuz zur Krone. Das wollen wir glauben nach seinem Wort, darum wollen wir ihn bitten nach seiner Verheißung, dafür wollen wir ihm danken mit Freude.«

Haft und Ausweisung

»Sooft ich ruf und bete, weicht alles hinter sich . . .«

Paul Gerhardt

Am 28. Mai wird Paul von seinem Gipsverband endgültig befreit. Das Bein müßte nun bestrahlt und massiert werden – es blieb ihm keine Zeit. Ich rufe ihn heim, da ein besonders tragischer Todesfall vorliegt. Er hält am 30. Mai die Leichenrede in der Kirche. Am 31. Mai wird er von Beamten der Gestapo in seiner Studierstube verhaftet und zu einer »Vernehmung« nach Koblenz geführt. Wir zu Hause bleiben ohne Nachricht, bis wir es über den Superintendenten und den Regierungspräsidenten erfahren, daß Paul in Koblenz in Schutzhaft sei. Im Dorf herrscht größte Bestürzung, niemand kann sich den Grund der Verhaftung denken. Unsere beiden Gemeinden senden vier Bauern nach Koblenz zu der Gestapo. Auf ihre Frage nach den Gründen der Verhaftung ihres Pfarrers wird ihnen gesagt: 1. Den Grund könnten sie in der Zeitung lesen; 2. Pfarrer Schneider wiegle den ganzen Hunsrück gegen den Staat auf; 3. Da sie in keinerlei Organisationen wären, kämen sie mit ihren Aussagen gar nicht in Frage. – In der Zeitung stand: »In Schutzhaft genommen. Pfarrer Schneider aus Dickenschied wurde durch die Geheime Staatspolizei in Schutzhaft genommen, weil er in unverantwortlicher Weise von der Kanzel herab gegen einen Bauern zum Boykott aufgefordert hat.« – Die Gestapo ließ Paul bei der

Verhaftung nicht Zeit, seinen Koffer zu packen, es wäre ja nur eine Vernehmung. Paul wurde aber in der Tür des Stapo-Gebäudes in Koblenz empfangen – »Sie sind hier zu einer längeren Schutzhaft« – und gleich in die Zelle im Souterrain gebracht (dort waren 6 bis 7 Zellen: Tresorräume des früheren Reichsbankgebäudes). Unser Freund Fritz Langensiepen gab sich viel Mühe, nun Paul mit dem Nötigsten zu versorgen. Jedes Wäschestück mußte aufgedrungen werden, aber auch seine Bibel bekam er nach einiger Zeit. Ich legte zwei Spruchkarten in dieses erste Wäschepaket, die eine beschriebene bekam er auch bald, die andere blieb auf dem Büro liegen. Eines Tages wird Paul heraufgeführt. Er wird von allen Seiten fotografiert, Fingerabdrücke werden gemacht fürs Verbrecheralbum! Auch für ihn ist diese Prozedur sehr bedrückend. Da gibt ihm der Portier, der zugleich sein Kerkermeister ist, beim Abführen meine zweite Spruchkarte, die läge da noch herum. Und was steht darauf? »Freuet euch, daß eure Namen im Himmel geschrieben sind!« Da wird es wieder licht bei ihm.

Endlich kommt das erste Lebenszeichen von ihm. »... *Nun bitte ich Dich und Euch alle auch recht herzlich, Euch keine unnötigen Gedanken und Sorgen zu machen. Gott will's machen, daß die Sachen gehen, wie es heilsam ist. Bitte setzt auch nicht etwa Himmel und Hölle in Bewegung, dadurch den Amtsstellen das Leben schwermachend. Wir wollen jetzt unsern christlichen Gehorsam gegen die Obrigkeit mit willigem Leiden bewähren und uns vor irgendwelcher Bitterkeit zu bewahren suchen. Wir wollen uns rüsten lassen mit Geduld, es könnte ja auch unsere Trennung einmal länger dauern ...*« (3. 6. 1937). – Der zweite Brief soll ein

Gruß zur Taufe unseres Kindes sein. Er kommt aber erst nach dem Tauftag (14. 6. 1937) an: »*Umstehende Verse sind mir für das Tauffest unseres lieben Kleinsten, an dem ich ja nun selber leider nicht teilnehmen kann, in den Sinn gekommen. Möge es Euch ein Trost und eine Stärkung sein und Euch den Vater gegenwärtig machen.*

Ernst ist die Zeit und ernst ist Gottes Walten,
Mit dem er über seinem Haus und Volke wacht,
Denn es ist Zeit, daß er anfange im Gerichte zu gestalten.
Die Kirche Christi, die sich mit der Welt gemein gemacht.
Doch birgt in dieser ernsten Zeit in seiner Kinder Schoß und Armen
Der treue Gott sein tröstendes Geschenk.
Er bettet der Anfechtung Schmerz in sein Erbarmen
Und macht uns seiner reichen Gnade eingedenk.
. . . . . .
Hilf streiten Du für Gottes heil'ge Kirche hier auf Erden,
Hilf schützen die bedrängte Wahrheit wider Menschenmacht und List!
Im Sieg des Glaubens überwind und lasse Dir die Krone werden,
Die darbeut allen Todgetreuen unser Jesus Christ!
Ernst Wilhelm! Segne Gott Dir Deinen Namen und Deine heil'ge Taufe nach des Herren Willen.
Noch glauben wir für Dich und weih'n Dich Gott zum Eigentum,
Dereinst da sollst Du selber glaubend Deine Tauf erfüllen
Und eingehn in das ew'ge sel'ge Leben, Gott zum Ruhm.«   (10. 6. 1937)

Von nun an blieb jede Nachricht aus, bis er am 25. Juni uns selbst berichtete. Woher kam nun diese Postsperre? Paul hatte ja Menschen um sich herum in den andern Zellen, Menschen, die er aufs Herz nahm. Und das spürten sie. Neben ihm hauste ein SS-Mann, der in Ungnade gefallen war. Er war aus unserer Kreisstadt. Er gab Paul selbst zu, wie sehr er früher gegen ihn gearbeitet habe. Mit ihm führt Paul Gespräche, soviel sich Gelegenheit bietet, doch ist ja zwischen den Häftlingen Unterhaltung verboten. Eines Abends fragt ihn der SS-Mann über die Auferstehung der Toten. Er denkt, die »Luft« wäre rein. Paul redet nun etwa eine halbe Stunde zu seinem Zellenfenster heraus in einen Schacht hinein – daß es alle verstehen – über die christliche Lehre von der Auferstehung. Anderntags wird er vor den Kadi zitiert, sehr verdonnert und die Postsperre über ihn verhängt. Als nun der Beamte fertig ist mit Schelten und Drohen, sagt Paul, er wäre nun schon lange hier, ob er nicht vielleicht auch den Grund seiner Verhaftung hören dürfe. Als ihm nun die Kirchenzucht genannt wird, wird es Paul leicht ums Herz! Natürlich läßt sich der Beamte nicht auf seine Verantwortung ein. – Inzwischen habe ich einen Bericht an den Rheinischen Rat über die Verhaftung meines Mannes abgeschickt. Die Vervielfältigung desselben wird mir von der Stapo zur Last gelegt, zur Strafe: Postsperre! So waren wir beide ohne Nachricht. Paul freut sich: »*Wir waren offenbar beide nicht brav!*« – Auf allen erreichbaren Papierfetzen schreibt Paul einen langen Brief an mich und hofft, durch einen Kameraden, der bald entlassen wird, ihn mir zuleiten zu können. Er ist aber selbst eher da als der Brief. – Einige Abschnitte daraus: »*Ich vergnüge mich mit Got-*

tes Wort und Liedern, außer dem fast täglichen Reinemachen der Zellen, der Schlafdecken und Matratzen und dem Spazierengehen im Gefängnishof (eine halbe Stunde). So kann ich geistliche Schätze sammeln für neuen Dienst und ist die Zeit auch für mich nicht vergebens. Ich hoffe, sie ist auch für die Gemeinden nicht vergebens; daß doch viele möchten ihre geistliche Trägheit und Verantwortungsscheu überwinden! Daß Gott uns allen auch einen Geist der Buße schenken wolle und den Willen zu einem zuchtvollen Gemeindeleben mitten in dem abgöttischen Geschlecht unserer Tage! Wie vieles habe ich noch versäumt und hätte besser vorbereitet sein müssen für den nun eingetretenen und doch so lange vorausgeahnten Fall! Wir können ja damit rechnen, daß ich wenigstens bis über die vollzogene ›Kirchenwahl‹, bei der uns übrigens nur völlige Nichtbeteiligung übrigbleiben kann, hier festgehalten werde; es sei denn, daß mein Bein mich durch Gottes Güte noch einen anderen Weg führt und die ›längere Schutzhaft‹ abkürzt. Nach allem ist das Bein schlecht geheilt, ist noch nicht im Schienbein ganz fest, vom Wadenbein gar nicht zu reden, der Splitter am Schienbein steht sehr heraus, und das ganze Bein drückt sich beim Gehen mehr und mehr im Knie nach innen durch, auch das Kürzersein macht sich doch ziemlich bemerkbar. – Wir sind in unserem ›Gefängnis‹ gewöhnlich sechs bis sieben der verschiedensten Sorte, von meiner Fakultät bin ich der einzige. Zwei Jünglinge, die dem Papst zu sehr befreundet waren, sind wieder entlassen. Du kannst Dir denken, daß das Leben hier eines gewissen Reizes und auch Zweckes nicht entbehrt ... Heute ist schon der 6. Sonntag meiner Haft ohne die Möglichkeit, an einem Gottesdienst teilzunehmen, und doch nicht ohne Gottesdienst. Es ist merkwürdig, daß die Seele hier noch viel hungriger ist und Gottes Wort noch viel tiefer eindringt, wo fast jede andere Möglichkeit der Unterhaltung fehlt. Ein lieber Mitgefangener (SS-Mann) gab mir von seinen Blumen, die ihm seine Braut gesandt, die Hälfte ab; aus Pappe habe ich mir ein Kreuz gefertigt und mir heute Zellentisch und Zelle sonntäglich herausgeputzt, ein reines Taschentuch als Tischtuch. So habe ich mir heute morgen selber Gottesdienst gehalten und war mit der gläubigen Gemeinde verbunden. Deine Karte mit der Aufforderung zur Freude habe ich mir zum Sonntag unter die Blumen gestellt. Du siehst, man kann auch hier Sonntagsfreuden haben; hoffentlich habt Ihr dieselben auch und macht auch Euren Sonntagsspaziergang, indem Ihr nach wie vor den Kopf nicht hängen laßt, nun, wo unser Gottvertrauen und unsere Geduld auf eine stärkere Belastungsprobe gestellt werden. Die Zuflucht unter dem Schatten der Flügel Gottes nimmt ja kein Ende ... Laß uns nur in unserem ›Leiden‹ Gottes Liebe sehen. Es ist ja keine Bestrafung, keine Bezahlung mehr für unsere Sünde, nachdem Jesus vollgültig bezahlt. Nein, es ist die väterliche Liebeszucht, der wir uns nicht weigern dürfen. Wenn manche oder viele Brüder meinen, das Leiden vermeiden zu können, weil sie es vermeiden wollen – obwohl es doch jedem Sehenden seit langem unvermeidlich vor Augen steht –, so können sie das vielleicht haben, aber die Glücklichen und Gesegneten sind sie dabei nicht. Und zu denen, die getrost dem Feind entgegengehen, können sie auch nicht gehören, höchstens zu denen, die Schrittchen für Schrittchen zurückweichen; und wir sind doch wahrlich genug zurückgewichen. Deshalb, lieber Schatz, nicht bitter werden, nicht gegen die Brüder und nicht gegen *die Feinde der Kirche. Unser ›Leiden‹ ist ja ein Vorzug, und alsbald ist es ja kein Leiden mehr, sondern: ›Freuet euch, wenn ihr mit Christo leidet.‹ Nur darum wollen wir ringen, daß unser Leiden ein Gott wohlgefälliges Opfer sei, in Christi Liebe und Geist gebracht, damit wir und die Gemeinden und die Kirche auch Segen davon haben.*

Heute morgen war mir das Evangelium von der selbstwachsenden Saat ein großer Trost, und ich muß es schon glauben, daß die Sache des Evangeliums in unseren Gemeinden auch ohne mein Rennen und Laufen keinen Schaden nehmen wird. Dennoch sollten wir auch nichts versäumen, was getan werden kann und muß: Ich meine den Aufbau und Ausbau der bekennenden Gemeinden. Grüße die treuen Freunde in den Gemeinden herzlich und sage ihnen, daß ich mich sehne und freue, wieder zu ihnen zu kommen. Jetzt gilt es in den Sturm hinein und hindurch: ›Unverzagt und ohne Grauen‹ (Philipper 1, 28–30). Sage auch den Freunden, daß es mir gutgehe und sie sich jetzt und in Zukunft nicht um mich sorgen, sondern nur darum, daß das Wort Gottes und das Zeugnis des Evangeliums uns und unsern Kindern erhalten bleibe. Lest den Philipperbrief, singt und betet. – Gott hat uns das Herz des Kerkermeisters zugewandt und tut uns durch ihn Gutes. Heute bekam ich zum erstenmal einen halben Liter gute Vorzugsmilch und soll sie nun täglich bekommen. Daß mir der gute Kirner Onkel (ein Mitgefangener) mein Bein täglich massiert – ich tue es auch noch selbst des Morgens und Abends –, wird er dir hoffentlich selbst erzählen. – Bruder Winterberg hat wieder ein großes Lebensmittelpaket geschickt, große Wurst, Käse, Tomaten, Keks usw. Ich fürchte, das nächste Mal kommt ein Reisekoffer! Der 23. Psalm, an den Du mich erinnerst, trifft buchstäblich und wörtlich ein. Es mangelt mir nichts im Geistlichen und Leiblichen. Gott versorgt mich sehr freundlich und treu. Er führt mich täglich reichlich auf die frische Weide seines Wortes, will Herz und Mut einmal schwer werden in dem Verlangen nach Euch und nach den Gemeinden, wollen die Sorgen um Dich und die Kinder, um die Gemeinden aufstehen, so tröstet mich sein Stecken und Stab. Alles muß dazu dienen, daß wir uns nur um so lieber in Gott haben und uns noch viel mehr von Gott aufeinander gewiesen wissen. Alles hat Gott in übergroßer Liebe in seinem Heilsplan für uns längst in Rechnung gestellt; so gewiß auch die Gefängnishaft der Pfarrer für seine Kirche. Weil ich es so ansehen darf, kann ich auch gar nicht bitter oder ungeduldig werden, daß die Haft nun so lange dauert – Gott bereitet auch den Tisch im Angesicht der Feinde, an dem wir leiblich wohlversorgt sind und fröhlich sein können. Unser Kerkermeister weiß schon gar nicht mehr, was er uns alles zulieb tun soll und wie er seine Hochachtung noch bezeugen soll ...« Auf solchen Zetteln – Einwickelpapier – finde ich dann auch Listen von »gelernten Bibelstellen« und »gelernten Liedern«. Es ist eine erstaunliche Reihe. Aber Paul lernt man am besten noch auf andern Zetteln kennen: »Gebetshilfe«. Zuerst zählt er die verschiedenen Anliegen jedes Wochentages auf. Täglich: Abend- und Morgensegen (Luther), Vaterunser, Fürbitte für die nächsten Verwandten und Hausgenossen, Fürbitte für die Kirche, Volk und Obrigkeit. Der Freitag und Samstag gehören der Fürbitte für seine Gemeinden. Dann schreibt er einzeln auf, wer die Verwandten, die Freunde sind, was das

Anliegen für die alte Gemeinde ist: kirchliche rechte Seelsorge und für wen er dort im einzelnen bittet, wie die 12 Patenkinder heißen, wer die gefangenen Brüder und die ihm nahen Brüder im Amt sind. – Auf einem besonderen Blatt steht: »Gebetshilfe für Dickenschied«. Es werden alle evangelischen Häuser mit Personenzahl aufgeführt, bei der Gebetshilfe für Womrath ebenso.

Am Morgen des 25. Juli stehe ich vor unserem Haus, auf ein Auto wartend, das mich zu einem entlassenen Kameraden Pauls bringen soll. Da kommt ein Womrather Bursche mit einem Brief meines Mannes: *»Ich bin in Womrath! Obwohl aus dem Rheinland ausgewiesen, werde ich heute dort predigen. Wenn Du das Herz hast, dann komm herüber!«* Ich fand Paul inmitten seiner Presbyter, beratend, betend. Er sah elend und blaß aus, das Bein war in schlechtem Zustand, nach vorne gebogen, verknorpelt und verkürzt. Die Massage, die ihm ein freundlicher Mithäftling während der kurzen Zeit des »Spazierganges« angedeihen ließ, hatte eben doch nicht genügt. – Der Sonntag nimmt seinen Lauf. Alle Kirchenglocken läuten, die Leute wissen: Der Pfarrer ist da! Seither wurde zum Zeichen der Trauer nur mit einer Glocke geläutet. Paul predigt in beiden Gemeinden: »Glaubet ihr nicht, so bleibet ihr nicht.« Er sagt nicht ausdrücklich von der Ausweisung, bittet aber die Gemeinde um Fürbitte, daß er nun auch bei ihnen bleiben dürfe. Mancherlei Besuche aus der Gemeinde und dem Pfarrbruderkreis füllen den Nachmittag aus. Abends fahren wir in ein befreundetes Pfarrhaus, um am andern Morgen einen Knochenspezialisten konsultieren zu können. Nun erfahre ich den Hergang im einzelnen und muß auch

»hindurch« wie Paul die Nächte vorher: Der »Kerkermeister« sagt Paul am Freitagabend heimlich: »Sie werden morgen ausgewiesen. Ich habe es zufällig auf dem Büro erfahren.« Nun hat Paul in einer langen Nacht Zeit, sich von der lockenden »Freiheit« versuchen zu lassen, aber auch sich zu erinnern, daß er früher grundsätzlich dem Staate das Recht zur Ausweisung eines Pfarrers abgesprochen hatte, wenn ihm nichts Ungesetzliches nachgewiesen wäre. Der Grund seiner Haft gibt ihm Ruhe und das gute Gewissen zur Ablehnung. Am andern Morgen wird ihm seine Ausweisung eröffnet. Er legt Verwahrung dagegen ein. Die Ausweisung baue sich auf der unrechtmäßigen Haft auf, und er wäre vor Gott zu seinen Gemeinden gewiesen, die ihm ihr Vertrauen bis heute noch nie entzogen hätten. Er wird dennoch in ein Auto gesetzt und nach Wiesbaden (Hessen-Nassau!) gefahren und dort auf freien Fuß gesetzt. Er geht spornstreichs zum Bahnhof, wirft dort den Ausweisungsbefehl in einen Abfallkasten und fährt in unsere Kreisstadt, immer mit einer Verhaftung rechnend. Dort wartet er die Nacht ab und läßt sich dann in ein Womrather Presbyterhaus fahren.

Unsere Hoffnung, durch eine Spezialbehandlung könne Pauls Bein in Ordnung kommen, ist getäuscht; das Bein bleibt 3 cm verkürzt. Paul gibt die Parole: Heim nach Dickenschied! Das Herz ist mir schwer. Aber, steht da nicht an der Straße unser Freund Langensiepen? Er hatte einen weiten Weg hinter sich, um diese Begegnung zu ermöglichen. Ihm gelingt es, Paul zu überreden und ihn wegen seines Gesundheitszustandes nach Baden-Baden zu »entführen«. Er erzählt von seinen Reisegesprächen mit Paul noch folgendes:

»In dieser entscheidungsreichen Nacht standen ihm wieder seine Vertreibung aus Hochelheim und seine Bedenken, ob er damals bei Annahme seiner Versetzung recht gehandelt habe, vor Augen. Schließlich gab ihm das Wort aus Richter 5, 18 Wegweisung und Zuversicht. Man kann es schlecht als Zufall bezeichnen, daß ich an demselben Abend auch diesen Abschnitt las und dabei lebhaft an unseren gefangenen Freund denken mußte. Da war Ruben, der es vor lauter Bedenken nicht zum Handeln brachte, Gilead, Dan und Asser, die ihre Brüder allein den Kampf ausfechten ließen, ›Sebulons Volk aber wagte seine Seele in den Tod‹.«

Brief aus Baden-Baden vom 27. Juli 1937: »*Nun bekommst Du nach langer Zeit den ersten mit Tinte geschriebenen Brief. Über unsere Reise und Einführung hier wird Dir Fritz wohl das Nötigste gesagt haben. Nun betet nur auch, daß Gott auch diese unsere Wege, auch wenn sie nicht so ganz von Gott geführt sein sollten, segne und für die Haltung der Gemeinden zu keinem Schaden geraten lassen wolle. Darüber bleibt uns aber auch die Dankespflicht für Gottes gnädige Führung durch die vergangenen Wochen und aus dem Gefängnis ins Haus, Familie und Amt hinein. Wir dürfen uns nur für uns schämen, daß wir Gott nicht noch viel mehr glauben und vertrauen. Er tut immer über unser Bitten und Glauben. Und dennoch muß sich Gott auch richten nach unserem Glauben. Deshalb, mein liebes Weib, bitte hilf mir glauben und beten und daß wir uns daran halten: Fürchte dich nicht, glaube nur! – Das Haus ist sehr angenehm ... Gestern abend vor dem Einschlafen las ich noch die Briefe, die du während meiner Haft bekamst. Wir müssen ja ganz beschämt sein um*

der vielen Anteilnahme und Treue, um der vielen Ge-
bete und um der Sorge willen, die man an uns ver-
schwendet hat und die ich mir in Koblenz in keiner
Weise so vorgestellt hätte. Wir sind sie in keiner Weise
wert, schon weil wir gar nicht in gleicher Weise treu sind
in Gebet, Fürbitte und Sorge für die andern. Auch das
muß uns zur Buße rufen und uns nur ein etwas
freundlicheres Gericht Gottes sein als die Gefängnis-
wochen: Weißt du nicht, daß dich Gottes Güte zur
Buße leitet? ... Für die Zukunft wollen wir – ich bitte
es mir jetzt schon aus – ohne Sorgen und ohne Aus-
weichpläne sein, gelt? Sonst mußt Du nicht herkommen.
Wenn Gott aus unserem Unglauben, Kleinglauben
und Schwanken noch Gutes kommen läßt, so rechtfer-
tigt das uns nicht, sondern geschieht nur zum Preis der
unverdienten Barmherzigkeit Gottes, von dessen sün-
denvergebender Gnade wir leben. Im übrigen bist Du ja
mein liebes, tapferes, kluges, manchmal zu kluges
Weib, auf das ich stolz bin, das die Last der vergangenen
Wochen noch mehr getragen als ich und für mich getra-
gen hat, dem ich sein Sorgen und Dreinreden darum
auch ein wenig zugute halten will. Nun freu Dich, lie-
bes Herz, auf hier, wie ich mich auf Dein Kommen
freue. Schreib nur an mich ohne alle Heimlichkeit.«
(Wir hatten eine Deckadresse ausgemacht.)

Aus einem Brief an die Mutter vom selben Tag:
»Gelt, Du bist mir nicht böse, wenn ich Gretel oft auf
einen Weg führen mußte, den Du vielleicht nicht ganz
gebilligt hast, oder wenn es in Zukunft noch so sein
müßte? Aufs Ende soll auch die liebe Gretel immer wie-
der das bessere und beste Teil miterwählt haben und für
die kurze Zeit zeitlicher Trübsal die ewige Erquickung
vor dem Angesicht Gottes eintauschen dürfen. Auf die-

sem seligen Glaubenswege will uns Gott ja alle führen, und ich bin gewiß, daß wir in der Kirche Jesu Christi alle mehr und mehr, in Schwaben und Preußen, auf diesem Wege in der Gemeinschaft der Leiden Jesu Christi und des uns reichlich widerfahrenen Trostes und der Hoffnung des ewigen Lebens werden miteinander verbunden werden.«

Und aus einem Brief vom selben Tag an Präses Humburg, in dem er von seiner Haft und Ausweisung erzählt: *»Gott ließ es also nicht zu, daß ich die ganze Zeit über ohne Bibel blieb, wenn der Wille dazu auch vorhanden war. So hat sie mich denn getröstet und gestärkt, ist mit mir ins Gericht gegangen und hat mir den Weg gewiesen. Die Haft ist mir zu einer geistlichen Rüstzeit geworden, für die ich Gott sehr dankbar bin und die ich nicht missen möchte.«*

Acht Tage danach werde ich mit einem großen Blumenstrauß strahlend in Baden-Baden empfangen. Nun hatten wir's gut, es fehlte uns äußerlich an nichts. Ein dunkler Rahmen aber umrahmte das freundliche Bild – besonders ich sah eine dunkle Zukunft. Paul stand in kindlichem Vertrauen: »Es gehe, wie es gehe, mein Heiland in der Höhe, weiß allen meinen Sachen Rat.« Ich konnte dann wohl sagen: »Hast du uns denn in jener Nacht der Entscheidung nicht liebgehabt?« *»Ich habe euch noch nie so liebgehabt wie in jener Nacht, ich weinte um euch ...«* Da mußte ich mich seinem Entschluß unterordnen, ihn achten und ihn auch mitverantworten. – Es ging in diesen Wochen oft durch ein Sterben des eigenen Willens hindurch. Das Beugen im Gehorsam unter Gottes Willen – so wie wir ihn damals verstanden – wird nicht auf einmal gelernt. – Ich konnte auch manchmal in der Anfechtung auf das verhältnismäßig ruhige Leben anderer BK-Pfarrer hinweisen. Er tröstete: »*Weißt, ich bin halt ein Patrouillengänger. Vielleicht habe ich aber einen leichteren Weg und ein besseres Ende als die, die ins Gewühl der Schlacht kommen!*«

Unter allen Besuchen, die wir in B. bekamen, war für Paul natürlich der schönste und wichtigste der von Pfarrer Schlingensiepen. Er kam als stellvertretender Präses des Rheinischen Rates. Paul hatte dem Rat genau von seinem Handeln Bericht erstattet. Nun prüfte dieser ihn, wie weit er gebunden wäre und ob er – und auch ich – über den Ausgang seines Weges – wie er auch sei – getrost wäre. Er gibt ihm den Weg in seine Gemeinden frei, nicht in kirchenregimentlicher Anweisung, sondern in Achtung des Glaubensgehorsams Pauls. Im Gebet wird die Einigkeit besiegelt. – Ein wissendes und bewegtes Abschiednehmen, und die Bahn führt den Vielbeschäftigten fort. Paul aber singt aus befreitem Herzen auf dem Nachhauseweg! Pfr. Schl. hatte Paul gebeten, eine Konferenz aller Ausgewiesenen abzuwarten, er bemühe sich sehr um ihr baldiges Zustandekommen. Deshalb kam es uns sehr gelegen, als nach den vier Wochen »Urlaub« in Baden-Baden ein hessischer Freund die Vertretung seiner Gemeinde während seines eigenen Urlaubs anbot. Wir fuhren am 28. August ab. Pauls 40. Geburtstag sollte wie in frühesten Zeiten mit diesem Freund gefeiert werden. Unsern zehnjährigen Ältesten nahmen wir unterwegs bei Verwandten in Empfang. Er hat in den nächsten Wochen noch seinen Vater genossen. Endlich sitzen wir beim Geburtstagskaffee! Da kommt der Ortsdiener und verlangt Pauls genaueste Personalien, da sich ein Ausgewiesener »von Rechts wegen« binnen

48 Stunden melden mußte! Also ist es aus mit dem »Untergetauchtsein«, das uns das Weltbad ermöglichte. Ein Schatten liegt auf unserem »gemütlichen Feiern«. Wir sind Pilgrime! – Paul sieht im Laufe des Septembers seine Kinder außer dem Kleinsten noch einmal. Sophie oder ich führen ihm die Wirtschaft. Als ich von Dickenschied einmal schreibe von der Sorge um den zarten Kleinen, schreibt er, der alles mit geistlichen Augen ansah: »*Da ist doch offenbar eine neue Störung. Wir Eltern sollten gehorsamer, gläubiger, zuchtvoller auf Gottes Wegen wandeln. Wir sind es unseren Kindern schuldig und unserem Gott, der uns soviel Ursache gegeben hat, aus Dank und Liebe ihm zu dienen.*« – Auf einer Besuchstour durch den Kreis Wetzlar sieht Paul bei den alten Gemeinden und bei guten Freunden herein. Wie oft muß er da bang hören: »Werden sie dich nicht ins KZ stecken?« – Paul äußerte einmal nach Gesprächen über die Ausweisung mit ratenden und warnenden Freunden: »*Je mehr wir davon reden, desto klarer werde ich mir meines Weges.*« – Unsere gute alte Sophie wollte ihn auch durchaus abbringen: »Herr, schone dein selbst!« – Sie muß stille sein über dem getrosten Glauben ihres Paul. – Die Gemeinden und besonders die Presbyter sannen, wie sie ihrem Pfarrer helfen könnten. Gleich im Juli sammelten sie Unterschriften. Da, als der größte Teil der Gemeinden schon unterschrieben hatte, kam eine Beschlagnahmung durch die Polizei. – Am 19. 9. 1937 schrieben sie an meinen Mann:

Womrath, den 19. September 1937

Lieber Herr Pfarrer Schneider!

Sie sind bereits seit dem 31. Mai d. J. durch die

Geheime Staatspolizei in Koblenz von uns gerissen worden und Ihnen konnte keinerlei Vergehen nachgewiesen werden, womit man Sie bestraft hätte. Wir erkennen darin nur eine verleumderische Anzeige, welche eigentlich von Rechts wegen strafbar gewesen wäre. Da Sie nun längere Zeit aus der Verhaftung entlassen und Ihre Ausweisung noch nicht zurückgezogen ist, können wir als Presbyter der hiesigen Gemeinde den jetzigen Zustand nicht länger über uns ergehen lassen. Weil die Konfirmanden keinen Religionsunterricht seit Ihrer Abwesenheit erhielten. Die Christenlehre für die angehende Jugend wurde unterlassen. Es fehlt die Seelsorge an den Kranken in beiden Gemeinden. Die heilige Abendmahlsfeier ist bereits zweimal übergangen worden. – *Alle rechtstehenden Gemeindeglieder* wünschen dringend Ihre baldige Rückkehr, damit Sie wieder in Gottes Namen Ihres Amtes walten können. Das Presbyterium verlangt daher Ihre baldige Rückkehr und bittet Sie höflichst, die dringende Bitte, wenn irgend möglich, an eine höhere Staatsgewalt (Obrigkeit) weiterzugeben; denn wir können die Verantwortung in der Gemeinde durch Ihre Abwesenheit nicht mehr länger übernehmen.

Das Presbyterium der Gemeinde Womrath
Fuchs, Scherer, Auler
Ein ähnliches Schreiben liegt vom Presbyterium in Dickenschied vor.

Mit dem Rheinischen Rat* blieb Paul in Verbindung. Die Konferenz der Ausgewiesenen konnte nicht zusammengebracht werden, einmal durch Verhaftungen der maßgeblichen Männer der Vorläufigen Leitung

* Bruderrat (Leitung) der BK im Rheinland

und dann durch sonstige Behinderung der Ausgewiesenen selbst. – So schrieb Paul seinem Presbyterium den Termin seiner Heimkehr. Sie hielten ihn ganz geheim. – Paul verfaßte in den letzten Tagen in Eschbach ein Schreiben an die Reichskanzlei, das er auch mit einem Begleitschreiben an den Rheinischen Rat sandte:

Pfarrer Schneider
Dickenschied (Hunsrück)

Eschbach, den 30. September 1937

An die
Hohe Reichskanzlei des Deutschen Reiches
in Berlin, Wilhelmstraße;
zugleich in Abschrift an das Reichsinnenministerium und an den Regierungspräsidenten in Koblenz

In aller Ehrerbietung beehre ich mich, den hohen staatlichen Stellen folgendes anzuzeigen:
Am 30. Mai d. Js. wurde ich, gerade aus dem Krankenhaus nach Behandlung eines Unterschenkelbruches entlassen, von Beamten der Geheimen Staatspolizei aus meinem Pfarrhaus zu einer Vernehmung nach Koblenz mitgenommen und dort sofort gemäß einer mir gemachten Eröffnung ohne Vernehmung in längere Schutzhaft genommen.
Der Schutzhaftbefehl, der mir in den ersten Tagen meiner Haft zugestellt wurde, beruft sich auf den Erlaß Hindenburgs vom Februar 1933 zur Aufrechterhaltung der öffentlichen Sicherheit und Ordnung und nennt als Gründe meiner Verhaftung

ganz allgemein mein Verhalten als geeignet, die öffentliche Sicherheit und Ordnung zu gefährden. Acht Wochen weniger zwei Tage wurde ich in Schutzhaft gehalten, ohne daß mir in einem Verhör oder einer Untersuchung eine unrechte oder aufrührerische Handlung nachgewiesen wurde, die diesen Schutzhaftbefehl gerechtfertigt hätte.

Am 24. Juli wurde mir meine Ausweisung aus dem Rheinland eröffnet. Als Begründung verzeichnet der Ausweisungsbefehl wieder mein Verhalten, das die öffentliche Sicherheit und Ordnung dieses Mal der ganzen Rheinprovinz gefährde.

Bei der Ausweisungsverhandlung vor der Geheimen Staatspolizei, Leitstelle Koblenz, erklärte ich, in acht Wochen Schutzhaft habe man nicht einmal den Versuch gemacht, mir eine unrechte oder aufrührerische Handlung nachzuweisen. Die mir jetzt gemachte Eröffnung meiner Ausweisung sei für mich nunmehr ein Beweis, daß schon die Schutzhaft eine Verfolgungsmaßnahme gegen die Bekennende Kirche und damit gegen die Kirche Jesu Christi in Deutschland darstelle. Ich müsse den Schutzhaftbefehl mit Berufung auf den Hindenburgerlaß als unrecht und unwahr bezeichnen; ich zerreiße zum Zeichen dessen den Schutzhaftbefehl. Dieses tat ich dann auch. Ein Vermächtniswort Hindenburgs sei gewesen: »Sorgen Sie dafür, daß Christus in Deutschland gepredigt wird.« Nichts anderes tue die Bekennende Kirche. Selbstverständlich könne ich auch die Ausweisung nicht anerkennen oder annehmen. Ich wisse mich vor Gott an meine Gemeinden gewiesen und könne mich von ihnen nicht durch Menschen, auch durch die Obrigkeit nicht, einfach losreißen lassen, ohne daß mir Unrecht nach-gewiesen sei. – In der Konsequenz dieser Erklä-rung lehnte ich es auch ab, einen Ort außerhalb des Rheinlandes zu nennen, wo ich Wohnung nehmen wolle. Die Unterschrift des von dem die Verhand-lung leitenden Herrn Kommissar aufgenommenen Protokolls verweigerte ich mit doppelter Begrün-dung. Ich sagte, daß das Protokoll nicht die ganze Verhandlung wiedergebe, indem es meine Eingangs-erklärung über Schutzhaft und Schutzhaftbefehl vermissen lasse als Begründung für die Ablehnung der Ausweisung. Ich sagte weiter, daß ich durch alle bisherigen offenherzig gemachten und unter-schriebenen Protokollerklärungen für die Geheime Staatspolizei nur tiefer in die Bestrafung – nicht »Verantwortung«, wie das Protokoll sagt – hinein-geraten sei. Ich faßte dabei die lange Schutzhaft als Strafmaßnahme auf, was mir auch im Gestapo-Ge-fängnis von hoher Stelle bestätigt worden war. Nur der zweite Grund mit der erwähnten Veränderung meiner Aussage wurde protokolliert.

Sodann wurde ich mit dem Auto über die Grenze gebracht. Gemäß der von mir gemachten Erklärung nahm ich mir das Recht, sofort in meine Gemeinde zurückzukehren. Am folgenden Tage predigte ich in meinen beiden Gemeinden wieder das Evangelium von Jesus Christus, daß er sei der Herr und daß wir vom Bekenntnis nicht weichen dürfen.

Der von mir nun genommene längere Urlaub, den ich wegen der langen Schutzhaft und wegen meines noch nicht ausgeheilten Beines auch brauchen konnte, ändert nichts an meiner grundsätzlich ge-troffenen Entscheidung in dem von mir bezeugten und zu bezeugenden Ungehorsam gegen ein unrechtes Gebot der Menschen. Ohne Rechtsgrund greift die Ausweisung erheblich in das Leben von Kirche und Gemeinde hinein. Sie reißt Pfarrer und Gemeinde auseinander, die vor Gott feierlich zueinander gewiesen sind. Auch für diese Zueinanderweisung gilt das Wort der Heiligen Schrift: »Was Gott zusammengefügt hat, das soll der Mensch nicht scheiden«, ebenso wie für den christlichen Ehestand. Gemeinden und Pfarrer sind hier darum gehalten, dem unrechten Verlangen und Gebot obrigkeitlicher Personen zu widerstreben, zumal ein solcher ohne Rechtsgrund gemachter Eingriff in Freiheit und Selbständigkeit des kirchlichen Lebens den feierlichen Versicherungen der höchsten obrigkeitlichen Personen des Deutschen Reiches widerspricht.

Die gemachten Strafandrohungen von Geldstrafen oder Haft und neuer Schutzhaft können mich nicht schrecken. Gott kann mich wohl davon erretten, wenn er will, durch Einsicht obrigkeitlicher Stellen oder auf sonst eine Weise. Mögen die Strafen auch angewandt werden, so weiß ich doch, daß Gott Gericht und Gerechtigkeit schaffen wird allen, die Unrecht leiden, und daß er auch richten wird zwischen meiner Obrigkeit und mir an seinem Gerichtstage über den schuldigen Gehorsam nach Gottes Wort, Römer 13,1, welches Wort man mir bei meiner Ausweisung vorgehalten hat, und über den gebotenen Ungehorsam nach Gottes Wort Apostelgeschichte 5,29: »Man muß Gott mehr gehorchen denn den Menschen«, auf welches Wort ich mich auch bei Ablehnung meiner Ausweisung berufen habe.

Ich darf nun auf einige Punkte hinweisen, die zwar

meine getroffene Entscheidung nicht maßgeblich begründen, die aber schon von äußerem Interesse der Kirche und aus Gesichtspunkten staatspolitischer Klugheit beachtenswert erscheinen. Meine Gemeinden sind bereits seit 20. März, also ein halbes Jahr, ohne geregelte Seelsorge, die christliche Unterweisung der Jugend liegt vollkommen brach. Es besteht ferner die Gefahr, daß bei einer etwaigen Befolgung der Ausweisung meine Pfarrgemeinde als öffentlich-rechtliche Pfarrstelle überhaupt nicht mehr ordnungsgemäß besetzt werde, nachdem schon viele kleine Pfarrstellen eingespart sind.

Meine 6 Kinder sehen in Dickenschied ihre Heimat, wie ich selber auch, der ich auch geborener Hunsrücker bin. Zum Zeichen der Verbundenheit mit der Gemeinde habe ich mir in Dickenschied einen eigenen Garten erworben.

Durch die lange Schutzhaft im Gefängnis unter Gefängnisordnung mit verschärften Bedingungen ist meine Ehre als deutscher Staatsbürger, als Mensch, als Christ, als evangelischer Pfarrer, als früherer Offizier und Kriegsteilnehmer, der $3^1/2$ Jahre an der Front war, genügend geschändet. Eine weitere Verfolgung meiner Person und weitere Bedrängnis der Gemeinden, die an ihrem rechtmäßigen Pfarrer festzuhalten gewillt sind, würde von allen gut und rechtlich gesinnten Leuten der Gemeinde, würde vor allem von allen ernsthaften Christen der Gemeinden nicht verstanden werden und zu großer Vertrauenseinbuße in die Gerechtigkeit der derzeitigen Staatsführung Ursache geben. Das Geschrei der ganz wenigen Gegner des bekenntnischristlichen Lebens in der Gemeinde, die sich als offenbare Zerstörer kirchlichen Lebens überhaupt, z. T. seit langem, erwiesen haben, und das Presbyterium zur Abwehr mit der gebotenen und im Bekenntnis verankerten kirchlichen Zucht nötigten, ist dagegen nicht aufzuwiegen.

Endlich will ich auch noch auf ein Letztes hinweisen, indem ich hoffe, daß die Stimme der christlichen Gemeinde noch das Ohr der Obrigkeit findet: Meine beiden Gemeinden haben mich durch ihre ordentlich bestellten Presbyterien ausdrücklich schriftlich aufgefordert, zurückzukehren und mein Amt weiter zu versehen. Damit lehne ich die Ausweisung nicht mehr nur aus meinem eigenen in Gott gebundenen Gewissen heraus ab, sondern meine Presbyterien und Gemeinden nehmen die schwere Last und Verantwortung des Ungehorsams gegen ein obrigkeitliches Gebot aus Gehorsam gegen den Herrn der Kirche, der doch zugleich auch der Herr der Obrigkeit ist, auch auf sich.

Ich befehle hiermit meine Sache dem Gerichte Gottes, dem Obrigkeit und Kirche für das ihnen beiden von Ihm verliehene Amt Rechenschaft schulden, der jener das weltliche Schwert der Strafe der Bösen und zum Schutze der Frommen, dieser aber das geistliche Schwert seines heiligen und ewigen Wortes gegeben hat, bis daß Gottes Reich in ewiger und vollkommener Gerechtigkeit kommt, da unser Herr und Heiland Jesus Christus selber Priester und König zugleich sein wird. Bis dahin halten wir es damit: »Gebet dem Kaiser, was des Kaisers, und Gott, was Gottes ist.«

Am 28. September schreibt er den letzten Brief an

meine Mutter: »... *Bis Freitag bleibt Gretel mit den Kleinen bei mir. Am Sonntag zum Erntedankfest denke unserer Rückkehr, zu der wir eben einen stärkenden Bruderbrief von Oskar Reif in Veldenz erhielten. Wenn nicht die Kirchenleitung eine ausdrückliche Weisung gegen die Rückkehr gibt, müssen wir also wieder ins Treffen. Wir wollen mit Freuden und in Gehorsam gehen. Gott sitzt im Regimente. ›Wer Gott fürchtet, der hat eine sichere Zuflucht, und seine Kinder werden auch beschirmt‹, des wollen wir uns trösten. – E. Weber kommt in dieser Woche aus dem Urlaub zurück. Die Kollekte vom letzten Sonntag sollte hier am Sonntagabend beschlagnahmt werden. Ich hatte sie aber nicht mehr in Händen und verweigerte weitere Auskunft. Bis jetzt blieb es darauf still.«* (Später hat das Sondergericht Frankfurt das Verfahren in dieser Sache eingestellt.) – »*Nun sorgt Euch bitte nicht, was auch kommt. Betet nur im Glauben des gegenwärtigen und kommenden Herrn und seines allmächtigen Tuns ... In herzlicher Liebe und Dankbarkeit bleibe ich frei oder gefangen.*

Dein Sohn Paul«

In den letzten Tagen in Eschbach erhielt Paul folgendes Schreiben des Rheinischen Rates:

Evangelische Bekenntnissynode
im Rheinland

Düsseldorf, den 28. September 1937

Lieber Bruder Schneider!
Da Bruder Humburg zur Zeit abwesend ist, hat mich der Rat beauftragt, Ihren an den Präses gerichteten Brief zu beantworten, und zwar unter Beru-

fung auf den Beschluß der Augsburger Bekenntnissynode (Juni 1935). Wir möchten Ihnen dieses Wort ausdrücklich für Ihren Weg bezeugt haben.

Im Ringen der Bekennenden Kirche um die Freiheit der Verkündigung des Evangeliums häufen sich die Fälle, in denen den Predigern die öffentliche Ausübung ihres Amtes auf mancherlei Weise verwehrt wird. Das bedeutet für sie und für ihre Gemeinde eine Anfechtung, in der sie nach einem wegweisenden Wort der Kirche fragen, weil sie mit uns allen unter dem Befehl des Herrn der Kirche stehen, der uns gebietet, seine Botschaft bis zur letzten Möglichkeit auszurichten. Obwohl die Entscheidungen, die hier gefällt werden müssen, zunächst an die einzelnen herangetreten sind, wird es immer deutlicher, daß in diesen Vorgängen die gesamte Kirche zur Verantwortung aufgerufen ist. Die Synode bekennt sich ausdrücklich zu dieser Verantwortung als ihrer eigenen.

Es ist ihr zur Zeit nicht gegeben, den betroffenen Predigern und Gemeinden eine allgemein gültige bindende Weisung für ihr Verhalten zu geben, weil trotz der großen Zahl gleich und ähnlich gelagerter Vorgänge nicht allgemein gesagt werden kann, wo im einzelnen der Punkt erreicht ist, an dem das Wort in Kraft tritt: »Man muß Gott mehr gehorchen als den Menschen.« Diese Entscheidung zu vollziehen, vermögen wir dem einzelnen Gewissen nicht abzunehmen.

In der gemeinsamen Verantwortung wissen wir uns aber mit den betroffenen Brüdern und Gemeinden unter die gleiche Leitung des Wortes und Geistes Gottes gestellt. Darum geben wir ihnen zu bedenken, daß nicht unsere eigenen menschlichen Befürchtungen oder Hoffnungen, auch nicht irgendwelche von außen kommenden Drohungen oder Lockungen für ihre Entscheidung bestimmend sein dürfen, und bitten sie, sich in allen solchen Versuchungen Gott und dem Wort seiner Gnade anzubefehlen.

Gottes Wort ist uns zur Verkündigung aufgetragen; das macht die Verantwortung so groß. Gottes Wort will uns aber auch mit seiner Kraft zugleich selber tragen bis hinein in die Einsamkeit der letzten persönlichen Entscheidung. Im Gehorsam des Glaubens sollen wir der rechtfertigenden Gnade und Führung unseres Herrn gewiß sein. Wer sich in seiner Entscheidung auf sie verläßt, tut recht.

Er soll wissen, daß er damit in der Gemeinschaft der Bekennenden Kirche steht, die ihn als Glied an dem einen Leibe Jesu Christi mit ihrer Fürbitte trägt und ihm mit ihrem brüderlichen Rate dient. Wir verweisen deshalb alle Angefochtenen auf die Glaubensstärkung und Gewissenshilfe, die ihnen aus der seelsorgerlichen Aussprache erwachsen soll. Hierbei haben sich Gemeinde, Bruderrat und kirchliche Führung in ihrem Auftrag zu bewähren und zu bezeugen, daß die Bekennende Kirche ihre Verantwortung zu tragen bereit ist. »Gott ist getreu, der euch nicht läßt versuchen über euer Vermögen, sondern macht, daß die Versuchung so ein Ende gewinne, daß ihr es könnt ertragen!«

Lieber Bruder Schneider! Es scheint uns nicht so, als ob in absehbarer Zeit eine Zusammenkunft der Ausgewiesenen zustande kommen könnte. Wir sind deswegen auch nicht in der Lage, Sie um eine Verschiebung Ihres Vorhabens zu bitten unter Berufung auf diese in Aussicht genommene Konferenz. Was Sie Ihrerseits tun können, »um alle Gerechtigkeit zu erfüllen«, erscheint uns auch gut und recht. Es ist uns klar, daß wir zu Ihrer Entscheidung nicht nein sagen können. Ebenso klar ist uns aber auch, daß es sich bei dem Ja Ihrer Entscheidung nicht um das Befolgen einer kirchenregimentlichen Anweisung handeln kann, sondern nur um die Gewißheit des Gehorsams gegenüber dem Befehl des Herrn selbst. Darum kann hier weder etwas befohlen noch etwas verboten werden.

Wir befehlen Sie, lieber Bruder Schneider, Gott und dem Wort Seiner Gnade, in der Gewißheit, daß jeder von uns seinem Herrn steht oder fällt.

»Denn unser keiner lebt sich selber, und keiner stirbt sich selber. Leben wir, so leben wir dem Herrn, sterben wir, so sterben wir dem Herrn. Darum, wir leben oder sterben, so sind wir des Herrn.«

> Mit herzlichen brüderlichen Grüßen
> im Namen und Auftrag des Rates*
> Ihr Beckmann

Am 1. Oktober fahren wir miteinander von Eschbach ab. In Frankfurt trennen sich unsere Wege. Paul kommt in der Nacht in Kirn an. Ich lasse nun unseren lieben Bruder Mettel** erzählen: »Als Junggeselle habe ich die Untugend, häufig zu nachtwächtern. Da steht mir ganz lebendig eine Erinnerung an Pfarrer Schneider vor der Seele, durch die ich tief beeindruckt wurde... Es war eine Nacht von Freitag auf Samstag

* Bruderrat der BK im Rheinland
** Stadtmissionar in Kirn

halb zwei Uhr, und ich will mich gerade entschließen, mein Lager aufzusuchen, da klopft es an mein Fenster. Ich eile zur Haustür und öffne, und Pfarrer Schneider streckt mir zu meinem Erstaunen und meiner großen Freude die Hand entgegen. ›Onkel Mettel, haben Sie noch ein Plätzchen, wo ich noch für wenige Stunden rasten kann?‹ richtet er nach brüderlicher Begrüßung die Frage an mich. Ich bereite noch schnell einen Kaffee, und dann geht's ans Ausfragen: ›Woher und wohin?‹ – Er hatte Gelegenheit, nach seiner Koblenzer Haft nach Hause zu kommen, und will trotz seiner Ausweisung aus dem Rheinland Sonntag in Womrath und Dickenschied predigen. – ›Ist das nötig, sich so in Gefahr zu begeben?‹ So meine Frage! Statt einer Antwort schlägt Pfarrer Schneider seine Taschenbibel auf und liest mit einem Tonfall, den ich nicht wiedergeben könnte: ›Ich bin der gute Hirte‹ (dabei weist er von sich weg in die Höhe, man merkt ihm seine unbedingte Gebundenheit an Ihn ab). ›Der gute Hirte läßt sein Leben für die Schafe. Der Mietling aber, der nicht Hirte ist, des die Schafe nicht eigen sind, sieht den Wolf kommen und verläßt die Schafe und flieht. Und der Wolf erhascht und zerstreut die Schafe. Der Mietling aber flieht; denn er ist ein Mietling und achtet der Schafe nicht. Ich (und wieder der bedeutungsvolle Fingerzeig aufwärts) bin der gute Hirte.‹ – Nach langem Schweigen sage ich innerlich gepackt: ›Dann gehen Sie in Seinem Namen.‹ Und nach gemeinsamem Gebet gehen wir zur Ruhe . . .«

Am andern Abend führt der Kirner Geschäftsmann Werner, ein Glied der BK, Paul auf unsere Höhe hinauf. Wie gerne hätten wir dem Heimkommenden eine Rast gegönnt! – ihn wenigstens einige Tage daheim

»versteckt« –, aber sein Sinn ist auf das Erntedankfest gerichtet. Ein erquickendes Bad, dann schläft er gut und freut sich morgens seiner um ihn krabbelnden Kinder! Der Vormittag ist still, der Gottesdienst ist erst auf den Mittag angesetzt. Der größte Teil der Gemeinde freut sich, den eigenen Pfarrer so überraschend seines Amtes walten zu sehen. Ein jüngerer BK-Bruder spricht zuerst ein kurzes Segenswort ... »Nun befehlen wir Dich Gott und dem Wort seiner Gnade.« – Paul predigt über die Perikope Psalm 145, 15–21. Die Schlußsätze der Predigt lauten: *»Erntedankfest! Wir rühmen den Reichtum der Güte Gottes in seinen Gaben. Wir rühmen die Gerechtigkeit und Heiligkeit seines Waltens. Was soll denn nun unser Dank sein? Das sagt uns der letzte Vers unseres Textes: ›Mein Mund soll des Herren Lob sagen.‹ Nicht der Mund eines andern, etwa nur deines Pfarrers, sondern dein Mund soll deinen Gott als den Vater unseres Herrn Jesu Christi bekennen, hier und in und vor der Gemeinde, aber ebenso auch draußen vor der Welt und der Öffentlichkeit, vor denen, die es hören wollen, und denen, die es nicht hören wollen, vor Volk und Staat und Obrigkeit: ›Alles Fleisch lobe seinen heiligen Namen immer und ewiglich‹, das bedeutet, daß Gottes Lob und Ehre nicht im Winkel bleiben darf. Wenn darum unser Weg, liebe Gemeinde, heute so angefochten ist, wie es denn offenbar ist, weil man von eurem Festhalten und Bekennen rundum spricht, weil man das Lob und Bekenntnis des Herrn und seiner Kirche so nicht haben will, so soll uns das eine Ehre sein und eine Ermunterung, fortzufahren auf dem Wege der ihren Herrn laut bekennenden Kirche. Das sei unser Erntedank. Kommt, schließt die Reihen!*

Ich sing in Ewigkeit von des Erbarmers Huld.
Er liebet treu sein Volk, vergibt und hat Geduld.
Mein Mund soll seine Treu und Wahrheit laut ver-
   künden,
Daß auch die Enkel Gott, wie wir ihn fanden, finden.
Ja, seine Gnade steigt, sich ewig zu erhöhen,
Und seine Wahrheit bleibt im Himmel feste stehen.
Amen.«

Der Singkreis singt – alles ist wie sonst! – Aber ein
treuer Mann sieht den Pfarrer nach dem Segen auf der
Kanzel stehen, in Schmerz und Liebe seine Gemeinde
umfassend, dann aber entrückt – vergeistigt. Es ist
ihm eigen zumute. – Zum Nachmittagskaffee haben
wir alle Presbyter bei uns. Einige Stunden sind wir in
aller Ruhe und auch Fröhlichkeit beieinander. Ehe
wir mit den Womrather Presbytern zum Abendgottes-
dienst ins Filial fahren, steht Paul an den Bettchen seiner Kinder und betet mit ihnen den Abendsegen. –
Wir fahren mit dem Auto. Von weitem sehe ich auf
der Waldstraße ein Licht blinken. Ich ahne es: die Polizei. Die Verhaftung geht schnell vorüber – schnell
ihm noch seine Bibel und Gesangbuch zugesteckt!
Auch in Dickenschied hat die Polizei inzwischen schon
nach Paul gefahndet. Er wird vorderhand im Nachbar-
städtchen Kirchberg in Gewahrsam genommen. Am
andern Morgen bin ich in der Küche seines Kirchberger
»Kerkermeisters«. Pauls Zelle ist darüber. Er hört
meine Stimme, und nun pfeift er, so laut er kann:
»Ein' feste Burg ist unser Gott!« Auf der Treppe stehend – er an der Tür seiner Zelle –, sprechen wir
einige Worte ... »*Sag's den Gemeinden, ich bin und
bleibe der Pfarrer von Dickenschied und Womrath!*«

Aus dem Fensterchen eines gewissen Örtchens winkt er mir beim Abfahren zu. Er war ja so erfinderisch! – Nun schreibt er Briefe an die Kinder, die Presbyter, die nächsten Freunde. Nachmittags machen sich vier Womrather Frauen auf nach Kirchberg, sie wollen endlich ihren Pfarrer wiedersehen. Eine Sprecherlaubnis bekommen sie natürlich nicht. Die gute Frau des »Kerkermeisters« schiebt sie in einen Holzschuppen, und von da aus können sie sich mit ihrem Pfarrer an jenem Fensterchen mit Winken und Weinen verständigen. Paul schickt ihnen einen Zettel herunter: »*Vielen, vielen Dank, Ihr lieben Frauen und Mädchen! Nun sind wir uns doch schon ein wenig näher! Gott wird es vollends versehen. Ich bin und bleibe Euer Pfarrer. Betet, daß Gott alles zum Guten und Segen kehre für die ganze Gemeinde. Euer Besuch war mir eine große Stärkung und Freude. Freuet Euch in dem Herrn allewege. Mit den bösen und verführerischen Menschen wird es je länger, je ärger. Wir brauchen ihnen nicht zu zürnen, sie haben ihren Richter. Aber die Gemeinde des Herrn sollen sie nicht zerstören. Gott wird uns noch ein frohes Wiedersehen schenken, ich hoffe es fest. Euer treuer Pfarrer Schneider.*« – Die Fahrt nach Koblenz geht am selben Tage vor sich. Er ist diesmal nur kurz im Stapo-Gebäude. Er wird in eine Zelle des Polizeipräsidiums überführt. Die Unterkunft ist dort wohl auch primitiv, die Zelle 1,15 breit und 4,50 lang, aber die Behandlung durch die Polizeiwachtmeister sehr ordentlich. Es ist noch eine Aufwartfrau da, die den Gefangenen aus der Stadt Lebensmittel mitbringt.

Die Presbyterien der Gemeinden stellen sich hinter ihren Pfarrer mit folgender Eingabe:

Die Presbyterien der Kirchengemeinden
Dickenschied – Womrath (über Kirchberg/Hunsrück)

Dickenschied, den 13. Oktober 1937

An den Herrn
Reichs- und Preußischen Minister des Innern
Berlin

Unser Pfarrer Schneider hat vor seiner Rückkehr, die auf unsere ausdrückliche Bitte erfolgte, eine Eingabe an die Reichskanzlei gerichtet – Datum vom 30. September. Diese Eingabe ist in Abschrift auch dem Herrn Reichs- und Preußischen Minister des Innern zugegangen.

Herr Pfarrer Schneider ist am Sonntag seiner Rückkehr, den 3. Oktober, abends nach 8 Uhr auf dem Wege in seine Filialgemeinde erneut in Schutzhaft genommen worden. Er wurde zuerst in Polizeigewahrsam nach Kirchberg verbracht. Am Montag wurde er in das Staatspolizeigefängnis in Koblenz, Vogelsang 1, überführt. Weitere Nachrichten fehlen bisher.

In der Zwischenzeit ist von der Reichskanzlei folgende Antwort auf die Eingabe vom 30. September eingegangen:

RK. 15547 B
Berlin W 8, den 8. Oktober 1937

An Herrn Pfarrer Schneider
über Kirchberg (Hunsrück)
Dickenschied

Nach der Anschrift haben Sie Ihre Eingabe vom 30. September d. J. wegen Schutzhaft gleichfalls dem Reichs- und Preußischen Minister des Inneren zugeleitet. Dieser ist für die Angelegenheit in erster Linie zuständig. Ich darf Ihnen anheimstellen, sich gegebenenfalls nochmals an ihn zu wenden.

Im Auftrag
Wienstein

Wir machen uns die Eingabe unseres Pfarrers vom 30. September vollinhaltlich zu eigen. Wir weisen besonders darauf hin, daß unsere Gemeinden seit März dieses Jahres ohne Pfarrer sind, sich in ihren Gottesdiensten mit Vertretungen der umwohnenden Pfarrer behelfen müssen, die Kranken nicht regelmäßig besucht werden können, die Konfirmanden keinen geregelten Unterricht erhalten usw.

Wir bitten den Herrn Reichs- und Preußischen Minister des Innern, uns unsern Herrn Pfarrer bald zurückgeben zu wollen.

Peter Klos, Jakob Scherer
Heinrich Diener, Peter Auler
Adolf Müller, Jakob Fuchs

Bericht
des Presbyteriums der evang.-ref. Gemeinde
Dickenschied (Hunsrück)

Unser Pfarrer Paul Schneider ist bekanntlich wieder seit 3. Oktober d. J. (Erntedankfest) in Schutzhaft in Koblenz. Pfr. Schneider ist seit 1. 4. 1934 Pfr. unserer Gemeinde und der Gemeinde Womrath. Er hat mit großer Liebe und Begeisterung sein Amt verwaltet. Die Gemeinden sind mit Pfr. Schneider, von wenigen Ausnahmen abgesehen, sehr zufrieden. Wiederholte wahrheitswidrige Anzeigen bei Partei und Behörden von Leuten, die aus persönlicher Gehässigkeit heraus dies taten, haben Pfr. Schneider zum Staatsfeind stempeln sollen. Es ist denselben ja auch so ziemlich geglückt.

Wir vom Presbyterium und mit uns fast die ganze Gemeinde, auch die kath. Gemeinde und die Bevölkerung des ganzen Hunsrück, die Pfr. Schneider kennt, sind der Ansicht, daß er nichts Staatsfeindliches begangen hat, sondern nur für die reine Lehre des Evangelismus jederzeit mutig eingetreten ist. Er hat fast in jedem Gottesdienst für den Führer und seine Mitarbeiter gebetet.

Die Ausweisung aus dem Rheinland, die Pfr. Schneider nach achtwöchiger Schutzhaft im Juni und Juli d. J. ohne Begründung von der Gestapo erhielt, erkennt er und erkennen auch wir nicht an.

Wenn Pfr. Schneider sich nun nach mehrmonatlicher Trennung von Gemeinden und Familie (Frau mit sechs kleinen Kindern) entschlossen hat, wieder seinen Dienst bei uns aufzunehmen, so hat er nichts Unrechtes getan.

Die Gemeinden sind in großer Sorge und Aufregung um das Schicksal ihres treuen Pfarrers und hoffen, daß er bald wieder in seine Gemeinden zurückkehren kann.

Das Presbyterium der evang.-ref. Gemeinde
Dickenschied (Hunsrück)
Klos, Diener, Müller

In Koblenz konnte Paul Schneider eine schriftliche Erklärung abgeben, in der er seine Gründe darlegte, aus denen er diese neuerliche Schutzhaft *ebenso wenig wie die erste* nicht annehmen und anerkennen könne und in der er um Freilassung zu *ungehindertem Dienst* in seinen Gemeinden oder um ein *ordentliches Gerichtsverfahren bat,* in dem die ihm zur Last gelegte Unruhestiftung aufgedeckt werden sollte.

Da Paul dem Briefverkehr über die Stapo nicht mehr recht traut, nimmt er sich die Freiheit, seinen Wäschepaketen, die nur von seinen Polizeiwachtmeistern revidiert werden, »inoffizielle Briefe« versteckt beizulegen, indem er mir den Rat gibt: »Celui qui cherche, aussi trouvera«*. – Seinen Kindern zeichnet er Bildchen, die in Schokoladetafeln zu uns gelangen. Vaters Verandaaussicht: der kahl gewordene Kastanienbaum. Die »Veranda« kam so zustande, daß er seine Bank – einen Tisch besaß er nicht – auf seine Pritsche stellte und nun trotz »Scheuklappe« etwas zum Fenster heraussehen konnte. – »Vater auf seinem Verandasitz«: Da sitzt er oben am Fensterchen: *»Der Himmel ist grau und der Baum nicht mehr grün; o Stapo, o laß in die Heimat mich ziehn.«* – »*Gestörte Mittagsruhe«:* Der Wachtmeister schaut durchs vergitter-

---

* Wer sucht, wird auch finden.

te Fenster der Tür. Der Vater hat es sich auf der Bank in der Ecke gemütlich gemacht. Die ganze »Einrichtung« ist bis ins kleinste gezeichnet: »*Der Wachtmeister gar grimmig schaut und ist doch eine biedere Haut, er nimmt uns unter seine Hut und meint's mit den Gefangenen gut. ›So, geben Sie die Schüssel her, weil diese noch zu spülen wär', und machen Sie sich fertig dann, daß man spazieren gehen kann‹.*« – »*Ungestörtes Studium*«: Der Vater sitzt auf der Bank, die Bibel auf den Knien, die Füße an die gegenüberliegende Wand gestemmt. »*Eng ist's in der Zelle, doch die Schrift ist weit, ins teure Wort gebunden hat Gott die Ewigkeit.*« – Einmal bekomme ich eine Dreiviertelstunde Sprecherlaubnis. Die Wiedersehensfreude trägt uns, es ist viel zu berichten.

Gefängnisbriefe
aus der Zeit vom 3. 10. bis 24. 11. 1937

Kirchberg, 3. Oktober 1937 ... Womrath hatte es gestern auf sich. Die Polizisten hatten noch gar nicht lange gewartet. Vielen Dank für das Nachtzeug. Nun hast Du leider wieder allerhand Sorgen. Grüße die lieben Gemeinden am nächsten Sonntag. Hoffentlich haben sich die Womrather gestern selber noch einen Gottesdienst gehalten. Das wird, scheint es, heut von Gott von ihnen erwartet, daß sie das können. Es ist mir ja sehr leid, daß wir nicht hinkamen. Wenn wir es ja auch zu vertrauensselig angestellt haben, Gott hätte ja eine Viertelstunde Verspätung der Polizei schenken oder uns die Verspätung ersparen können. So wollen wir es im Glauben von Gott als gut nehmen, wie es kam. Vielleicht kann man meine Verantwortung der Gemeinde vorlesen. Kommt in den Häusern und in der Kirche zusammen mit Gebet und Gottes Wort. Betet für die Obrigkeit und für die Kirche. – Nun sind wir wieder eingereiht: Er behütet alle, die ihn lieben. Wie bald können wir diesen Trost nun selber brauchen?! Ich bin aber auch sehr froh, daß ich in Dickenschied war, da war der Dienst doch nötiger. Das nächstemal ist dann Womrath dran. Hoffentlich bald! ... Nun wollen wir recht Glauben halten und auf Gottes Wundermacht vertrauen. Auch die Gemeinden sollen sich nicht erschrecken und einschüchtern lassen. Jetzt stehen wir halt immer einsam – darum um so mehr auf Gott geworfen. Wir wollen noch treuer beten ...

Kirchberg, 4. Oktober. Liebe Kinder! Jetzt war es doch schön, daß der Vater am Sonntag einmal in Haus und Gemeinde reinsehen konnte! Ich freue mich, wenn Ihr lieb beieinander seid und nicht zankt. Ohne das könnte Gott Euch gar nicht erhören, wenn Ihr für den Vater betet. Tut das nur auch fleißig weiter! Ich weiß, daß Gott Euch hört und Eure Gebetlein auch mitbauen an der festen Mauer, die um uns her ist, so daß auch Eurem Vater kein Haar gekrümmt werden kann ohne Gottes Willen. Betet nur schön weiter, daß Gott in seiner Macht und Gnade den lieben Vater wieder nach Dickenschied zurückbringe und daß wir alle in Dickenschied bleiben können! Wenn wir dann bei Gott ein wenig warten müssen auf die Erfüllung unserer Bitte, dürfen wir nicht irre werden, als ob Gott uns nicht hörte, und nicht müde werden, weil es so lang dauert. »Hilft Gott nicht zu jeder Frist, hilft er doch, wenn's nötig ist.« Einstweilen bin ich noch gar nicht weit weg von Euch hier in Kirchberg. Vielleicht gibt es Gott den Männern im Staat noch ins Herz, daß sie den Vater wieder freilassen. Wenn nicht, müßt Ihr denken, daß es auch so gut und nötig ist, damit die Menschen wieder mehr auf Gottes Wort hören und an seinen lieben Sohn, der unser lieber Heiland ist, glauben lernen. Ich freue mich, daß Ihr mit der lieben Mutter noch sicher und schön beieinander wohnt. Seid auch der lieben Mutter zuliebe recht brav! Lernt jeden Tag etwas weiter im Schreiben und Lesen und Rechnen und auch Verslein und Sprüchlein. Es hat euch lieb Euer Vater.

Koblenz, 10. Oktober (inoffiziell) . . . Nun bin ich wieder eine Woche von Euch Lieben fort im heiligen Kriegsdienst der Kirche Jesu Christi... Was mit mir wird, weiß ich noch nicht. Es ist leicht möglich, daß es Konzentrationslager gibt. Es wird sich ja in absehbarer

Zeit entscheiden. Dann wollen wir uns beide auch getrost darein fügen! Jedenfalls bin ich noch nicht irre daran geworden, daß mein Entscheiden und Handeln recht gewesen ist. Vielleicht hast auch Du, Liebe, im Herzen die Getrostheit über das Recht unseres Weges gewonnen. Vielleicht wird es Dir auch schon durch Geschehnisse in der Kirche und den Widerhall bei den Brüdern bestätigt, daß es recht war, hier dem Gebot der Obrigkeit nicht zu weichen. Im übrigen wird ja ferner Gott fest zu seinen Verheißungen stehen und uns tragen und helfen an Leib und Seele nach seiner allmächtigen Kraft. Er wird uns den Trost geben in alles Leiden und den Segen von allem Leiden. Die aber das Leiden heute noch vermeiden wollen, die sollen wohl zusehen, daß sie nicht verwerflich und von Gott verworfen werden. Ich kann es einfach nicht fassen oder verstehen, daß man von Gott Freiheit bekommen könnte, sich um die Kollektensache und ihre offene Verfechtung gegen den Staat oder um die Fürbitte für die Brüder und andere gebotene Zeugnisse herumzudrücken. Darum sei getrost und still, auch wenn wir weiter die einzigen sind, die in die Tiefen der Verfolgung hineinmüssen. »Lasset euch die Hitze, die euch widerfährt, nicht befremden, als widerführe euch etwas Sonderliches. Vielmehr freuet euch, daß ihr mit Christus leidet!« Er kommt schon bald, und es kommt zuletzt die Erquickungszeit vom Angesicht unseres Gottes, »da wird all ihr Gram und Leid lauter Freud und Lachen«.

Koblenz, 17. Oktober 1937 (offiziell). Dein lieber Brief vom Samstag voriger Woche kam gestern, am Samstag, in meinen Besitz, gerade recht, um mir den Sonntag feiern zu helfen. Wie freut man sich jetzt an einem Lebenszeichen voneinander! Besonders der Schluß Deines Briefes war mir eine große Beruhigung und auch Stärkung für mich selber. So dürfen wir auch dies nun gemeinsam erleben und erleiden, wie Gott uns im Glauben und in der Liebe zu ihm übt und prüft, worin wir ja nur schwache Anfänger sind.

Du tust mir so herzlich leid, daß Du noch kein Lebenszeichen von mir hast. Ich weiß, daß Dir und auch den anderen meine Lage immer schlimmer erscheint, als sie ist. Das möchte ich und möchtest ja auch Du nicht. Einen Brief, den ich endlich am vergangenen Montag von hier aus für Dich fertig machte, erhielt ich gleichzeitig mit Deinem Brief wieder zurück. Ich will Dir nun von meinem Ergehen berichten. Du weißt offenbar schon, daß ich am 4. Oktober abends zum wohlbekannten Vogelsang abgeholt wurde. Es war eine sehr schnelle Fahrt, die aber doch unterwegs noch Aufenthalte hatte. Ich kam für 4 Tage wieder in meine alte Zelle Nr. 1. Ich wurde auch zweimal verhört. Wie es Dir ergangen, so überkam auch mich oft große Traurigkeit über die neue Trennung von Euch Lieben und den Gemeinden. Da sitzt man denn wirklich im Elend, das heißt ja im Ausland, drin. Ich muß gestehen, es war mir ein gewisser Trost, daß für einen Tag ein anderer »Vogel« auch da unten saß, der das gleiche Liedchen pfiff. Sonst hatte ich diesmal keine Gesellschaft. Am Freitag, 8. Oktober, nachmittags, wurde ich an meinen jetzigen Aufenthalt überführt, im wörtlichen Sinne über mehrere Straßen hinweg. Im ganzen ist es eine Verbesserung gegen dem »Vogelsang«. Eigentlich müßte es hier Vogelsang heißen, denn durch das kleine Fenster der Zelle mit der vorgebauten Scheuklappe aus Eisenblech sehe ich gerade in die Krone eines Kastanienbaumes, darin zuweilen Spatzen sich tummeln oder auch Meislein und ein Drosselpärchen einen Besuch abstatten. Wir sind also diesmal nicht unter der Erde, sondern zwei Stock höher, nur daß, wie gesagt, der Vorteil durch die Scheuklappe in etwa wieder ausgeglichen wird. Die Zelle ist etwa 1,10 m breit, 4,5 m lang und 3 m hoch. Die Luft ist viel trockener und gesünder. Das Fenster läßt mehr frische Luft durch als im alten Quartier. Die Zelle ist auch gut heizbar und jetzt natürlich schon immer geheizt. Mein Mobiliar ist insofern vereinfacht, als ein Tisch fehlt; den Napf oder Teller hält man auf den Knien. Diesen Brief schreibe ich teils auf der Fensterbank, die Bank der Zelle, zum Bette gerade passend, auf dasselbe gestellt, das ist ein ganz lustiger Sitz, teils auf den Knien bei elektrischer Beleuchtung von der Decke (Deckenbeleuchtung). Das erwähnte Bett, das ich seit gestern genieße, eisernes Bettgestell ohne Sprungfeder oder Schlaraffia, aber mit ganz annehmbarer Matratze, wohl Seegras, gleicht den fehlenden Komfort des Tisches also wieder aus. »Leibeimer« und Wandbrett vervollständigen die Einrichtung meines Wohngemaches. Bis gestern war ich übrigens in einer anderen, etwas dunkleren Zelle, in der ich nur den Genuß einer niedrigen Holzpritsche mit aufgelegter Matratze hatte. Auf die Matratze bekommen wir ein weißes Laken, und unsere Decken durften wir in frische, blaukarierte Überzüge stecken. Trotzdem war ich auch hier noch an Deinen weißen Tüchern froh. Vielleicht kannst Du mir dieselben mit der Wäsche mal erneuern. – Was die leibliche Speise anlangt, so ist dieselbe ausreichend, und man kann sie auch mit Appetit essen. Sie wird von einer älteren Frau gekocht und serviert, d. h., jeder holt sich seinen Napf oder Teller,

Becher und Brot am Serviertisch im Flur ab. Morgens gibt es Kaffee und Marmeladenbrot, mittags eine dicke Suppe oder auch breiartige Speise auf dem Teller, öfters mit einem Stückchen Wurst oder Fleisch. Abends gibt es mal Hafergrieß oder Grießsuppe mit einer Schnitte Brot oder auch Käsestullen mit Kaffee oder Reis. Heute zum Sonntag gab es mittags Kartoffeln und Möhren durcheinander mit Blut- bzw. Leberwurst, abends Kakao mit Butter oder Margarinebrot. Es ist auch möglich, sich noch etwas zuzukaufen. Für die Morgenwäsche und sonstigen körperlichen Bedürfnisse ist eine ganz saubere Einrichtung vorhanden. Mit meinen 7–10 Mitgefangenen darf ich leider keinen geselligen Umgang pflegen, was ja sonst sehr zur Belebung des einförmigen Daseins beitragen würde. Ich habe nur feststellen können, daß es auch hier eine ziemlich bunte Gesellschaft ist. Einige Male, heute zum viertenmal, durfte ich für eine halbe Stunde an die frische Luft, das ist dann eine große Wohltat, die ich durch stramme Bewegung auch ausnütze.

So, nun bist Du orientiert über mein äußeres Dasein. Ich habe Dir so ausführlich geschrieben, daß Du Dich gut hineindenken kannst. So brauchst Du jedenfalls, solange ich hier bin, Dir keine Gedanken zu machen über allzugroße Härten meiner Haft. Wenn Dir ein Besuch bei mir nicht gestattet wird, so gräme Dich nicht zu sehr darum. Wir wollen uns in der uns verbliebenen Verbindung um so treuer sein. Bibel und Gesangbuch habe ich diesmal schon bald in Vogelsang bekommen. Ich habe sie natürlich auch benutzt. Aber zum klaren Denken, Arbeiten und Lernen waren mir Kopf und Geist bisher nicht so recht aufgelegt. Ich hoffe, daß das nun besser wird, habe auch wieder mit gesammelterem

145

Lesen und Lernen begonnen. Wenn Du mir die Bekennt-
nisschriften der Lutherischen und Reformierten Kirche,
dazu den Heidelberger Katechismus und einige Hefte
der Evangelischen Theologie schicken wolltest, so wäre
ich Dir sehr dankbar.

Oft, liebes Weib, komme ich mir wie ein rechter Ra-
benvater vor und denke, warum gerade ich das alles
über Euch bringen muß, und ob ich ein Recht dazu
habe, warum gerade ich mit unseren Gemeinden so
exponiert sein muß. Dann sitze ich in rechter Bußstim-
mung in meiner Zelle, die ja dafür dann die richtige Um-
gebung ist. Aber wir können ja doch auch nicht anders
als den Weg gehen, den Gott uns führt, und bei allem
Nachsinnen ist es mir noch nicht gekommen, daß und
wie wir es anders hätten machen können. So müssen wir
unsere Sache getrost Gott anheimstellen und es ihm
überlassen, daß er uns rechtfertigt, rechtfertigt im Glau-
ben an unserem Geiste und Gewissen in aller unserer
Sünde und rechtfertigt auch vor der Welt, wenn es Zeit
ist. – Ja, Liebste, auch ich bin so dankbar für die
Wochen des Zusammenseins mit Dir und den Kindern,
die uns Gott so freundlich geschenkt hat. Und nun wol-
len wir trauen der Verheißung des Herrn, daß wer all
die Seinen und all das Seine verläßt um Jesu willen, es
hundertfach wiederbekommen soll in dieser Welt und in
jener das ewige Leben. Der Kastanienbaum wird mir
dann zu Gottes schöner weiter Welt und die Welt zu
Gottes Ewigkeit, der so viel schöneren – »als die nichts
innehaben und doch alles innehaben«. Herr Jesu, gib
mir solchen Sinn beharrlich, bis ich komm dahin.

Koblenz, 18. Oktober 1937 (inoffiziell). Nachdem ich
gestern den offiziellen Brief als Sonntagsvergnügen Dir

geschrieben, schreibe ich heute an dem inoffiziellen weiter. Gott weiß, ob und wann Du Dich damit freuen wirst. – Ich sitze auf meinem lustigen Sitz am Fensterbrett, genieße den Ausblick in die Kastanienbaumkrone, die nun in wenigen Tagen gelb geworden ist, die Blätter im Wintersterben mit letzter Kraft noch festhaltend. Immerhin sieht man schon das feingegliederte Geäst der Krone, die nun bald nackt und kahl dastehen wird. So kommt der Herbst- und Wintersturm auch über die Kirche und Christenheit, und es wird sich zeigen, was nur Blätter gewesen sind und was kernig und holzig ein Stück des Baumes selber geworden ist, der zwar die Welt erfüllt nach Jesu schönem Gleichnis, aber doch auch so nackt- und kahlgeschlagen werden kann wie ein Baum im Winter. Möchten wir uns dann nicht ärgern an dem traurigen und störrischen Geäst, das doch für den Sehenden und Freund auch seine Schönheit hat ... Von unserem Tschechen habe ich einen englischen Unterrichtsbrief bekommen, als Gegengabe für andere Briefe, die ich auf die Ausländerstube gegeben. Er ist mal Schlosser gewesen, im Hauptberuf mindestens zuletzt Landstreicher; aber er hat eine schöne Schrift, ist nicht dumm und hat mir sehr sauber auf zwei Blättern Wörter, Aussprache und kleine Sätze für anfänglichen englischen Sprachunterricht niedergelegt. Auch ein selbstgedichtetes Morgengebet, das sich zum Vatergedanken Gottes erhebt, hat er mir anvertraut. – Der ernsten Bibelforscherin bin ich um zwei Zellen nähergerückt und nur noch durch eine schmale Zelle von ihr getrennt. Über letzten Sonntag waren wir auch auf schriftlichen Verkehr, der immerhin durch die Zellentür möglich ist, angewiesen. Die arme Frau mit ihren zarteren Nerven tut mir leid. Sie hat schon längere Ge-

*richtszeit hinter sich. Derselbe Herr Oswald, den Du kennst, hat auch sie verhört und ihre Sache bearbeitet. – Der Italiener und ein Pole, beide gute Kerls, suchen sich beim Spazierengehen alle Zigarettenstummel im Hof zusammen, um sie nachher neu geformt zu rauchen. So kommen sie mit dem Kopf nicht von der Erde los, und von der guten Luft haben sie nur den halben Gewinn. So geht es wohl manchem, der keine Stummel zu rauchen braucht, wenn er ein Knecht seiner Leidenschaften ist. – Die letzte Woche verging mir noch recht gedrückt und unter quälender Erinnerung an vieles in meinem Leben, was nicht zu sein brauchte. Du weißt, liebes Herz, welche Gedanken bis zur Fahnenflucht mir dann kommen. Aber Gottes Wort bietet auch dann Heilung und Stärkung. Mit Deinem Brief wurde dann auch die volle Freude wieder ausgelöst, die nur gedämpft war von dem Gedanken, daß Du nun noch nichts von mir in Händen hast. Ich bete zu Gott, daß er es Dir auch so sagt, daß es mir gutgeht, und Dich getrost macht. Daß Du mir so getrost schreiben konntest, hat mich ja so froh gemacht, und ich glaube fest, daß Du nicht nur Sorge und Last, sondern auch Segen und Freude und Frieden, der höher ist als alle Vernunft, durch unsern »Leidensweg«, den ich Dir aufbürde und den Du doch so gefaßt und tapfer trägst, hast ...
So hilfst Du vielleicht noch mehr als ich mit, daß auch andere sich der uns befohlenen und angebotenen Leiden um des Glaubens willen nicht weigern, sondern Freudigkeit – nicht Lust – dazu gewinnen. Und ganz gewiß will Gott auch unsere Kinder mit einbeziehen unter den Segen unseres Weges ... In meiner Zelle ist es bereits Nacht, und nur hier am Fenster, eineinhalb Meter über der Erde, sieht man noch gut. Dem Tsche-*

chen und seinen Kumpanen will ich noch ein Abend-
gebet aufschreiben, in der Hoffnung, es ihnen bei der
abendlichen Eimerentleerung noch zuschmuggeln zu
können. – Gott segne Euch den Eingang des Vikars in
Haus und Gemeinde! Er segne den lieben jungen Bruder! Die Gemeinde möge ihn mit Dank und Liebe aufnehmen! Gib ihm von dem Unsrigen, was ihm not ist,
ohne zu kargen! Gottes Segen schließt uns alle nah zusammen in einem Geist und Glauben und wird uns
miteinander heimbringen aus dem unruhvollen Erden-
tag in den ewigen Frieden und die ewige Freude bei
Gott . . . Spazieren waren wir auch wieder. Dabei sieht
man an den Fenstern allerlei Gesichter, und wenn es jemand mal vor Sehnsucht nach mir nicht mehr aushalten
könnte, brauchte er nur einen Fensterplatz in der Kreis-
sparkasse in einer der Privatwohnungen zu belegen.
Von da kann man den ganzen Hof einsehen. Na, ich
weiß, Du bist zum Glück nicht so veranlagt, sonst
schriebe ich es Dir nicht. Aber vielleicht die Womrather
Frauen, die so heldenhaft zum »Vater Philipp« in
Kirchberg vordrangen! Hier würden sie dann doch jedenfalls den ganzen Kerl sehen können! . . .

Koblenz, 24. Oktober 1937 (inoffiziell).
Die Beamten, die Koch-, die Putzfrau wollen mir
gut. Auch von den Polizisten im Präsidium ist mir noch
keiner dumm gekommen. Als ich in dieser Woche einmal in eine doppelt so große und wegen der nicht vorhandenen Scheuklappen viel hellere Zelle übergesiedelt
war, auf Vorschlag des einen Beamten, mußte ich mitten in der Nacht wieder zurückquartieren, weil diese
Zelle mit drei Betten für nächtlichen weiblichen Zugang
gebraucht wurde. Da waren die Polizisten sehr höflich

und hilfreich. Am Dienstag wurde ich heruntergeholt zu einer Vernehmung vor einem Amtsgerichtsrat zu den Aussagen von ... und Frau ... über meine seelsorgerlichen Besuche im Herbst vorigen Jahres. Da bin ich zum ersten Male in den Zusammenhang der von beiden gemachten Aussagen eingeführt worden und bin doch erschrocken darüber, wie eigentlich von uns allen geforderte Seelsorge und Aufklärung heute zum Gegenstand politischer Denunziation gemacht werden kann. Nun, ich habe mich verantwortet und werde mich mit Gottes Hilfe auch weiter zu verantworten wissen, wenn die Sache vor das Sondergericht kommt. Ob mein Fall dazu reif ist, das zu entscheiden sollte offenbar diese nochmalige Voruntersuchung dienen. Fast möchte ich es wünschen, daß ich mich vor Gericht verantworten darf, ob ich nun recht bekomme oder nicht. Die Feinde des Evangeliums werden schon noch in ihren eigenen Strick fallen. Wir wollen ihnen nur vergeben, wie wir es nach dem heutigen Evangelium (Schalksknecht) schuldig sind. Die Vernehmung am Dienstag war übrigens gemütlich und wenig anstrengend und aufregend.

Mit Ausnahme von einem sind wir alle Tage der Woche im Hof spazieren gewesen. Zuerst lief die übrige Gesellschaft immer sehr ungeordnet. Ich ging meinen guten Schritt durch. So langsam schloß sich dann auch der Tscheche und nun auch die zwei andern jungen Kerls an, während die beiden Älteren, der Bibelforscher und ein Pole, ihren langsamen Kurs für sich steuern. Am Schlusse der Stunde gestern marschierte ich aber doch wieder allein, weil die andern Kerlchen schlappmachten. Mir hat es fast nichts ausgemacht, und ich freute mich der Anstrengung. Du siehst daraus, daß

ich wieder gut bei Kräften bin und mein Bein feld-
dienstfähig ist ... Nun bin ich also reumütig in meine
Zelle zurückgekehrt, die mir schon lieb und heimatlich
geworden ist. Es ist erstaunlich, wie man auch an sol-
chem an sich denkbar häßlichen Ort Heimatgefühl be-
kommen kann. Das sauber gemachte Bett, die Bank, das
Wandbrett und das blank geputzte Fenster von Draht-
glas mit dem Ausguck in den Kastanienbaum vermö-
gen auch ein gewisses Wohlbehagen zu erwecken,
welches noch erhöht werden wird, wenn ich mir Deine
Karte oben innen auf die Tür und Martin Niemöller an
die Wand kleben werde, wozu ich den Kleister schon
noch bekomme. Wenn ich dann noch nachmittags mei-
nen Verandaplatz am offenen Fenster einnehme, wie
auch jetzt beim Schreiben, oder wenn ich mich an dem
nun gelb gewordenen Kastanienbaum freue, den die
Nachmittagssonne golden überglänzt und durch den
der Himmel immer lichter fein ziseliert hereinschaut,
dann komme ich mir fast wie ein Lebemann vor und be-
neide keinen Menschen auf der Welt. – Und gelt, Lieb-
ste, das haben wir nun durch unsere verschiedenen
Trennungen auch schon erfahren, daß das innere Zu-
sammengehören im Glauben vor Gott wichtiger, ja ent-
scheidend wichtig ist, gerade auch für Eheleute, »daß
eins das andere mit sich in den Himmel bringe«. Wie Du
es als Braut getan, so machst Du es auch jetzt wieder.
Deine Liebe und Dein Trost und, ich darf sagen, auch
Dein Glaube haben mich froh gemacht und mir weiter-
geholfen auf dem Weg des Glaubens, den ich, nein, den
wir beide gehen dürfen. Entschädigt uns das nicht reich
für alles äußere Vermissen und Entbehren aneinander,
das wir nun tragen müssen? Daß auch Du darüber
nicht murren und traurig sein willst, das hat mir Deinen

151

letzten Brief so köstlich gemacht ... Seit ich weiß, daß der Vikar da ist, kann ich noch in viel größerer Gemütsruhe mich hier des Lebens freuen. Es ist auch gut, daß nun schon unsere Gemeinden die Früchte ihres Einsatzes für die BK ernten dürfen. Sag es nur den Leuten, daß ohne ihr Bekenntnis und ihr Opfer der Vikar nicht bei uns sein könnte* ... Heute morgen hatte ich wieder meinen schönen Gottesdienst mit Evangelium und Epistel und Gebeten und Liedern. Da denke ich dann Eurer ... Das Evangelium wurde mir so groß: wie Gott, der ein Recht hätte, da er mit uns »rechnen« muß nach dem Gesetz, uns mit Weib und Kind zu verkaufen, uns doch nach seiner Gnade in Jesus Christus losläßt in die herrliche Freiheit der Kinder Gottes. Daß wir nur auch unseren Mitmenschen und Schuldnern gegenüber nicht als Schalksknechte erfunden würden! — Dann las ich noch mit Notizen im katholischen Hausbuch. Lernen und »englische Studien« ließ ich heute sein, hielt eine Siesta nachmittags und ging dann an meinen Fensterplatz. Nun ist es schon 7 Uhr, und das Abendbrot mit Kakao und Margarinebrot wird eingenommen. Dreiviertel acht will der Beamte das Licht ausdrehen, damit er heim kann. In der Woche lese und repetiere ich Jesaja und Römerbrief. Die Zeit wird mir nicht lang ...

Koblenz, 26. Oktober 1937 (offizieller Brief) ... Meinen Gottesdienst des Sonntags muß ich mir freilich selber halten, und Du kannst Dir denken, wie ich mich sehne nach den Gottesdiensten unserer Gemeinden oder

---

* Der Vikar Leo Kemper hatte illegal seine Prüfung bei der Leitung der Bekennenden Kirche abgelegt und wurde somit auch nicht von der offiziellen Kirche bezahlt.

auch nach dem Zuspruch des Wortes Gottes durch einen anderen Bruder, denn »ich wollte gerne hingehen und mit ihnen wallen zum Hause Gottes mit Frohlokken und Danken mit dem Haufen derer, die da feiern« (Psalm 42). Aber Gottes Geist und Segen sind ja nicht gebunden und kommen auch in der Stille und Einsamkeit meiner Zelle auf eine sonderliche Weise zu mir. In der Stille und Einsamkeit mit Gott und seinem Wort hat jetzt unsereins reichlich das, was er sonst zu wenig hat oder sich zu wenig genommen hat. Darum dürfen wir Pfarrer in den Gefängnissen auch für uns persönlich die Haftzeit als freundliche Führung Gottes ansehen. Ich hoffe zuversichtlich, daß Ihr zu Hause auch an Eurem Teil und vielleicht noch auf andere Weise etwas von dieser freundlichen Führung Gottes spürt und deswegen Murren und Traurigkeit nicht aufkommen, geschweige denn das Feld behalten dürfen. Den Arbeitsdienst, der im Vogelsang den Vormittag so schön kürzte, habe ich hier fast gar nicht. Aber mit allerlei geistlicher und geistiger Beschäftigung vergehen die Tage doch schnell, so daß ich über Langeweile gar nicht zu klagen brauche. Es wird in meiner Zelle auch leicht und schnell warm, ich kann fast den ganzen Tag das Fenster offenstehen lassen, habe darum trotz des kleinen Raums doch gute Luft, sitze auch des Nachmittags immer noch einige Stunden auf der »Veranda« am offenen Fenster ... Ob ich nun von Dir bald die Bücher und Schriften bekomme, um die ich bat und die mir auf meine Anfrage wenigstens nicht abgeschlagen wurden?

Nun ist es Abend, 8 Uhr, da gehen wir nach der Hausordnung bald schlafen.

Koblenz, 31. Oktober 1937 (inoffizieller Brief) ...

*Wieder ist es Sonntagnachmittag, nun schon der dritte in
meiner Haft. Gott macht auch hier im Gefängnis seine
Verheißung wahr, die er auf den Sabbattag gelegt hat,
und kommt mit reichem Segen aus seinem Wort und
mit feiertäglichem Frieden in Zelle und Herz, und ich
glaube, auch zu den Kameraden. – Soeben, bald nach
dem Mittagessen, haben wir unsern Spaziergang gemacht. Da war es mir eine Freude, daß wir alle in Ordnung hintereinander liefen, Pole, Italiener, Tscheche
und Pastor – ich hielt freilich auch ein gemäßigtes
Tempo ein. In dieser Woche war das nicht so – das Ein-
halten einer Ordnung steht nämlich seltsamerweise in
unserem Belieben –, und jeder lief, wie er wollte. Aus
bestimmtem Anlaß hatte ich ein ernsteres Wörtchen mit
ihnen reden müssen, und darüber war der Tscheche, den
es auch besonders anging, schwer eingeschnappt. Das
ging bis heute morgen, da kam es wieder in Ordnung,
nachdem sie schon Sonntagsbrief und Wochenspruch
auf ihrer Stube hatten. Auch von den Blättern, die Du
mitgebracht, haben sie hoffentlich zu rechtem Sonntags-
segen auf ihrer Stube. Der junge Italiener hat wenigstens drin gelesen, wie ich festgestellt; der ernste Bibelforscher sprach sich sehr erfreut über die Geyser-Pre-
digt aus, der nachdenkliche ältere Pole, der ein liebes,
bescheidenes Wesen hat, wird wohl auch etwas davon
haben, und der Tscheche wird, wenn er seinen Stolz
und Trutz überwunden hat, wohl auch nicht so
ungläubig bleiben, wie er bis jetzt getan hat. Wie weit
die devote Dankbarkeit des jüngeren Polen ins Herz
geht, weiß ich nicht, aber ich traue ihm doch auch
Gutes zu. Das sind also nun drei Wochen lang meine
Kameraden, und Du siehst, ich habe auch hier so etwas
wie eine kleine Gemeinde und einen seelsorgerlichen*

Auftrag. Unsere gute Kochfrau, die im Hause wohnt,
ist im Flur gefallen und hat am Unterarm beide Kno-
chen gebrochen. Ich konnte ihr heute morgen einen
Krankengruß schicken und auch von Deinen Blättchen
dazulegen. Du siehst auch, einen wie schönen Dienst
Du mit den Blättchen getan hast. Unserem »Wachtmei-
ster« will ich heute abend davon mit nach Hause geben.
– Dein Besuch am Freitag hat mir doch eine lichte
Freude gebracht und zurückgelassen ... Auch Br.
Petry bin ich sehr dankbar, daß er Dich gebracht und
für das, was er sonst getan hat. Vielleicht werden wir die
schweren Worte des Korintherbriefes noch brauchen
können. Wir sind ja nun beide Gott dankbar, daß er vor
allem durch die Hilfe von unserem Vikar alles so schön
geordnet hat in den Gemeinden und im Haus, auch
dafür, daß ich die Zeit hier ein solch friedliches Asyl mit
allem darin geschenkten Gottessegen hatte. Das darf uns
nun aber darüber nicht täuschen, damit wir nachher
nicht enttäuscht sind, daß meine Lage nach wie vor sehr
ernst ist. Das brachte mir nach Deinem Besuch einer
von Herrn O., der Dich ja auch vernommen hat, am
Freitagabend zum Bewußtsein. Er forderte mich noch
einmal auf, zu unterschreiben, daß ich meine Auswei-
sung annehmen und nicht mehr ins Rheinland zurück-
kehren wolle. Ich weigerte mich natürlich mit Berufung
auf die Bindung des Hirten an seine Gemeinde. Darauf
sagte er: »Sie ziehen also Konzentrationslager vor.« Ich
sagte, ich ziehe das nicht vor, aber wenn ich es erdulden
soll, muß ich auch das erdulden können. Offenbar ist
also meine Sache, auch nach erneuter Nachprüfung der
vorletzten Woche, nicht reif für das Sondergericht*. Und

* Pauls Verfahren vor dem Sondergericht wurde am 10. Juni 1938
amnestiert, da eine Freiheitsstrafe von weniger als 6 Monaten zu erwarten war.

wenn die Drohung von Herrn O. kein Einschüchte-
rungsversuch war, ist das die Antwort auf mein Schrei-
ben an die staatlichen Stellen. Herr O. sagte dann noch,
ich könne mich bereithalten, daß ich in den nächsten
Tagen weiterkomme. Ich habe mich schon nach dem
ersten Schreck damit abgefunden, für den Fall, daß es
wahr gemacht werden sollte, und bin still darüber ge-
worden. Ich dachte, ob Petry darum das schwere Wort
wählen und mir sagen mußte? Ich weiß, daß Gott, der
bisher so freundlich mit uns war, auch weiter uns bei-
stehen und keine Lage zu schwer werden lassen wird.
Herr O. gab mir auch Deinen Brief vom Tage vorher,
der diesmal also ganz schnell zu mir kam, daß ich
gleichsam doppelten Besuch an dem Tage von Dir hatte.
Der Brief mit der Losung und den ermunternden Hin-
weisen auf die uns von Gott gebotene Furchtlosigkeit
und Freudigkeit war mir dann nach der Eröffnung des
Herrn O. sehr dienlich und erquicklich – auch wieder
eine von den großen kleinen Freundlichkeiten Gottes,
wo sonst Deine Briefe 8 Tage brauchen. Der Kastanien-
baum am Fenster ist jetzt fast ganz kahl, nachdem die
letzten Tage ihm fast alle Blätter geraubt, aber der Him-
mel schaut nun um so heller und durchscheinender
herein in diesen letzten schönen Herbsttagen, und die
Vögel tummeln sich auch noch munter in seinen Zwei-
gen. So mag es auch über unserem Ehe- und Familien-
leben noch rauher und kahler werden, als es in diesem
Jahre gewesen ist. – Bisher hatten wir es ja unverdient
gut und schön im Familienleben – nun hat sich das
liebe Kreuz auch bei uns auf diese Weise eingestellt. –
Aber das wird dann Gott ganz gewiß auch wahr ma-
chen, daß er seine Ewigkeit, das Reich der Himmel, das
wir glauben, nur heller durch die Trübsal scheinen läßt.

156

Auch unsere Kinderlein, die lieben muntren Vöglein, wird er noch fröhlich und sicher wohnen lassen auf den Zweigen unseres Glaubens, unserer Liebe, unserer Hoffnung und unserer Gebete. »Und seine Kinder werden auch beschirmt.« Und wenn auch jetzt eine Rückkehr nicht sein soll – es ist ja nicht abzusehen, wie eine solche jetzt nicht zu neuem Kampf und neuer Aufregung führen sollte –, so wollen wir nicht müde werden, auch für unser Familienleben auf eine Zeit der Erquickung, des Beieinanderwohnens in Liebe, Eintracht und Frieden zu hoffen. Eine Lagerzeit kann ja lange dauern. Das Lager in verschiedenen Formen ist offenbar schon eine Weile die Methode für die ernsten Bibelforscher. Ich glaube, daß wir Pfarrer auch noch allgemeiner dafür reif werden. Die Frauen der ernsten Bibelforscher sind vielfach mit in Haft, da wollen wir dankbar sein, wenn Ihr schon um der kleinen Kinder willen wenigstens zu Hause bleiben dürft. Für uns Männer macht das nicht so viel aus. Und eben kriege ich fast die Blätter im Block nicht auseinander, um Deiner Zeilen willen*, so daß wir nun unter dem Schreiben regelrechte Zwiesprache halten. Dann ist ja alles in Ordnung, denn das »innerlich« hast Du ja sicherlich nicht zum Spaß unterstrichen, und das wieder kann mich meiner Sache bzw. der von mir vertretenen Sache von Gemeinde und Kirche nur desto gewisser machen. Ich halte allerdings jetzt, obwohl ich mir dessen nicht so bewußt war, die zurückgewiesene Ausweisung, die ohne Rechtsgrund vom Staat angeordnet und nun offenbar mit Lager durchgefochten werden soll, für außerordentlich wichtig für das Ver-

---

* Ich hatte beim Kaufen des Briefpapiers einige Zeilen zwischen die Seiten geschrieben und diese zugeklebt.

hältnis von Staat und Kirche und die um des Evangeliums willen zu behauptende innere und äußere Freiheit der Kirche. Ich begreife eigentlich immer weniger, wie man sich das bisher so unter bloßem Protest mit Worten hat gefallen lassen, wo wir sogar noch als Körperschaft öffentlichen Rechts fungieren. Hoffentlich sieht die Kirchenleitung, die bisher in meiner Sache nicht reden wollte, die Wichtigkeit der Sache ein und findet noch die Sprache dazu. Oder sollte ich als kleinstes Pastörlein auf dem Hunsrück allein dem Staate bezeugen müssen, was recht ist? Es ist dann fast dem Staate zuviel zugemutet, das als kirchliche Entscheidung ernst zu nehmen. Warum hat man nun schon ein Vierteljahr lang seit meiner zurückgewiesenen Ausweisung von der Leitung dazu geschwiegen? Ich hatte es ihr ja deutlich geschrieben, daß ich es für recht hielte, wenn die Leitung meine von mir für mich entschiedene Rückkehr zu ihrer Sache mache. Mir scheint es so, daß nicht bei der Kirche und ihrer Leitung, sondern bei den einzelnen Gemeinden die Entscheidung für die kommende Kirche in Deutschland fällt. Darum verrechnen sich auch alle klugen Kirchenpolitiker, die nicht an ihrem Platz in der Gemeinde kämpfen und einstehen. Auch von hier aus gesehen ist mein Kampf für die unlösliche – nach Menschenspruch unlösliche – Verbundenheit von Gemeinde und Pfarrer nur richtig und für die Dauer der Kirche lebensnotwendig. – ... Oft hat mir der Zwang unserer Kinder zum sog. Deutschen Gruß Not gemacht. Ich kann es noch eben tragen, daß sie ihn einstweilen auf amtliche Anordnung und Zwang anwenden, d. h. bei Beginn und Schluß des Unterrichts. Laß sie darüber nicht hinausgehen. Sprich mit ihnen gelegentlich darüber und sage ihnen, daß Vater den Gruß für

abgöttisch hält (siehe auch Apg. 4,12). – Laß Dir,
Liebste, immer das Gebet für alles das Wichtigste sein,
und laß uns immer nichts tun ohne Gebet. Wie sind wir
Christen in allen Lagen so wohl geborgen, schriebst Du
mir in Deinem ersten Brief nach hier. Ja, sooft ich ruf
und bete, weicht alles hinter sich . . .

Koblenz, 2. November 1937 (inoffiziell) . . . Was
nun immer mit uns geschieht, Liebste, sei versichert,
daß ich auch Deinen Schmerz mittrage. Aber dessen
wollen wir beide versichert sein, daß der Herr Jesus und
Gottes treues Vaterherz unser beider Schmerz schon
vorher getragen hat, daß er uns darum nicht kann ver-
sucht werden lassen über unser Vermögen, sondern
schaffet, daß die Versuchung so ein Ende gewinne, daß
wir es können ertragen . . .

Koblenz, 7. November 1937 (inoffiziell) . . . Ich
glaube, daß sie wegen uns evangelischen Pfarrern in
großer Verlegenheit sind. Man scheut sich, uns ärger zu
strafen, da offensichtlich nichts vorliegt, was der Strafe
wert ist und wir keine »Märtyrer« werden sollen für die
Sache unserer Kirche, die wir wieder zu offensichtlich
vertreten. Läßt man uns aber laufen, so ist das auch ein
Triumph des Glaubens, und außerdem bleibt das »Är-
gernis« bestehen, um deswillen man uns eingesetzt.
Gebe Gott, daß dennoch die Einsicht, schon die kluge
politische Einsicht, die Oberhand behalte und unser
Volk vor den schlimmsten Auswirkungen der fanati-
schen Verfechtung Rosenbergscher Weltanschauung
und »Kirchenreformpläne« verschont bleibe. Aber wie
Gott will! Wenn es denn doch durchgefochten sein
muß, dann in Gottes Namen! Dann gilt es wohl je bäl-

der, desto besser. – ... In dieser Woche habe ich Schnupfen und Husten, leichte Halsentzündung und kleinen Hexenschuß glücklich überwunden und sitze eben beim Schreiben in früher Mittagsstunde wieder mit Genuß auf der Veranda. Ich habe mich ferner mit Katechismus, Jesaja und Römerbrief weiter beschäftigt, wenn ich dazu auch nicht so frisch war durch die Erkältung. Du fragtest ja bei Deinem Besuch, was ich den ganzen Tag machte. In der Hauptsache bin ich Schüler am göttlichen Wort und will's auch bleiben. Ich kann bei dieser Gelegenheit einiges von dem in der Studienzeit Versäumten nachholen. So will ich morgens also hauptsächlich die Bibel treiben und nachmittags in den Bekenntnisschriften arbeiten, lesen, schreiben und Erholungsbeschäftigung treiben, von der für diesmal die zwei für die Kinder beigelegten Blätter sprechen. So eingeteilt ist mir auch hier der Tag und die Woche nicht zu lang, sondern eher das Gegenteil. Heute morgen hat mir der Kaffee mit Honigbrot sehr gut geschmeckt über der guten Nachricht, die ich da erfuhr*. Denn wenn ich natürlich auch mit dem lieben Bruder mitleide, in diesem Falle ja ganz buchstäblich, so ist es mir doch eine Rechtfertigung meines Gewissens und meines Weges, daß ein anderer dieselbe kirchliche Entscheidung trifft mit der Tat. Jetzt warte ich nur darauf, daß auch unsere Kirchenleitung noch einmal sehr vernehmlich und nicht so gewunden wie in Augsburg zur Frage der Ausweisung spricht ...

Meinen Hexenschuß habe ich mit Fensterputzen morgens und nachmittags je etwa eine Stunde wieder ausge-

---

* Im Honigglas war ein Zettel, daß ein anderer Pfarrer die Ausweisung auch nicht angenommen hätte und in Haft sei – später machte er diese Entscheidung rückgängig.

trieben. Dieser Arbeitsdienst ist ja für mich freiwillig, und ich war froh, daß ich ein wenig mittun konnte, nachdem ich dem Wachtmeister einige Male gesagt, daß ich das ganz gerne möchte. Diese Bewegung ist einem gut und nötig. Die anderen auf der Gemeinschaftszelle hatten Entlausung. So hat mich meine Einzelhaft vor dieser Plage einstweilen bewahrt . . . (Er dankt für den reichen Inhalt seines Wäschepaketes) . . . *Nun bin ich ja vollends in meiner Zelle im gelobten Land, wo Milch und Honig fließen . . .*

Heute morgen begann ich meinen Gottesdienst mit dem Vers:

Kommt, laßt uns immer auf ihn schauen,
da unser Herz sich seiner freut,
auf seinen heilgen Namen trauen
und ihn erhöhn in Freud und Leid.
Gib, daß uns behüte,
Vater, deine Güte!
Halt dein Vaterherz
immer für uns offen,
wie wir auf dich hoffen,
heilge Freud und Schmerz.   (Jorissen, Psalm 33)

Ich freute mich im Evangelium der Kraft des Glaubens, die die Toten lebendig macht (in der Bitte des Jairus an Jesus), wie durch die Tat Jesu tatsächlich der Tod ein Spott worden ist (das Mägdlein ist nicht tot, sondern es schläft) und wie der Glaube des blutflüssigen Weibes die kranke, geschwächte Kirche ermuntert, in dem Anrühren Jesu neue Kräfte der Gesundung zu suchen und zu finden in dem Gedränge, das heute um Jesus entstanden ist gerade da, wo man seinen Namen geflissentlich totzuschweigen sucht. Die Epistel machte mich so gebetsfroh, um alles das zu bitten, was uns da vom Apostel vorgestellt wird: »geistliche Weisheit und Erkenntnis« zum Verstehen der Schrift und der Kraft Gottes, »würdiger Wandel erfüllt mit Früchten guter Werke«, damit wir den Feinden nicht »Ursache geben, unsern Glauben zu lästern«, – »Erkenntnis Gottes« – jetzt freilich wie in einem Spiegel im dunklen Wort – als dem Hauptgrund aller Erkenntnis, darin wir das ewige Leben haben, und »Stärkung zu aller Geduld und Langmütigkeit mit Freuden«. Es beschämt wohl, daß man zu dem allen die Ermahnung des Apostels noch so nötig hat, aber es macht doch auch froh, daß man das alles haben darf, sich schenken lassen darf und vielleicht auch hier und da einen schwachen Anfang gemacht hat. Da darf denn in dieser Woche uns doch der Wochenspruch als frohes Lob aus dem Herzen kommen und uns verbinden aus derselben Epistel (Kolosser 1,9–14): »Danksaget dem Vater, der uns tüchtig gemacht hat zum Erbteil der Heiligen im Licht« (V. 12).

Ja, »gelobet sei Gott und der Vater unseres Herrn Jesu Christi, der uns wiedergeboren hat zu einer lebendigen Hoffnung durch die Auferstehung Jesu Christi von den Toten, zu einem unvergänglichen und unbefleckten und unverwelklichen Erbe, das behalten wird im Himmel«. Sollte diese Hoffnung uns nicht durch unser Erdenleben tragen können? Sollte diese Hoffnung nicht Lebens- und Triebkraft haben können für alle, die ihr nicht mit letztem Unglauben und Verstockung abgesagt? Sollte Gott nicht seine Kirche, die er aus ihrer Weltseligkeit aufrüttelt, aus dieser Hoffnung schön erneuern in dieser gefährlichen Zeit? Wieder predigt mir der Kastanienbaum und streckt mir nun von seinen kahlen schwarzen Zweigen so verheißungsvoll die

braunen kleinen Knospen für nächstes Frühjahr ent-
gegen. Man sieht sie nahe vor dem Fenster und sieht sie
auch in den obersten Zweigen. Sie waren schon da, als
das gelbe fallende Laub sie noch verhüllte. Sollten wir in
Undank und Kleinglauben unter den fallenden welken-
den Blättern der Kirche die auch hier vorhandenen, fest
an Stamm und Zweige gewachsenen Knospen übersehen
wollen?

Liebes Weib, ich meine, wir wüßten davon aus eige-
nem Herzenserleben zu sagen und zu glauben auch für
unsere Gemeinden ... Die Bekennende Kirche, die es
wahrhaft ist, ist der Baum mit den Knospen; die heim-
lichen Gemeinden in den Gemeinden sind die Knospen
der Kirche. Da, wo man bereit ist, auf Pfarrstellen zu
gehen, die keine »Pfarrstellen« mehr sind, die auch
ohne gesicherte »staatsfreie Position« bestehen, weil eine
solche »Position« kein Glaubensposten mehr wäre, da,
wo alle kirchenpolitischen Erwägungen und Über-
legungen aufhören, da sieht schon jetzt das geistliche
Auge die kommende Kirche und ihren Frühling. Die
Welt freilich und der ungeistliche Kirchenmann sehen
den kahlen Baum seiner Kulturbedeutung, seiner
Öffentlichkeitsbedeutung beraubt und urteilen, daß es
bald aus mit ihm sei und er nur noch zu Brennholz
tauge, wenn ihm die Anerkennung der Welt und des
Staates versagt bleibt. Sie retten sich in das Schling-
gewächs der falschen Kirche und Staatsreligion, das sich
an dem in Wahrheit gerichtsreifen Baum dieser gott-
losen, selbstherrlichen und selbstsicheren Welt üppig
emporrankt, um dann mit dem Baum dieser vergehen-
den Welt zu stürzen und verbrannt zu werden. Wir aber
bleiben sitzen in den Zweigen der armen, kahlen, verach-
teten, geschändeten Kirche, die uns so verheißend ihre

Knospe entgegenstreckt, und wissen es, sie und sie allein trägt die Verheißung, daß die Pforten der Hölle sie nicht überwältigen werden. Nur in ihr kann man sicher wohnen, »wohlgeborgen in allen Lagen«; nur in dem Glauben, der die unverwüstliche Kraft ihres Lebens und Knospens ist, ist wahre Freiheit und Freude, und wir wollen es ferner nur immer mehr und immer eindeutiger halten mit diesem Glauben, aus ihm leben und aus ihm handeln als die reich »Getrösteten«, weil dieser Glaube allein der Sieg ist, der das Gefängnis und die Todesmacht dieser Welt überwunden hat. »Und mag die Welt vergehen mit ihrem eitlen Lohn, der Glaube bleibt bestehen, das Kreuz bringt uns zur Kron'.«

Liebste, Deine Briefe machen mich so froh und sind mir der schönste menschliche Trost in meiner Haft, weil sie ja von Gottes Trost zeugen. Wie gerne läßt man sich ja gerade vom allerliebsten Menschen diesen Trost sagen! Um deswillen allein wollte ich mein Gefängnis segnen. Nun wolle Gott auch ferner Dich und Euch alle und mich in diesem unserm einigen Trost im Leben und im Sterben, der ja kein anderer ist als unser gekreuzigter Herr und Heiland selber, reichlich segnen und trösten und erfreuen!

(Paul hat etliche Kartengrüße von Gemeindegliedern und Freunden direkt in seine Zelle erhalten.) ... »Auch ein Kartengruß von Bruder Joachim Beckmann gelangte an mich, und ich freute mich über seine Bezeugung der Gemeinsamkeit des Glaubens und Bekennens.«

Koblenz, 8. November (offiziell).
... Man lebt hier in der Zelle ein ganz eigentümliches Leben. Die Außenwelt ist einem fast versunken. Ob

Winter oder Sommer ist, berührt einen kaum. Auch die Ereignisse im Volks- und Weltgeschehen, von denen man gelegentlich durch ein Zeitungsblatt erfährt, sind einem ferner gerückt, wenigstens schaut man sie von einer anderen, darf ich sagen, höheren Warte durch das innerliche Leben, das man zu führen genötigt ist und das einen in seine eigene Seele, in Gott und in die Ewigkeit hineinschauen läßt. Das ist nun unser evangelisches, nicht wie bei den Katholiken selbsterwähltes, sondern von Gott uns verordnetes Klosterleben auf Zeit, das uns als solches gut und heilsam sein muß. – Unsere Briefe können ja auch nichts anderes sein als kurze Besuche mit Anstandspersonen, wie das für Brautleute üblich war. Auch dieser wie jeder Brautstand geht vorüber und führt uns zu neuer Freude. Am Ende allen Vermissens und Wiederfindens aber steht für uns Christen die ewige Hochzeitsfreude, da auch unsere Ehe und Liebe neue selige Erfüllung finden wird in der Gemeinschaft Gottes und unseres Heilandes. Wir wollen dankbar sein auch für diese »bräutliche« Aussprache, die uns noch geschenkt ist.

Koblenz, 14. November 1937 (inoffiziell). ... Am Fenster habe ich am Dienstag eine Feier des 9. November vor der angetretenen Polizei mitangehört: Nicht in Demut und Trauer denken wir der sechzehn Gefallenen, sondern in stolzer usw. Verherrlichung jener Männer in ihrer Vorbildlichkeit. Auch wir leben und kämpfen für ein Deutschland, das dauert in alle Ewigkeiten. Forderung nicht nur totaler Hingabe von Leib und Leben, sondern auch der Totalität in der Weltanschauung. – Sonst blieb die vergangene Woche friedlich. – Ich glaube wohl, daß ich Frucht und Segen von meiner Bibellektüre mit Auszügen habe und etwas weiterkomme im Verständnis der Hl. Schrift. Wie unglaublich überheblich ist es doch, diese Weisheit Gottes, in der ein Elefant schwimmen kann, zu verwerfen und dafür die seichte Weisheit dieser Welt in ihrer Lüge und Sünde einzutauschen! Die Torheit Gottes ist weiser, denn die Menschen sind. In den Bekenntnisschriften bin ich noch bei der historischen Einleitung, und der Tscheche ist unzufrieden, daß ich die englischen Studien nicht eifriger betreibe. Im »Büchsel« bin ich auch noch ziemlich weit vorne.

Heute mittag kam Herr O. und wollte wissen, wo meine Predigtkonzepte wären, da Unterlagen für den Staatsanwalt gebraucht würden. Ich lehnte es ab, ihm das zu sagen. »Sie sind also wieder dickköpfig!« Er stellte in Aussicht, daß sie das ganze Haus dann durchsuchen würden. Aber mein Standpunkt ist der, daß ich für die Art meiner Vorbereitung auf meine Predigten niemand Rechenschaft schulde und dies meine persönlichste, privateste Angelegenheit ist. Meine Predigten halte ich frei ohne Konzept und binde mich nie wörtlich an das Konzept, und ich weiche oft auch erheblich davon ab, manchmal gerade Schärfen weglassend oder mildernd. Die Predigten sind frei öffentlich, und jedermann hat Zutritt. Wenn man nun noch nach Gründen für Schutzhaft und Ausweisung oder für ein Gerichtsverfahren sucht, so kann etwaiger Kanzelmißbrauch nur aus dem Zeugnis der Predigthörer, also im wesentlichen der christlichen Gemeinde, festgestellt werden.

Grundsätzlich sollten wir unsere Konzepte nicht für Nachspürungen eines auf anderer weltanschaulicher Basis fundierten Staates herausgeben. Wir sind für unsere Predigten nicht dem Staate Rechenschaft schuldig, sondern dem Herrn und seiner Kirche, der wir dienen. Sollten nun trotz meiner Ablehnung die Konzepte gesucht, gefunden und beschlagnahmt werden, so laß es Dir nicht leid sein*. Dann soll es auch so recht sein, dann will ich mich auch über das eben Gesagte hinaus noch zur Sache verantworten. Ich und wir alle haben ja in unseren Predigten nie zu viel, sondern immer zu wenig gesagt. Ich glaube nicht, daß ich darüber ein schlechtes Gewissen zu haben brauche. Offenbar können wir nun aber damit rechnen, daß meine Sache so schnell nicht zur Entscheidung kommt. – Beim Spaziergang waren wir elf Leute. Es sind nun fünf Bibelforscher hier, darunter ein Ehepaar, die Frau »wohnt« neben mir. (Auf der anderen Seite jetzt wieder ein Jude.) Mit ihren Ideen, die wohl nicht ganz aus der Bibel geforscht sind und viel endzeitliche Schwärmerei enthalten, können wir von der Kirche aus nicht ganz mitgehen, so wie sie auch behaupten, daß sie einen »etwas anderen Standpunkt« haben, und meist, wenn nicht alle, aus der Kirche ausgetreten sind. Immerhin sind sie uns ein lebendiger Vorwurf für die von der Kirche vernachlässigte Lehre von den letzten Dingen. Vieles sehen sie in ihrer Interessiertheit besser und klarer als die meisten Kirchenchristen ... So bist Du, Liebste, nun geplagt, und Deine Plage ist alle Morgen neu. Gott schenke Dir auch Kraft und Hilfe nach seiner Verheißung: Er legt uns eine Last auf, aber er hilft uns auch. »Wie deine Tage, so deine Kraft, und unter dir sind ewige Arme.« Die tragen und halten fest. Gelt, das Schwerste ist ja die Gewissenslast, daß man immer sorgt, daß man's recht macht und vor Menschen und vor Gott

* Die Haussuchung fand statt, aber mit geringstem Erfolg.

bestehen kann! Das ist ja die Last, die uns Christen vor anderen aufliegt, viel schwerer als alles äußerliche Leiden. Dies wenigstens will ich mit Dir und für Dich tragen, und manchmal liegt mir diese Last auch sehr schwer auf, und ich muß mich im Glauben immer wieder mühsam hochkrabbeln, daß ich vertrauen kann, daß doch Gott mein ganzes, unvollkommenes und sündiges Tun und Verantworten und Bekennen in Gnaden ansieht. In solchen Stunden wollen wir dann vertrauen, daß er unser sündiges Menschenwerk um des vollkommenen Opfers und Werkes Jesu willen in seine treue Gotteshand nimmt und heiligt und reinigt und segnet. Über unserem ganzen Tun und Leben bleibt es wahr: Gottes Gnad' und Christi Blut macht ja allen Schaden gut. So wollen wir aufs neue alles in seine Hände befehlen, auch die Predigtkonzepte, sie seien nun wo auch immer.

Koblenz, 16. November 1937 (inoffiziell).
... Der Stapo habe ich meine Stellungnahme zu der Predigtkonzeptsache nun schriftlich mitgeteilt ... Vergiß bei Deinem Haushalten auch das Reich Gottes nicht. Wir wollen ja nicht mit der Wurst nach dem Schinken werfen! Aber es liegt ein Segen darin. »Lasse dein Brot übers Wasser fahren, so wirst du es finden nach langer Zeit.« Anderes darfst Du von mir aus, wie Du weißt, eher vergessen ...

Koblenz, 17. November 1937 (inoffiziell).
Vom Bußtagabend noch einen kurzen Gruß. Ich hatte einen gesegneten Tag mit Gottes Wort und in ernster Besinnung auf alles das Viele, das man verkehrt gemacht in Leben und Amt, und wie man es doch fort

und fort an Sanftmut, Liebe und Geduld fehlen läßt. Gott, lasse mich doch auch nur durch all das treue Graben und Düngen des Weingärtners geraten, daß ich ihm möchte Frucht bringen dürfen in Amt und in der Gemeinde, auch in der Familie.

Inoffizieller Brief, 23. 11. 1937

. . . Geldstrafen, die ich verschuldet haben soll, keinesfalls bezahlen, auch sonst rate ich, Geldstrafen, die uns wegen Bekennntnishaltung auferlegt werden, nur auspfänden zu lassen. Herr O. meinte zynisch, es wäre ja noch Geldstrafe für mich fällig, und wollte es nicht gelten lassen, daß ich die ja längst abgesessen hätte, da meine Haft »Schutzhaft« sei. (Für das Nichtbefolgen der Ausweisung.) Er meinte, das zöge vielleicht, wenn Ihr zu Haus Not leidet. Ich sagte, sie sollten machen, was sie wollten; sie wüßten ja, daß ich alles, einschließlich meiner Haft, für Unrecht halte . . . Lest Jes. 10, zu dem ich mir aufschrieb: Gottes Zorngericht über das hochmütige Assur, das nicht weiß, daß es nur Gottes Zornesrute ist, das Israels Gott unter die Götter der Heiden wirft, das sich seiner Kraft und Weisheit rühmt, die Völker als Vogelnester achtet, die es aushebt und plündert.

»Mag sich auch eine Axt rühmen wider den, der damit haut?
oder eine Säge trotzen wider den, der sie zieht,
als ob eine Rute schwänge den, der sie hebt!
oder der Stecken höbe den, der kein Holz ist!
Israels Licht wird ein Feuer und sein Heiliger eine Flamme sein
zu schnellem und vernichtendem Gericht über Assurs Macht,

daß die übrigen Bäume seines Waldes können gezählt
  werden
und ein Knabe sie kann aufschreiben. –
Den Übrigbleibenden Israels aber ist Heil verheißen
durchs Gericht hindurch, das vom Herrn kommt.
Darum soll er sich nicht fürchten vor Assur,
durch den Gott an Israel handelt wie einst an Ägyp-
  ten« (vgl. Jes 10, 15–24).

Die Bedrängnis wird kommen, aber wenn die Not am größten ist, sendet Gott Hilfe. – In und an Israel wird Assurs Macht zuschanden.

24. 11. 1937

Nun sind, wie es scheint, die Würfel gefallen. Lager, ob es nun Konzentrationslager oder Schutzhaftlager heißt, ist wohl einerlei. Wir sollen menschliche Behandlung und Verbindung mit den Angehörigen behalten. ... Macht die Gemeinden möglichst selbständig – ein Grund für die so plötzliche Wendung ins Lager ist mir nicht bekannt. Ich vermute, daß Entscheidungen allgemeiner Art höheren Orts hier mitsprechen. – Was soll ich Dir nun noch raten? Das ist von außen her so leicht und billig. Ich sehe voraus, daß die Nötigung zum offenen Geständnis und freien Bekenntnis nun an jeden aufrichtigen Christen kommt. Du wirst schon wegen unserer Kinder auch bald drankommen. Dann bedenke: »Lieber alle Kreaturen preisgeben denn im Geringsten wider Gottes Willen tun«, und traue der Verheißung zugleich: »Wer Gott fürchtet, der hat eine sichere Zuflucht, und seine Kinder werden auch beschirmt.« Laß uns das Trauerspiel so vieler christlicher Eltern nicht mitmachen. Halte der Gemeinde die Treue

. . . Gott wird Dir Kraft geben, Du Liebe, Deinen Weg zu gehen. Frage immer zuerst in allen Dingen Gott um Rat, ehe Du die Menschen fragst, auch die besten Freunde werden uns oft nicht das Richtige raten. – Auch die Gemeinden werden in Thüringen (Buchenwald) meinem Herzen so nahe bleiben, wie sie es hier in Koblenz waren . . . Herr und Frau M. aus O. gehen auch gleichzeitig mit auf »Transport«. Mit Herrn M. werde ich auch in das gleiche Lager kommen . . . Ja, so werden wir mit den Sektierern zusammengesteckt. Sicher sollen wir uns gegenseitig dienen. Frau M. ist jetzt nach schweren Stunden ganz aufgemuntert und auch ruhiger. Die Freunde und Brüder lasse ich alle grüßen. Wir sollen jetzt unser Leben nicht teuer achten, wo der Wolf schon eingedrungen ist in unsere Hürden und nach der Seele unserer Leute und vor allem unserer Jugend giert, auf daß wir nicht als Halbe erfunden werden. Wo Mietlinge sind, da erhascht und zerstreut der Wolf die Schafe. – Laß uns bedenken, Liebste, unsere Trübsal ist zeitlich und leicht und wirkt eine ewige und über alle Maßen wichtige Herrlichkeit. Unsere Kinder gehören Gott durch unsern Glauben und die Taufe auf Christus. Der treue Herr wird sie behüten an Leib und Seele.

Paul hat seinen Kindern, der alten Sophie, unserer Hausgehilfin Luise und Vikar Kemper noch Abschiedsworte geschrieben. Aus dem Brief an den Letztgenannten: »*Wenn Sie die Brüder sehen und grüßen, dann bitten Sie von mir aus, daß Sie jetzt um Gottes willen etwas tun und vor die Gemeinde treten möchten, in den Riß springen mit ihrem persönlichsten und letzten Einsatz, um dem Geist greulicher Verführung und Abgötterei zu wehren, der sich aufgemacht und schon die Herrschaft, die geistige auch, an sich gerissen hat. Mit aller ›Klugheit‹ und ›Besonnenheit‹ wird nichts mehr gerettet, aber auch das Letzte verloren. Siehe den Bankrott so vieler Amtsbrüder in ihren Gemeinden! Hier muß jeder jetzt auch das Leben wagen, sonst kann er es nicht gewinnen.«*

Und nun kommt der Tag, da mir die Post eine gewöhnliche Postkarte von Paul bringt. Wieder ist es ein »Kerkermeister«, der ihm vor der amtlichen Meldung seinen Wegtransport ins KZ anvertraut und offenbar auch diese Postkarte wegbefördert. *»23. 11. 1937, 22 Uhr (Poststempel). Es wäre schön, wenn wir uns vor meinem Wegtransport von hier am Donnerstagmittag noch einmal sehen könnten. Herr O. hatte mir ja auch Deinen Besuch schon in Aussicht gestellt. Wie wir es bisher getan haben, so wollen wir weiter Gott allein vertrauen, in Demut und Geduld von Ihm allein alles Gute erwarten und Ihn von ganzem Herzen lieben, fürchten und ehren. So wird Gott mit uns sein, und wir werden nicht zuschanden werden in unserer Hoffnung. Seid getrost und treu und fürchtet Euch nicht. Ich behalt Euch fest in meinem Herzen. In Gott sind wir ungeschieden. Hab auch nochmal innig Dank für alle Liebe nach hier. Wir wollen dankbar sein für diese schöne Vorbereitungszeit für härtere Proben. Neue Leiden sollen uns neue Erfahrungen unseres Gottes und neue Herrlichkeiten bringen. Christus spricht: ›Ich bin bei Euch alle Tage . . .‹ Außer etwas Lebensmittel (und Geld vielleicht) kann man nichts mitnehmen. Anderes wird nachgeschickt. Ein paar frische Strümpfe brauch ich gleich. Viele herzliche Grüße allen. In Liebe Dein Paul.«*

Als ich schon im Begriff zur Abfahrt nach Koblenz

bin, kommt eine amtliche telefonische Erlaubnis, meinen Mann noch einmal sprechen zu dürfen. Daraufhin haben mir die Wachtmeister dann sogar dreimal Sprecherlaubnis gewährt – Dank ihnen! Das erstemal waren unsere beiden Ältesten dabei (10 und 8 Jahre). Nach dem Abschied nahmen die Hüter des Gesetzes die Kinder vor und ermahnten sie, recht artig zu sein, bis der Vater wiederkäme. Zu mir sagt einer zum Trost: Unser Herrgott sorgt schon, daß die Bäume nicht in den Himmel wachsen! – Am andern Morgen sind Paul und ich wieder beieinander. Er hat tags zuvor seine Gefängnispost von Juni bis Juli 1937 von der Stapo ausgeliefert bekommen. Diese Briefe waren sein Trost der Nacht. Ich selbst konnte mich nur noch an das Wort halten: »Wen Gott liebhat, den züchtigt er, und er stäupt einen jeglichen Sohn, den er annimmt.« Wir sagen uns diese Gedanken. Da es Freitag vor dem 1. Advent ist, habe ich ein Adventskränzlein bei mir. Er nimmt es nachher in seine Zelle und liest in seinem Licht die Adventslieder. – Paul weiß, daß er heute noch frei ist, wenn er sich verpflichtet, dem Ausweisungsbefehl Folge zu leisten. Das Herz ist uns ganz schwer. Ich streichle Paul leise: »Wie hab ich dich so lieb!« – da erschüttert ihn tiefes Weinen. Wir reden nichts mehr. – Der Aufsichtsbeamte fordert uns dazu auf, indem er auf seine Verschwiegenheit hinweist! Ich habe die Losung des Tages aufgeschlagen: »Es hat überwunden der Löwe aus Juda.« – Stammelnd beten wir das Vaterunser miteinander. Die Zeit ist abgelaufen. Ein schmerzdurchwühlter Mann wird abgeführt. – Das darf nicht das Letzte sein. Das sieht auch der Wachtmeister ein. Und so bekomme ich in der letzten Stunde vor dem Abtransport noch einmal Einlaß. Wir haben uns gefaßt. »Wir dürfen nicht mehr weich werden«, sagt Paul. Verse der Adventslieder, die ihn eben oben in der Zelle trösteten, strömen von seinen Lippen. Dann reden wir von Alltäglichem. In die Unterhaltung mischt sich der Wachtmeister – es ist sogar von der schweren Artillerie die Rede!! – In der gleichen Stube sitzt ein Ehepaar, ernste Bibelforscher, die auch Abschied zu nehmen haben. Er und sie kommen in ein KZ-Lager. Die Frau kommt auf mich zu, gibt mir die Hand und sagt: »Gelt, es ist schwer! Ich danke Ihrem Mann soviel Trost und Zuspruch. Gott segne Sie!« – Als letzter schaut Paul noch einmal aus dem Gefängnisauto heraus – lächelnd.

Auf der Heimfahrt nach Dickenschied kam ich mir unter all den munteren, harmlosen Menschen wie ein Fremdling vor. Pauls wenige Habseligkeiten aus der Koblenzer Schutzhaft habe ich vorher von der Geheimen Staatspolizei ausgeliefert bekommen. Darunter war ein kostbares Vermächtnis: Pauls Bibel. Nicht einmal diese durfte er ins KZ mitnehmen. Die Kapitel, über die er meditierte, sind voller Randbemerkungen. Er nennt sich ja selbst einen »Schüler am göttlichen Wort« (Seite 160). Wir merken, wie er »diese Vorbereitungszeit für härtere Proben« (S. 172) genutzt hat, wie sorgfältig er hingehört hat. Nach dem Lesen dieser Randbemerkungen hebt Prof. Heinrich Vogel »die Zurückdrängung der persönlichen Aspekte unter dem Vorrang der Frage nach Gottes Willen, nach Gottes Gnade und Gericht; die unerhörte Unmittelbarkeit zwischen der Schrift und ihm, da ist keine wortreiche Distanz mehr«, hervor. So ist – um einige Beispiele wiederzugeben – Psalm 31 *sein* Psalm, voller Unterstreichungen und Anmerkungen, wie zu »Du übergibst mich nicht in die Hand des Feindes« (Vers 9): *auch in der Zelle nicht;* »Wie groß ist deine Güte, die du verborgen hast für die, so dich fürchten, und erzeigest vor den Leuten denen, die auf dich trauen« (Vers 20): *Gottes Wort ist nicht gebunden;* »Du verbirgst sie heimlich bei dir vor jedermanns Trotz; du verdeckst sie in der Hütte vor den zänkischen Zungen« (Vers 21): *auch in der Zelle;* »Ich sprach in meinem Zagen: Ich bin von deinen Augen verstoßen. Dennoch hörtest du meines Flehens Stimme, da ich zu dir schrie« (Vers 23): *Gott führt durch die tiefsten Tiefen;* »Die Gläubigen behütet der Herr und vergilt reichlich dem, der Hochmut übt« (Vers 24): *Gebet Raum dem Zorn Gottes; ich will vergelten, spricht der Herr;* »Es müssen sich schämen und gehöhnt werden, die nach meiner Seele stehen; es müssen zurückkehren und zu Schanden werden, die mir übelwollen« (Ps. 35, 4): *in Gott getrostes Selbstbewußtsein;* »Herr, deine Güte reicht, so weit der Himmel ist, und deine Wahrheit, so weit die Wolken gehen. Wie teuer ist deine Güte, Gott, daß Menschenkinder unter dem Schatten deiner Flügel Zuflucht haben« (Ps. 36, 6.8): *der über die Bosheit der Gottlosen gehende Trost;* »Du machst uns zur Schmach unseren Nachbarn, zum Spott und Hohn denen, die um uns her sind« (Ps. 44, 14): *Das ist die Not, daß Gott sein Volk durch die Ruchlosen und Gottlosen züchtigt;* (Jesus wandelt auf dem Meer, Matth. 14, 24–33): *Auch die nächtlichen Angststunden sind von Gott, und Christus ist mitten darin;* (Gleichnis von den Arbeitern im Weinberg, Matth. 20, 1–16): *Es ist die Arbeit in seinem Weinberg, zu der er uns ruft. Die menschlichen Maßstäbe der Quantität und der Qualität der Leistung versagen vor Gottes*

Urteil, der das Herz ansieht; »Was nützt die Beschneidung? Fürwahr sehr viel. Ihnen ist vertraut, was Gott geredet hat« (Röm. 3, 2): *Gottes Rede führt zum Glauben;* »Gott hat alle beschlossen unter den Unglauben, auf daß er sich aller erbarme« (Röm. 11,32): *Auf daß der Glaube wegen des vorausgehenden Unglaubens umsomehr aus Gnaden sei – Erbarmen!* »Wir aber, die wir stark sind, sollen der Schwachen Gebrechlichkeit tragen und nicht Gefallen an uns selber finden« (Röm. 15,1): *Den Schwachen ein Schwacher werden, da wir doch alle schwach sind vor Gott;* »Dabei merke ich, daß du Gefallen hast an mir, daß mein Feind über mir nicht jauchzen wird« (Ps. 41,12): *Auch das Leiden des Gerechten gibt dem Widersacher eine Widermacht;* »... Wenn mir gleich Leib und Seele verschmachtet, so bist du doch, Gott, allezeit meines Herzens Trost und mein Teil ... Aber das ist meine Freude, daß ich mich zu Gott halte und meine Zuversicht setze auf den Herrn Herrn, daß ich verkündige all dein Tun« (Ps. 73,23–28): *Die Gemeinschaft mit Gott und die Führung durch Gott ist ein unvergleichlich größeres Glück.*

Paul Schneider hat in seiner Zelle das Dritte Reich und die Kirche im Dritten Reich nicht außer acht gelassen: »Da sprach Saul: Nun werden die Philister zu mir herabkommen gen Gilgal, und ich habe das Angesicht des Herrn nicht erbeten; da wagte ich's und opferte Brandopfer« (1. Sam. 13,12): *Hier wird Gott den Menschen dienstbar gemacht; der Staat darf nicht Kirche werden.* – »Herr, unser Gott, es herrschen wohl andere Herren über uns denn du, aber wir gedenken doch allein dein und deines Namens (Jes. 26,13): *An der Treue gegen Gott ist die Tyrannenmacht ohnmächtig. –* »Sie nahmen ihn und stießen ihn zum *Weinberge hinaus und töteten ihn« (Matth. 21,39): Alle, die die Kirche ihren Zwecken dienstbar machen, müssen den Sohn ausstoßen. – »...* Wohl fein hat Jesaja von euch geweissagt und gesprochen: Dies Volk naht sich zu mir mit seinem Munde und ehrt mich mit seinen Lippen, aber ihr Herz ist fern von mir; aber vergeblich dienen sie mir, dieweilen sie lehren solche Lehren, die nichts denn Menschengebote sind« (Matth. 15, 4–9): *Der Grundsatz »Was dem Volke nützt«, vielleicht religiös umkleidet, raubt als oberstes Prinzip Gott die Wahrheit und den Gehorsam, die ihm gebühren. –* »Das da von Anfang war, das wir gehört haben, das wir gesehen haben mit unseren Augen, das wir geschaut haben und unsre Hände betastet haben, vom Wort des Lebens ...« (1. Joh. 1,1): *Christus ist älter als Blut und Boden! –* »Euer tausend werden fliehen vor eines einzigen Schelten; ja vor fünfen werdet ihr alle fliehen, bis daß ihr übrigbleibet wie ein Mastbaum oben auf einem Berge und wie ein Panier oben auf einem Hügel« (Jes. 30,17): *Also wird es gehen im nächsten Kriege. –* »Man wird sie nennen das heilige Volk, die Erlösten des Herrn, und dich wird man heißen die besuchte und unverlassene Stadt« (Jes. 62,12): *Jetzt die Gescholtenen und Geschmähten, die Unterdrückten und Gefangenen, jetzt die gemiedene und verachtete Kirche. –* »Und ob auch der zehnte Teil darin bleibt, so wird es abermals verheert werden, doch wie eine Eiche und Linde, von welchen beim Fällen ein Stamm bleibt. Ein heiliger Same wird solcher Stamm sein« (Jes. 6,13): *Um der Gabe und Berufung Gottes willen, Herr! Auch von der evangelischen Kirche Deutschlands ein solcher Rest!*

Konzentrationslager

».. . und sollst mein Prediger bleiben!«

Jer. 15,19 a

Am 1. Advent 1937 ist die Gemeinde tief erschüttert. Der Vikar predigt über den 130. Psalm. – Treulich steht die Gemeinde hinter ihrem Pfarrer. Im ersten Winter kommen Abend für Abend Gemeindeglieder zu unserer häuslichen Abendandacht, um hier gemeinsam Fürbitte zu tun. Der Sommer mit seinen Geschäften, vielleicht auch der zunehmende politische Druck, heben diese Gewohnheit auf, aber die wöchentlichen Bittgottesdienste bleiben. Im Winter 1938/39 nehmen wir dann die reguläre Gemeindearbeit wieder auf. – Da ich bei einem Vorsprechen in Berlin bei hohen staatlichen Stellen überall von mir und damit zugleich für Paul ein Bekennntnis zum Dritten Reich gefordert sah und ich ein solches Bekenntnis nicht ablegen konnte, ja damit Paul auch einen schlechten Dienst getan hätte, kam ich trotz vieler Eingaben nicht weiter. Von anderer Seite ist auch oft um Paul gekämpft worden, besonders von seinem Presbyterium. Mehrfach wurden diese Männer von Parteiorganen bedroht, weil sie sich hinter ihren Pfarrer, hinter einen »Staatsfeind«, stellten! Am 10. März 1939 wurde bei den höchsten Stellen in Berlin eine Eingabe persönlich eingereicht. Das Presbyterium schrieb unter anderem: »Auf seinen (Paul Schneiders) Gemeinden lastet seit seiner Inhaftierung der Schmerz und die Sorge um das Schicksal ihres Pfarrers, der seinen Gemeinden treu bleibt und diese Treue durch die Tat bewiesen hat. Auch der weitaus größte Teil der Gemeinden, einschließlich der katholischen Bevölkerung, steht zu unserem Pfarrer Schneider und bittet um dessen Rückkehr. Auch bitten wir die Staatspolizei-Hauptstelle dringend, *Rücksprache mit dem Gemeinderat (Vertretung der bürgerlichen Gemeinde) Dickenschied zu nehmen, evtl. mit dem Ortsgruppenleiter (politischer Leiter),* in Sachen der Rückkehr unseres Pfarrers, da diese Männer auch bezeugen können, daß in unseren Gemeinden Ruhe und Ordnung geherrscht hat und noch heute herrscht und daß einer Rückkehr von Pfarrer Schneider nichts im Wege steht. Wir bitten darum noch einmal um Zurücknahme der gegen unseren Pfarrer Paul Schneider erlassenen Ausweisung und um dessen Freilassung.« Auch im Rheinischen Bruderrat wurde wieder und wieder überlegt, wie Paul Hilfe zu bringen wäre. Präses Humburg war Pauls Erleben »etwas vom Schwersten, was bisher auf ihm gelegen hatte«. – Die Frage stand auf, ob nicht allen ausgewiesenen Brüdern die Rückkehr in ihre Gemeinden zu empfehlen sei, um durch ein einheitliches Handeln Pauls Entscheidung zu unterstreichen. Der Beschluß der 6. Bekenntnissynode im Rheinland am 11. November 1937 ging aber nach ernstem Ringen letzten Endes doch darauf hinaus, daß keine allgemeine Weisung erlassen werden könne. Die Entscheidung sei für den Einzelfall auf Grund gemeinsamer Beratung des ausgewiesenen Predigers, der betroffenen Gemeinde und der Kirchenleitung zu treffen. »*Sollte ich als kleinstes Pastörlein auf dem Hunsrück dem Staat allein bezeugen müssen, was recht ist? Es wäre dann dem Staat zuviel zugemu-*

tet, das als kirchliche Entscheidung ernst zu nehmen!«
schreibt Paul schon im Oktober 1937. So war er allein
in seiner Haltung, die in aller Anfechtung, ob sein
Weg der rechte sei, doch immer wieder »gerechtfertigt
wurde im Geist« durch seinen Herrn Jesus Christus.

Eine andere Hilfe wäre die allseitige Beschäftigung
mit der Kirchenzucht gewesen. Das hätte gezeigt, daß
Paul nicht nach »mittelalterlichen Methoden«, sondern nach den noch geltenden Bestimmungen unserer
Kirche gehandelt hat. Es hat nicht an Stimmen gefehlt,
die mahnten: »Wir sind damit neu aufgerufen, dem
Befehl Christi Folge zu leisten und in dem heiligen
Ernst wie in der wahrhaftigen Barmherzigkeit unsern
Dienst an denen auszurichten, die unter dem christlichen Namen unchristliche Lehre oder Wandel führen« (Brief vom 23. Dezember 1937 an mich). – Zu
allen Zeiten, selbst in der Reformation, war der Staat
gegenüber der Anwendung der Kirchenzucht emp-
findlich, weil deutlich wird, daß der Kirche Staats-
gesetz und Volkssitte nicht höchster Maßstab sind.
Auch die Kirche muß vom Rechte her verstanden
werden. »Sie richtet ein zeichenhaftes, prophetisches
Recht auf als Ausdruck der Herrschaft Christi über
die Kirche und über die Welt.« Die Maßnahme aber,
die in Dickenschied getroffen wurde, konnte nur darum so großes Aufsehen erregen, weil sie vereinzelt
war und blieb. Einen »Einzelgänger« und »Außensei-
ter« konnte der Staat leicht zum Schweigen bringen.
Der Rheinische Rat versuchte oft, eine Sprecherlaubnis bei Paul zu erwirken, um mit ihm noch einmal
diese Fragen durchzusprechen, doch wurden alle
diesbezüglichen Anträge abgelehnt. Diese illegale
Kirchenleitung hatte ja auch vor dem Staat keine An-

erkennung! Das legale Konsistorium aber verhielt sich völlig passiv.

Besuchserlaubnis bekam auch ich nie. So waren wir nur auf Gott geworfen. Die Gemeinde der Beter für Paul Schneider war groß. Gott Lob, daß ich darum wußte und selbst mitgetragen wurde! Darum darf ich trotz all unserer Schwachheit über diese Zeit schreiben: »Die Güte des Herrn ist, daß wir nicht gar aus sind; seine Barmherzigkeit hat noch kein Ende, sondern sie ist alle Morgen neu, und deine Treue ist groß« (Klagelieder 3,22–23).

Oft erhielt ich von Gliedern der Bekennenden Kirche stärkende Briefe. Einer soll für alle zeugen:

Berlin-Friedenau, am 29. Mai 1939

Wie gut, daß Gott die Worte alle hört,
Die wir den fernen Brüdern heimlich sagen,
Die wir auf brennend heißem Herzen tragen
Und die doch nie ein Mensch von uns erfährt!

ER, Gott, hebt alle unsere Grüße auf
Und sagt sie den Geliebten in die Ohren.
Es ging bei IHM noch kein Gebet verloren,
ER drückt nur stets sein Siegel noch darauf.

ER läßt sie wissen, was sie tragen kann.
ER läßt sie wissen, was sie tragen können.
Wir dürfen IHM allein das Sorgen gönnen,
Denn wenn wir schlafen, hebt sein Wachen an.

ER spricht, ER hört, wo wir gebunden sind.
ER nimmt uns unsre Sorgen aus den Händen.
Solch ein Geschick, das nur der HERR kann wenden,

Das macht uns sehend – oder macht uns blind.

In herzlichem, bewegtem Gedenken grüßt Sie, sehr verehrte, liebe Frau Pfarrer Schneider, in der festen Gemeinschaft der Fürbitte im Namen vieler Brüder aus Berlin und Brandenburg,

Erich Klapproth P.

Ehe ich nun Pauls erste Briefe bringe, möchte ich versuchen, ein Bild von dieser Zeit zu geben, wie es sich mir aus persönlichen Berichten von Häftlingen und aus KZ-Büchern, die Paul erwähnen, ergibt. – Im ersten Vierteljahr arbeitete er mit andern Kameraden wohl immer im schwersten Einsatz. Schon während dieser Zeit machte er sich zur Regel, am Freitag seine Nahrung möglichst zu beschränken, zu »fasten«, um das so Erübrigte den Kameraden zu geben. »Wenn du es nicht nimmst, bekommt es halt ein anderer«, sagte er. So erzählt ein Kamerad aus dieser Zeit: »Als ich im Dezember 1937 nach Buchenwald kam, lernte ich Paul Schneider beim Baukommando ›Führerhäuser‹ kennen, dem ich zugeteilt wurde. In seiner Kleidung unterschied sich dieser magere Mensch durch nichts von seinen abgerissenen Kameraden. Schwere Arbeit mußte er verrichten. Man sah ihm an, daß er das Schieben der schweren Kipploren nicht gewohnt war, und manche seiner Bewegungen waren etwas unbeholfen. – Mir ist noch recht gut in Erinnerung, daß er mich am ersten Tage mit ein paar freundlichen Worten begrüßte, die gerade in dieser Umgebung dankbar empfunden wurden. Ich erwähne das nur, um zu zeigen, daß er trotz der harten Arbeit, die ihn ganz beanspruchte, um nicht aufzufallen, mit immer wachen Augen und immer wachem Geist Zeit für andere fand, selbst wenn sie ihm fremd waren ... Den kleinlichen Schikanen der primitiven SS-Posten waren natürlich in erster Linie Menschen ausgesetzt, die das Verrichten der Erdarbeiten nicht gewohnt waren und aus anderen Berufen kamen, wie Pfarrer Schneider auch. Für uns politische Häftlinge war Solidarität eine Selbstverständlichkeit. Nur durch diese haben wir all die Jahre durchgestanden, gefestigt durch unsere Weltanschauung. Auch unser lieber Freund hatte einen festen Kreis in seiner Freizeit um sich, die er untersützte, denen er mit seinen bescheidenen Mitteln half. – Die wenigen Stunden, die uns in den ersten Jahren als arbeitsfrei blieben, nutzte auch er zu einem lebhaften Meinungsaustausch mit Kameraden aus« (Brief von Heinz Mißlitz, Leipzig).

Freunde erzählen von einem jungen Mann, der ein Vierteljahr mit Paul zusammenarbeitete: »Paul Schneider war ein großes Vorbild tagaus, tagein. Sprach Mut zu und half in unvergleichlicher Kameradschaft. Keiner, auch der fanatischste Gottlose, ließ auf ihn etwas kommen. Alles war voller Anerkennung für ihn, zumal sie merkten, daß es ihm um seine Sache und nur um seine Sache ging. So hat sich ein enges Band zwischen Paul, wie man ihn nannte, und seinen Kameraden geflochten. Ja, K. selbst, ein großer, starker Mann, sagte, wenn er den Zuspruch und die Hilfe Schneiders nicht gehabt hätte, hätte er und so mancher andere schlappgemacht und wäre liegen geblieben bei der schweren Arbeit; nicht jeder hätte das leisten können, was er konnte.«

Bericht von M. Zahnwetzer, Kassel: »KZ-Buchenwald: Ich lernte ihn kennen, als wir an den SS-Kasernen ausschachteten. Wir führten wie immer diese

Arbeit unter der Aufsicht der jungen Schlackse der SS aus. Er arbeitete neben mir, und wenn ich manchmal nicht mehr so recht mitkonnte, dann griff er mit seiner Schaufel zu mir herüber, um mir zu helfen.«

A. Leikam, Waiblingen, schreibt: »Schneider hat seinen Beruf als Pfarrer den anderen Häftlingen gegenüber nie verleugnet; er versuchte, durch christlichen Zuspruch, Mahnung, Bitte, tätige Mithilfe seine Mitgefangenen für Christus zu gewinnen . . .«

Buchenwald, 29. 11. 1937

Du wirst schon begierig auf Nachricht warten. Am Samstagmorgen kamen wir schon hier an, nun ist der erste Einstand getan, der wie aller Anfang schwer ist. Die Einsamkeit der Zelle ist jetzt gründlich zu Ende, und ich bin jetzt noch mehr dankbar für diesen Übergang in Koblenz. Mit Gottes Hilfe wollen wir beiderseitig, auch Ihr zu Hause, fröhlich und getrost bleiben, zumal in dieser Vorweihnachtszeit. Wir wollen uns in diesem Jahr um so mehr die tiefinnerliche Weihnachts- und Adventsfreude, die unabhängig ist von den äußeren Umständen, erbitten. Wir sollen auch zu Hause mitteilen, daß alle Anfragen der Familienangehörigen oder anderer Personen, unsere Sache betreffend, zwecklos seien und uns nur zum Schaden wären. Ich bitte Euch also auch meinerseits, sich danach zu richten. Wir wissen ja sowieso unser Geschick in Gottes Hand. Beachtet auch den Kopf des Briefes! Mir geht es also gut. Es ist jetzt die Hauptsache, daß man gesund bleibt, und ich bin dankbar für die mir mitgegebene gute Gesundheit. Wie schön war, daß Du mir in Koblenz noch den Abschiedsbesuch machen konntest, Liebste! Wenn es auch ein Schmerz war, so ist es doch auch für jetzt und die Zukunft mir eine große Stärkung, daß ich ein so liebes, treues Weib habe. Hab noch einmal herzlich Dank für die auch Dir nicht leichten Wege. In treuer Liebe und Fürbitte für Euch alle zehn

Dein P.

B., 5. 12. 1937

Nun komme ich doch wenigstens in meinem Sonn-

tagsbrief an Dich nicht aus der Übung, wenn ich auch, wie Du siehst, mit dem Schreiben etwas aus der Übung komme. Gott Lob habe ich nun die erste Woche hinter mir und kann Dir vermelden, daß ich noch gesund und munter bin. Ich hoffe Dich nun im Besitze meines Briefes, der Dir meine Ankunft und meinen ersten Einstand hier meldete. Von Dir hoffe ich auch in diesen Tagen erste Lebenszeichen zu bekommen. Du kannst Dir denken, daß ich mich bei aller großen Kameradschaft hier doch oft recht einsam fühle. Aber der treue Gott ist ja auch hier bei mir und kann mir auch diese »Ferne« zur »Heimat« machen und mir auch in dieser »Welt« adventlich begegnen. Ich bin gewiß, daß Ihr auch in diesem Sinne für mich betet. Wie werden sich jetzt die Kinderlein mehr und mehr auf Weihnachten freuen und die Adventslieder mit Euch Großen singen! Gelt, sie haben jetzt noch einen besonderen Klang und eine besondere Verheißung für uns »Arme und Elende in dieser bösen Zeit, die ihr an allen Orten müßt haben Angst und Leid«. Daran wird es Euch ja auch nicht fehlen, vielleicht nicht nur im Vermissen des Vaters. Ob auch dunkle Wolken der Trübsal uns dies vor uns liegende liebe Fest verdüstern, das ewige Licht, das ins Kripplein zu Bethlehem einging, wird um so reiner und sieghafter sich den Weg in unsere Herzen bahnen, daß wir, wenn auch getrennt, doch getröstet und gläubig feiern und uns der Liebe Gottes freuen können. An kleinen Freundlichkeiten und Hilfen fehlt es mir auch hier nicht, die mir das Leben erleichtern . . .

B., 9. 1. 1938

Es ist mir leid, daß Du umständehalber meinen Weihnachtsbrief nicht bekommen hast und auch zu Deinem

Geburtstag ohne besonderen Brief von mir geblieben bist. Nun will ich Dir nur kurz von meinem Ergehen mitteilen, daß ich noch gesund und munter bin. Nachgerade habe ich mich gut eingelebt. – Deine 3 Briefe habe ich erhalten, den ersten am Schluß der zweiten Woche hier, den Weihnachtsbrief zum Hl. Abend, den Deine liebe Hand mir schrieb und der mir diesmal alle anderen Geschenke oder Grüße, die mir zugedacht waren, reich ersetzte. Aber auch für dies andere herzlichen Dank. Den dritten Brief bekam ich zum 7. Januar. Wie freue ich mich, daß Ihr doch getröstet, fröhlich und gesegnet das liebe Fest feiern konntet! . . . Ich weiß mich dauernd von Deiner und der Freunde Liebe getragen.

B., 23. 1. 1938

Am Freitag erhielt ich Deinen lieben Brief vom 18. Januar. Wie gut ist es, daß wir, auch wenn die schriftliche Verbindung einmal unterbrochen wird, doch in Glauben und Gottvertrauen miteinander verbunden sein und von der verzehrenden Sorge bewahrt bleiben dürfen! Ich freue mich sehr über die Reise, die Du gemacht, das schöne Erleben und die Verbindung mit so viel feinen, lieben Menschen, die Dir dabei geschenkt wurden (Reise nach Berlin). *Und daß die Heimkehr so schön war und daß Ihr auch zu Hause reich gemacht werdet an den Gütern des Hauses Gottes, durch die wir ja sogar trunken werden dürfen, wie uns die Schrift gestattet und verheißt. Besonders freue ich mich, daß Du schreiben kannst, daß unsere lieben Kinder wohlgeraten, gehorsam, fleißig und fromm sind. Ich habe sie auch aus der Ferne sehr lieb und bin im Geist des Abends an ihren Bettlein. – So hast Du ja nun auch Deinen Geburtstag im Segen feiern dürfen mit einem so*

schönen Andachtswort in dem auch mir von einem
Pfarrerkurs her bekannten Dorfkirchlein (Dahlem).
Dankbar bin ich Dir für die Losungsworte in Deinen
Briefen, die mir jetzt sehr wertvoll sind. Vielleicht teilst
Du mir immer die Losungsworte für die nächsten zwei
Sonntage und etwa noch die eine oder andere schöne
Tageslosung dazu mit, daß ich darin mit Euch verbun-
den bin. – Von meinem Ergehen kann ich Dir wieder-
um nur kurz mitteilen, aber auch durchaus nur
erfreulich, daß ich gesund und munter bin und mich
hier schon recht zu Hause fühle. Auch hier darf man ja
Arbeit und Speise gesegnet aus Gottes Hand nehmen,
auch hier macht Gott den 23. Psalm wahr, daß er un-
sere Seelen erquicket und uns auf rechter Straße führet
um seines Namens willen. Im übrigen wollen wir uns
fest auf die Zusage Gottes verlassen, daß ER die Gefan-
genen ausführt zur rechten Zeit, und unsere Seelen in
Geduld fassen . . .

B., 6. 2. 1938
Heute mittag bekam ich noch Deinen lieben Brief
vom 2. ds. Mts. Wie bin ich froh und dankbar für die im
ganzen doch guten Nachrichten! . . . Das weiß ich und
spür ich auch, Liebste, und es macht mich froh, daß
trotz all unseres Sündigens wider unsere Liebe doch alle
Stürme und Schläge uns noch fester zusammengebun-
den haben, wohl darum, weil wir in aller Schwachheit
versuchen, doch Gott über alle Dinge zu fürchten, zu
lieben und zu vertrauen, in Jesus Christus, seinem lie-
ben Sohn, unserem Herrn. So ist die Verbundenheit mit
Dir, meinem lieben »Weinstock« und seinen »Träub-
lein«, und dem ganzen Hause wahrlich nicht nur eine
Belastung, sondern auch eine große Stärkung auf dem

mir verordneten Wege. Ich bin der guten Zuversicht,
daß Gottes guter Geist uns auch jetzt, da wir getrennt
sind, auf ebenem Wege weiterführt und Er uns mit sei-
nen Augen leiten wird. – Von meinem Ergehen kann
ich Dir nur wieder kurz berichten, daß ich noch gesund
und munter bin. Ich glaube, daß Du Dich über mein
gutes Aussehen von dem dauernden Aufenthalt in der
frischen Luft freuen würdest. Gott hat mich bisher
freundlich geführt und vor Unbill und Unglück ver-
schont. Sein Rat ist gewiß über uns allen wunderbar,
und Er führt es herrlich hinaus. Mein lieber kleiner
Gerhard hat Geburtstag gehabt und wird gewiß im
neuen Lebensjahr das Bravsein und Gehorchen noch
besser lernen wollen. Der Vater freut sich mit, wenn Ihr
am Dienstag ihm das Lied singt und das Tischchen rich-
tet . . .

B., 20. 2. 1938
. . . Auf Deine Sorgen kann ich Dir von meinem Er-
gehen wieder nur kurz berichten, daß ich noch gesund
und munter bin, daß mir die Winterfrische bisher nicht
geschadet, mir sogar vollere Backen gemacht hat. Auch
mein Bein hat die Bewegungsprobe bisher ohne Nach-
teil überstanden. Die Sonntage, zu denen sich unsere
Gedanken und Fürbitte dann sonderlich begegnen, wie
ich auch Deinen Zeilen entnehme, sind uns auch hier
eine Wohltat, auf die wir uns die ganze Woche über
freuen. Für ein warmes Lager darf ich mit Euch Gott
danken, wenn einen freilich auch jeden Abend beim frü-
hen Schlafengehen leise das Heimweh beschleicht. – Bei
den Winterfreuden unserer lieben Kinder freue ich
mich von Herzen mit – Du weißt noch, wie wir hinter
Müllers miteinander über und in den Wassergraben

fuhren –, ich teile sie auch im Genuß herrlicher Schneelandschaften . . . Es ist mir ein großer Trost, daß Du in der Freundschaft mit Irmgard und soviel andern lieben treuen Menschen einen gesegneten Ersatz hast für unsere äußerliche Trennung; wie freundlich sind Gottes Wege! Stolz bin ich auf meinen großen Sohn, der so tapfer auf dem weiten Schulweg und in der Schule seinen Mann steht . . .

B., 6. 3. 1938

. . . Du hast recht, nach Frost und Schnee ist auch bei uns Vorfrühling geworden, wir freuen uns der wärmenden Sonne, die Vögelein zwitschern im Walde, da will auch Gemüt und Geblüt von unsereinem neu und fröhlich werden trotz allem. So darf ich Dir von meinem Ergehen dankbar wieder kurz vermelden, daß ich noch gesund und munter bin . . . Im übrigen wollen wir gewiß froh und dankbar sein an den Lebenszeichen, die unsere Briefe für uns noch darstellen. In bezug auf das andere, was wir uns nicht sagen können, was wir auch in Fortgang und Ausgang nur unvollkommen erschauen, wollen wir es im Glauben halten mit Claudius' schönem Abendlied: »So sind gar manche Sachen, die wir getrost belachen« – vielleicht auch oft getrost beweinen –, »weil unsere Augen sie nicht sehn.« – Auch was wir einander jetzt nicht sagen können und was ich nicht wissen darf, das ist von Gott so geordnet . . . Betet für mich, daß ich auch hier in der Nachfolge unseres gekreuzigten Herrn erfunden werde und rechte Passionszeit halte. Euch wünsche ich auch, daß Ihr mit den lieben Gemeinden im Segen durch die Passionswochen geht. – Wie werdet Ihr Euch auch der Gartenarbeit freuen! . . .

B., 23. 3. 1938

... Durch Deinen Brief vom 16. ds. Mts. habe ich am Samstag wieder ein Lebenszeichen von Dir bekommen. Hab herzlichen Dank für den Brief. Ich bin noch gesund und munter. Wir freuten uns der trockenen und warmen Märztage, die mir sehr wohlgetan haben. Ihr werdet mit Fleiß schon die Gärten bestellt haben, und ich stellte mir vor, wie die lieben Kinder ihrem Mütterlein dabei halfen. Mein Nachtlager habe ich jetzt am offenen Fenster, wo Mond und Sterne freundlich zu mir hereinscheinen, die uns ja noch von anderem Licht Gleichnis und Boten sind, von dem, was da »nun bleibet« im Dunkel und Leid dieser Erde ... Besonders am frühen Morgen gehen meine wachen Gedanken oft zu Euch, Eurem mir jetzt ungewissen Ergehen, Eurer Sorge und Arbeit; aber ich weiß auch, daß von treuer Hand auch für Euch gesorgt ist und Euch nichts mangeln wird. Küsse unsere lieben Sechs von ihrem Vater.

B., 4. 4. 1938

... Wie freue ich mich immer, Dir melden zu können, daß es mir gutgeht und daß ich mich an Leib und Seele wohl befinde. Wir hatten auch schon die schönste Frühlingsfrische im März, da können uns die letzten kalten Tage mit Winterrückschlag nicht mehr bange machen. Den Winter haben wir überwunden, der Sommer steht vor der Tür. – Im Fest des auferstandenen Herrn feiern wir den Sieg des Lebens über den Tod, und unser Glaube ist der Sieg, der die Welt überwunden hat. – Wenn ich mich oft in alle Eure Sorge und Arbeit hineindenke, so bleibt mir nur die einfältige Bitte, daß Euch immer neu Kraft und Glaubensmut geschenkt werden möge. Deine Sorgen sind auch die Kinder. Wie

alle unsere Sorgen sind auch diese schon gehoben und werden getragen von dem, der besser sorgen kann als wir. Ob wohl unser Jüngstes, in soviel Unruhe hineingeboren, weiter gut gedeiht? Ob Dieter seinen Weg findet? Möge Dir nur die Freude an unsern Kindern ferner eine Quelle der Kraft und des Trostes sein dürfen! – Wie schön wird es sein, wenn wir uns einmal – wer weiß, wie bald! – wiedersehen und aneinander freuen dürfen! »Wege hat er allerwegen.« – Was werdet Ihr alles erleben an Schwerem und Schönem! Wie trägt Mutter an dem uns auferlegten Los? Grüße sie doch recht herzlich in dankbarer Liebe . . .

B., I. Ostern 1938

Rauh und unfreundlich, mit Aprillaunen wie in den letzten Wochen und Tagen ist auch Ostern (das Wetter) zu uns gekommen. Aber doch fehlen die Sonnenblicke nicht als Verheißung kommender Herrlichkeit. Auch im übertragenen Sinne ist das so: So bin ich dankbar für die Erquickung an Leib und Seele, die mir immer wieder geworden und wird unmittelbar von unserem Vater im Himmel, und Dank Eurer Liebe, die für die Kontoauffrischung und die »Ostersendung« gesorgt hat (40 M). Sehr gefreut habe ich mich auch wieder über Deinen lieben letzten langen Brief vom 1. April. An unsern beiden Gärten unter Deiner pflegenden Hand habe ich auch von hier aus meine Freude, an jedem auf eine besondere Weise. Wenn die Lehrer unsern Kindern gute Zeugnisse ausstellen dürfen, so ist das für die Eltern Freude und Genugtuung . . . Es ist Ostern, und es ist wichtig, daß wir uns spornen lassen zu einem Auferstehungsleben, das ja nur aus einer dauernden Hingabe unseres Lebens in den Tod erwachsen kann und auf

*dem Wege des Glaubens uns von Gott geschenkt wird,
des Glaubens, der mit Gott allein rechnet. Wir dürfen
dankbar unter äußerer Trübsal uns zufriedengeben mit
der hohen Botschaft und dem Glaubensinhalt unserer
christlichen Feste und so gerade zur echten Freude und
Feier kommen, die für die Christenheit durch soviel
äußere Dinge und Stimmung leicht einen zu billigen
Ersatz gefunden hatte. – Ich brauche Dir jetzt nicht
mehr zu versichern, daß ich noch gesund und munter**
bin. Laß uns in Geduld und fröhlichem Vertrauen
unsern Weg weitergehen. Auch ich will geduldig all
mein Nichtwissen von Euch und den Dingen unserer
Kirche** der allertreusten Pflege des, der den Himmel
lenkt, befehlen. Hab immer auch einen Kuß vom Vater
übrig für die Kinder.*

* Dies ist der letzte Brief, in dem »gesund und munter« unterstrichen ist.
** Auf Grund der strengen Zensur gingen nur allerpersönlichste Nachrichten durch.

Im April 1938 kam der Zusammenstoß. Dem Grüßen der Hakenkreuzfahne konnte Paul in der Freiheit entgehen. Er hat sie nie gegrüßt, weil er in dieser Fahne nicht nur das Hoheitszeichen des Reiches, sondern auch das Zeichen der Weltanschauung sah. Hier im Lager fiel er nun deshalb auf. Ob das nun auf dem Wege zur Arbeit war, wie Leikam (s. u.) berichtet, oder nach mehreren Berichten anderer Häftlinge bei einer offiziellen Feier, tut nichts zur Sache. Wahrscheinlich ist beides zutreffend. – Paul nahm seine Mütze vor der Fahne nicht ab, wird gemeldet, und kommt zum erstenmal auf den »Bock«. Der Arrest (Bunker) des Lagers Buchenwald ist nun etwa 14 Monate seine Herberge. Er ist der Willkür und dem Sadismus des SS-Scharführers Sommer ausgeliefert. Paul nennt diesen Mann in seinen letzten Tagen anderen Häftlingen gegenüber einen Mörder und Henkersknecht. Die Leiden, die in den Berichten der Buchenwald-Bücher beschrieben sind, gehen über ihn. So berichtet Notar A. Leikam über ihn:

»Im Frühjahr 1938 war es beim Ausmarsch der Arbeitskommandos aus dem Lager noch üblich, daß die außerhalb des Lagers gehißte SS-Fahne durch Abnehmen der Mütze beim Vorbeimarsch von den Häftlingen gegrüßt wurde. Diese Ehrenbezeugung lehnte Schneider als Götzendienst ab. Bei der Masse der Häftlinge wäre diese Verweigerung zunächst nicht ins Auge gefallen. Mißgunst der Häftlinge jedoch, die diesen Dienst natürlich unwillig leisteten, brachte Schneider zur Anzeige bei der SS wegen Gehorsamsverweigerung. Nun begann der eigentliche Leidensweg von Paul Schneider. Er wurde zur SS gerufen, der er freimütig seine Haltung begründete. Als erstes bekam er ›25 Stockhiebe auf den A.‹ und wurde anschließend in Dunkelarrest gesperrt, die eben bezeichnete Einzelhaft, in der er bis zu seinem Tode verblieb. Dort bekannte er der SS gegenüber unerschrocken den christlichen Glauben. – In diesem Freimut war er wahrscheinlich der einzige in Deutschland. – Er nannte also die Teufel bei Namen: Mörder, Ehebrecher, Ungerechte, Scheusale. Durch dieses Bekenntnis, dem er immer wieder die Gnade Christi gegenüberstellte und zur Buße rief, wurde Schneider abwechselnd schweren körperlichen Martern, Demütigungen und Ängsten ausgesetzt. Die körperlichen Martern bestanden in schweren Schlägen, Aufhängen am Fensterkreuz an den nach rückwärts gedrehten Armen frei oberhalb des Bodens, Essensentzug, schwarzer Bunker, d. h., Tag und Nacht wurde die Zelle völlig abgedunkelt, ohne Schlafmöglichkeit, in Angst- und Leidensschreien aus den nebenliegenden Zellen. Diese Qualzeiten wechselten ab mit relativ guten Zeiten wie helle Zelle, volles Essen, Schlafmöglichkeit, Heizung bei kalter Witterung, frei von Quälereien. – Schneider war unermüdlich, den anderen Häftlingen immer wieder Worte der Schrift zuzurufen, so vor allem morgens und abends beim Zählappell, wenn die Lagerbereitschaft vor dem Zellenbau antrat – ich selbst stand jedoch bereits außer Hörweite, doch wurde mir dies immer wieder bestätigt. An einem Januarmorgen 1939, als in dem Zellenbau zwei flüchtige Häftlinge nach ihrer Wiedergefangennahme ermordet worden waren, rief Schneider beim Zählappell: ›Im Namen Jesu Christi bezeuge ich den Mord an den Häftlingen ...‹, worauf ein weiteres Bekenntnis durch Schläge erstickt wurde. Die schlimmste Zeit für Schneider dürfte der Frühsommer 1939 gewesen sein. Während dieser Tage war er in halber Höhe an den nach rückwärts gezerrten Händen gefesselt, so daß er immer in halbgebückter Stellung verbleiben mußte. – Das Andenken von Schneider war bei allen Häftlingen ehrerbietig und des Lobes voll. Für ihn galt das Wort, daß ›seine Bande in Christo im ganzen Richthause offenbar geworden sind‹. Er ist meines Erachtens in Deutschland der einzige, der so bewußt in Überwindung der menschlichen Furcht das Kreuz Christi bis zum Tode auf sich genommen hat und unter dem Wort des Glaubens stand: ›Unser Glaube ist der Sieg, der die Welt überwunden hat.‹ Wenn einer das ›Ehrenkleid‹ Christi trägt und ›seines Leidens gewürdigt wurde‹, so Pfarrer Schneider. Ich konnte und kann seiner nur in Ehre gedenken. Wer von uns möchte sich diesem Geheimnis Christi gegenüber rühmen?«

Warum kommt er nicht mehr aus dem Arrest heraus? Die meisten Häftlinge sind doch nur kurze Tage dort, dann wieder in neuer Arbeit oder durch den Tod befreit? Er ist auch dort der Pfarrer im Amt, der Seelsorger der Bedrücktesten wie auch ihrer Peiniger. Davon wissen alle Berichte zu erzählen. – Schon bei Lebzeiten Pauls bekomme ich eine Ahnung davon, als mir ein entlassener Kamerad berichten läßt, er sei unter Pauls Zellenfenster getreten und habe Paul gebeten, sich doch zu schonen, an Frau und Kinder zu denken. »Ich weiß, warum ich hier bin«, sagt Paul. Und ein anderer Häftling, Zahnwetzer, berichtet: »Auf den gutgemeinten Rat von Häftlingen, die etlichemal einige Augenblicke bei ihm allein sein konnten, sein lautes Beten in seiner Zelle zu unterlassen, um sich den Mißhandlungen durch die SS zu entziehen, antwortete Paul Schneider, daß er nicht anders könne. Er müsse den gefolterten und mitgefangenen Gequälten Trost zusprechen, wenn sie in ihrer Verzweiflung stöhnten und jammerten . . .«

Karl Trzmiel erzählt in einem Brief vom 22. 3. 1948: »In dem Bunker, in dem sich die Dunkelarrestzellen befanden, lernte ich den Pfarrer Schneider kennen, der neben mir in der Zelle lag. Jeden Morgen hielt er für uns Häftlinge eine Morgenandacht, wofür er stets Schläge und Mißhandlungen durch die Scharführer Sommer und Pleißner einstecken mußte.

Ich erinnere mich noch ganz deutlich eines Vorgangs, als der Lagerführer Schober im Bunker erschien und dem Pfarrer mitteilte: ›Ihre Frau ist mit Ihrem jüngsten Kind tödlich verunglückt. Geht Ihnen das nicht zu Herzen?‹ Pfarrer Schneider entgegnete nach kurzer Pause: ›Gewiß, das geht mir sehr zu Herzen, aber noch weit mehr bedrückt mich die furchtbare Behandlung der Häftlinge durch Sie.‹ Lagerführer Schober erwiderte wutentbrannt: ›Das sollst du mir büßen, du Lump!‹ . . . Nun einiges aus dem Leben im Bunker (Arrest): Früh beim ersten Pfeifsignal mußte jeder austreten und sich waschen gehen. Das mußte in 5 Minuten erledigt sein . . . In der Zelle befand sich ein Bett, das am Tage an die Wand angeschlossen war; Sitzgelegenheit gab es keine. Früh bekam Ihr Mann 150 g Brot, $^1/_2$ l Kaffee oder Suppe, mittags $^1/_2$ l Essen, abends $^1/_2$ l Suppe oder Kaffee. Das Brot war für den ganzen Tag gerechnet. Ihr Mann bekam täglich nur halbe Ration. Aber es kam so oft vor, daß Ihr Mann Dunkelarrest bekam, und dann erhielt er nur jeden vierten Tag sein reguläres Essen. Schläge waren keine Seltenheit bei Ihrem Mann. Bücher gab es auch nicht zu lesen.

Als die Judenaktion war, wurde ein Häftling wahnsinniggeschlagen und bei dem Häftling Willi Mohr in die Zelle gesperrt. Als dieser sich weigerte, ihn aufzunehmen, kam der Wahnsinnige zu Ihrem Mann in die Zelle. Trotzdem hat sich Ihr Mann nicht erbittern lassen. Wenn wir zu ihm sagten, daß er den Irrsinnigen entfernen lassen solle, sagte uns Ihr Mann: ›Liebe deinen Nächsten wie dich selbst, sei hilfreich und gut.‹ Dieser Wahnsinnige starb durch eine Spritze (Himmelfahrtsspritze von uns genannt) in der Zelle Ihres Mannes...«

Er war »frei zum Dienst«, wie Präses Wilm auf seiner Schlußansprache auf dem Essener Kirchentag im Jahre 1950 ausführte: »Es hat jemand uns erzählt, wie er auf dem Appellplatz im Lager Buchenwald gestanden hat – grenzenlos allein, unheimlich gefangen und ohne Glauben –, entschlossen, in der nächsten Nacht in den elektrischen Draht zu gehen und Schluß zu machen. Da hörte man an diesem Ort des Grauens und der Verzweiflung eine laute, klare Stimme über den Platz der zwanzigtausend Gefangenen schallen. Diese Stimme rief aus dem Fenster einer Bunkerzelle heraus: ›Jesus Christus spricht: Ich bin das Licht der Welt. Wer mir nachfolgt, wird nicht wandeln in der Finsternis.‹ Das war die Stimme des rheinischen Pastors Schneider. Und der uns das erzählte, hat gesagt: ›Er hat mich durch diesen Ruf gerettet! Denn von da an wußte ich, daß doch Einer bei mir ist!‹ – Sie haben den Paul Schneider für seinen Ruf geschlagen und schließlich stumm gemacht. Aber Gott hatte ihn gesendet, Menschen zu retten ... Paul Schneider war schlimmer gefangen als alle anderen, wehrloser und machtloser als irgendein Mensch, und doch der freie

Zeuge Jesu in jener Stunde – frei, weil er wußte, daß Jesus in der Welt ist, auch für die gefangenen Brüder ... Paul Schneider konnte nur noch rufen, sonst nichts, aber er gab für sein Zeugnis seinen geschundenen Leib und sein Leben, damit die Brüder gerettet wurden, daß Menschen den Heiland sehen und erkennen. Was gibst du? Gott braucht dich, dein Herz, dein Wort, deine Tat! Der Herr fragt: Wen soll ich senden? ...«

Der österreichische katholische Geistliche Leonhard Steinwender berichtet in seinem Buch »Christus im KZ« unter der Überschrift »Die Stimme des Rufenden in der Wüste«: »Eine heroische Gestalt, zu der das ganze Lager mit ehrfürchtiger Bewunderung aufschaute, war der evangelische Pfarrer Schneider aus dem Hunsrück. Am 1. Mai 1938 wurde am Turm über dem Eingangstore des Lagers erstmalig im Beisein der Häftlinge die Hakenkreuzflagge gehißt. In langen Reihen standen die Gefangenen. Es herrschte tiefes Schweigen, bis das Kommando erklang: ›Mützen ab!‹ In den ersten Reihen seines Blockes ganz in der Nähe des Tores, unmittelbar vor dem Diensthabenden der Lagerführung, hatte Pfarrer Schneider seinen Platz. Ein Zug harter und entschlossener Energie stand auf seinem markanten Gesicht. Er konnte es mit seinem Gewissen nicht vereinen, ein Symbol zu grüßen, das im innersten Wesen und nach der letzten Ausstrahlung unchristlich war. So stand Pfarrer Schneider allein in strammer Haltung mit bedecktem Haupte vor der gehißten Flagge. Man mag über diese Haltung denken, wie man will. Kein Häftling hatte schließlich einen freien Willen, keiner beugte sich mit innerer Zustimmung vor dem Geßlerhute. Für Pfarrer Schneider aber war diese Grußverweigerung bewußter Ausdruck seines Bekennermutes.

Er wurde in den Bunker geschleppt, das berüchtigte Gefängnis im Lager, das er nicht mehr verlassen sollte. Dreizehn Monate erlitt er die Qualen dieser sadistischen Sonderbehandlung. Häftlinge, die mit ihm vorübergehend die Zelle teilten, waren erschüttert von der Seelengröße dieses tapferen Mannes. Trotz Hungerkost, die kaum ausreichte, das Leben zu fristen, verweigerte er am Freitag, dem Todestag des Herrn, jede Nahrungsaufnahme.

Vor dem einstöckigen Bunkergebäude war der große Appellplatz, an dem sich die Häftlinge täglich morgens und abends zum Zählappell, meist verbunden mit allerlei Schindereien, einzufinden hatten. An den höchsten Festtagen ertönte während der Stille des Abzählens plötzlich die mächtige Stimme Pfarrer Schneiders durch die dumpfen Gitter des ebenerdigen Bunkers. Er hielt wie ein Prophet seine Festtagspredigt, das heißt, er versuchte zu beginnen. Am Ostersonntag zum Beispiel hörten wir plötzlich die mächtigen Worte: ›So spricht der Herr: Ich bin die Auferstehung und das Leben!‹ Bis ins innerste aufgewühlt durch den Mut und die Kraft dieses gewaltigen Willens, standen die langen Reihen der Gefangenen. Es war, als hätte eine mahnende Stimme aus einer anderen Welt zu ihnen gerufen, als hörten wir die Stimme Johannes des Täufers aus den Kerkern des Herodes, die gewaltige Prophetenstimme des Rufenden in der Wüste.

Mehr als einige Sätze konnte er nie sprechen. Dann klatschten schon die Prügel der Bunkerwächter auf ihn nieder oder ein Faustschlag schmetterte seinen zermarterten Körper in eine Ecke des Bunkers. Mit seinem starken Willen und seiner unbeugsamen Härte wurde auch brutale Gewalt nicht fertig. Mehr als einmal schleuderte er dem gefürchteten Lagerkommandanten den furchtbaren Vorwurf in das Gesicht: ›Sie sind ein Massenmörder! Ich klage Sie an vor dem Richterstuhle Gottes! Ich klage Sie an des Mordes an diesen Häftlingen!‹ Und er zählte ihm die Namen der Opfer auf, die in den letzten Wochen ihr Leben lassen mußten.

Da man mit der granitenen Härte seiner Überzeugung nicht fertig werden konnte, stempelte man ihn zum Narren, den man durch Schläge zum Schweigen bringt. Über ein Jahr hatte er die Qualen des Bunkers getragen, bis auch seine Kraft der rohen Gewalt erlag. Keine heile Stelle war an seinem Körper, als man ihn tot aus dem Bunker trug. Die Todesnachricht wurde im ganzen Lager mit tiefer Bewegung aufgenommen.«

Ich durfte aber auch schon damals erfahren, daß die Kameraden nichts unversucht ließen, ihre Liebe und Fürsorge dem völlig Abgesonderten zu beweisen. Gott segne die Unbekannten! – Ob Paul wohl Frucht seines Zeugnisses sah? Wir wissen es nicht. Aber ein Pfarrer konnte nach seinem Tod in einer Predigt bezeugen: »Ein früherer Kommunist und Freidenker, der sieben Jahre im KZ war und dort durch unseren Bruder Schneider das Evangelium hörte, ließ sich taufen, als er wieder in Freiheit war. Zu dem Pfarrer, der ihn taufte, sagte er, daß er diesen Pfarrer Schneider kennenlernte und durch ihn das Evangelium, das sei die sieben Jahre KZ wert gewesen.« – Einem sonst sehr rauhen und rachedurstigen KZler, der mich kurz nach Pauls Tod besuchte, liefen beim Anblick seines

Bildes die Tränen über die Backen: »Ja, das ist er. Wir wußten alle: Der starb für seinen Glauben.« – Ein anderer Kamerad sagte abschließend in seinem Lagerbericht: »Wir brauchten keinen Sozialismus und keinen Kommunismus, wenn wir mehr Leute von der Art Paul Schneiders hätten.« – Der politische Häftling Walter Poller, der als Arztschreiber in Buchenwald beschäftigt war, schreibt von ihm: »Paul Schneider war unser Kamerad, dessen Gesinnung vielleicht nicht die unsere, aber dessen Lauterkeit und Tatchristentum über allen Zweifel erhaben war.« – Theodor Koester, der ebenfalls Häftling in Buchenwald war, berichtet unter der Überschrift »Der Pfarrer von Buchenwald« in der Rhein-Ruhr-Zeitung, Essen, Nr. 18, vom 4. 3. 1947: »Wir Häftlinge ... 20 000 Häftlinge, Juden und Christen, Häftlinge aus allen Parteien, aus allen Schichten ... alle empfinden nur das eine: Das war ein Mann, ein ganzer Kerl, einer, der von seinem Glauben überzeugt war, ein Priester! Auch die, die Gott und Kirche mit spöttischen Worten abzutun pflegten, mußten bekennen: Das war ein Mann, ein Märtyrer seines Glaubens! Er gab uns, den Ärmsten der Armen, durch seine Worte und durch seinen Tod wieder Hoffnung und Licht in das Dunkel unserer Seele.« – Und der Kommunist Hasso Grabner, Leipzig, versucht in dem Buch »Das war Buchenwald« auf seine Weise, Paul Schneider ein Denkmal zu setzen:

»In memoriam Pfarrer Schneider. Unter all den Tapferen, die bis in den Tod getreu waren, bist du nicht der Letzte, Pfarrer Schneider. In Ehrfurcht und Bewunderung haben wir, deine Kameraden, die heroische Sittlichkeit deines Herzens empfunden. Wenn wir auch unter einem anderen Gesetz antraten zum Kampf gegen die faschistische Bestie, wenn wir auch die Erlösung von dem Übel nicht im Christentum sahen, sondern im Kampf um eine diesseitige bessere Welt, so warst du uns doch wahrhaft ein Bruder und wir dir in brüderlicher Liebe zugetan. Deine Leiden waren unser aller Leiden, dein Tod unser aller tiefer Schmerz. Deine Liebe zur ganzen leidenden Menschheit, deine Liebe zu den Erniedrigten und Beleidigten, deine Liebe zu all den namenlosen Helden und unschuldigen Opfern dieses wahnsinnigen Systems ließ dich selbst zu einem Helden und Märtyrer werden, würdig jener großen legendären Gestalten, die in den Toren Roms zur höheren Ehre cäsarischen Wahns ihren Glauben mit dem Tode besiegelten. Dein unbeirrbarer Glaube an eine endgültige Gerechtigkeit verbot dir kategorisch jede Kompromißlösung, die dir die feigen faschistischen Henker, bezwungen von der gläubigen Standhaftigkeit deiner Seele, oft genug anboten. Wir haben es alle täglich gefühlt, daß es für dich keinen anderen Weg gibt als den in den Tod, und unsere Herzen sind in Stolz und Trauer mit dir gegangen. Und in Stolz und Trauer gedenken wir, die wir dem Sterben entronnen sind, heute deiner. So darf ich auch heute als Kommunist deine Geschichte all denen erzählen, die Ohren haben zu hören, und ich weiß mich eins mit dir, wenn ich sage: Dein Tod legt unsere Hände ineinander . . .«

B., 15. Mai 1938

Endlich komme ich zu dem von Dir und mir wohl gleichermaßen ersehnten Brief, mit dem ich Dir nun Deine beiden vom 13. 4. und vom 4. 5. gleich bestätigen darf. Hab Dank für alle die guten Nachrichten . . . die mich alle sehr freuten, die mir auch ein Zeichen der uns begleitenden Liebe Gottes sind. – Die vorübergehende Störung der Wetterlage Ende April/Anfang Mai hat sich wohl auch bei Euch betrüblich bemerkbar gemacht. Zuletzt schriebst Du noch so fröhlich vom Keimen und Sprießen in unserm Gärtlein; die Kälte brachte sicher Stillstand und Rückschlag. So geht es halt leicht mit all unsern Erdengärtlein, die wir säen und pflanzen. Darum ist es gut und klug, wenn wir unser Herz nicht an die Erdengärten hängen und nicht vergessen, den Garten unseres Herzens für Himmelreich fleißig zu bestellen mit den Früchten des Geistes, wozu freilich noch mehr Mühe und Geduld gehört als für die Erdengärten. Jetzt scheint die Maiensonne um so wärmer und hat in drei Tagen den Buchenwald um uns herum gar herrlich eingekleidet; wie Ihr und unsere Bauern, so darf auch ich mich ihrer freuen. Irmgards* Treue ist ja wahrhaft rührend; ich bin ihr so herzlich dankbar für ihren schwesterlichen Beistand und freue mich, daß die Entfernung von Barmen zum Hunsrück so kurz geworden ist. In meiner armen Gatten- und Vaterliebe, die sich oft innig nach Euch sehnt, weiß ich mich so auch durch Menschen reich ersetzt und getröstet.

---

* Irmgard Humburg. Paul entnahm daraus, daß der Bruderrat der BK im Rheinland treu zu uns stand.

B., 19. 6. 1938

*Durch ein Mißverständnis, das sich aus meiner jetzi-
gen besonderen Lage ergibt, komme ich erst heute nach
meinem letzten Brief vom 15. Mai wieder zum Schreiben. Entschuldige, soweit ich daran schuld bin und
Dich in Sorge gebracht habe. Ich darf Dir mitteilen, daß
ich noch gesund und munter bin. Wir wollen auch für
die Zukunft der gnädigen und wunderbaren Durch-
hilfe unseres Gottes vertrauen, aber auch allezeit bereit sein, den reichen Ersatz unserer menschlichen
Liebe, von dem ich Dir schrieb, in IHM anzunehmen,
der doch mehr ist als ein bloßer Ersatz. Verzeihe, wenn
ich Dir mit dem Ausdruck wehe getan habe. Ich war
mir dabei wirklich meiner armen Liebe bewußt, die Dir
und den Kindern viel Freundlichkeit, Sonne und Liebe
schuldig geblieben ist, die Euch »ersatzweise« freilich
jetzt durch andere so reichlich zufließt. Und nun danke
ich Dir für Deinen Brief vom 19. Mai, den ich bekam,
und auch für den späteren, aus dem ich mich wenigstens über die Kinder und andere persönliche Nachrichten freuen durfte. Hoffentlich hast Du Mariele bald
oder schon jetzt zur Hilfe . . . Schicke bitte kein Geld
mehr. Ich befehle mich dauernd Eurer Fürbitte, daß ich
meinen Weg recht gehe . . .*

B., 13. Juli 1938

*Meinen noch immer unveränderten Umständen ent-
sprechend beantworte ich Dir heute gleich wieder zwei
Briefe, nachdem ich den vom 7. ds. Mts. heute erhielt.
Hab herzlich Dank für alle Freude und Stärkung, die Du
mir damit gibst. Du mußt nicht denken, daß es mir
schlecht gehe. Über mein Aussehen wärest Du gewiß
zufrieden, und daß der Mut immer wieder getrost und*

fröhlich wird, dafür sorgt durch die Hilfe auch Eurer Fürbitte ja ein anderer. Mit Recht* erinnerst Du Dich der Zeit vor einem Jahr, wie ich auch besonders gern zurückdenke an alles Schöne, was Gott uns da gab, von der glücklichen Geburt unseres Sechsten an bis zu den schönen, gemeinsamen Urlaubstagen in Baden-Baden und Eschbach mit den Kindern. Das wollen wir jetzt nicht vergessen und uns noch ferner ausrichten lassen mit Geduld, die ja ein köstlich Ding genannt wird. Dann wird also die Zeit der Trennung, die leicht noch lange dauern kann, uns beiden und uns allen zum besten sein, wie wir das zum Teil schon spürbar erfahren haben. – Eure Freude ist auch die meine, daß unser Haus wieder einen Liebesbund hat stiften helfen dürfen. Ich wüßte ja nicht, an wen wir unsere liebe Tutti lieber wären »los«-geworden als an den guten Onkel**, bei dem sie doch so ganz die »Unsre« bleibt. Sorg nur als gute »Schwiegermutter«, daß die Liebesleute bald heiraten, wenn das »Besserkennenlernen« genügend besorgt ist, daß es in der Ehe seine Fortsetzung findet. Leicht findet sich bei den Freunden in Womrath eine Wohnung. Meine herzlichen Segenswünsche sind ihnen längst zugeflossen. – Auch das übrige, wovon Du schreibst, macht mich so froh, als wenn ich dabeigewesen wäre. Dankbar quittiere ich alle Grüße an die Freunde nah und fern . . .

B., 12. August 1938
Zu unserem zwölfjährigen Hochzeitsjubiläum sind wir zwar äußerlich hart getrennt und in Trübsal, aber

---

* Wohl ein Hinweis auf seine Einzelhaft.
** Pauls Stellvertreter in Dickenschied, Hilfsprediger Leo Kemper.

im Geist und Glauben doch fest und näher verbunden als je, darum dürfen wir diesen Tag doch begehen mit Dank und Freude in Gott. Während ich schreibe, bist Du mit den Kindern und Leo auf der Reise. Von Herzen freue ich mich Eurer Pläne, daß Du von der Dikkenschieder Atmosphäre aufatmen und ganz Deinen Kleinsten leben kannst, die die Mutter am nötigsten brauchen; laß Dir darum auch andere Aufgaben nicht zu schwer werden. Gott geleite Euch heute, gebe Euch fröhliche Ankunft und schöne und gesegnete Ferientage! Mutter und den lieben Geschwistern bin ich herzlich dankbar, daß sie Euch den Urlaub bereiten ... Hoffentlich trägt es zum Genuß des Urlaubs bei, zu wissen, daß es mir unverändert – ich darf wohl sagen – gutgeht. Ich habe auch eine ganz kleine Aufgabe und bin noch gesund und munter ...

B., 21. September 1938

Mit großer Freude habe ich Deinen lieben Brief vom 8. 9. am 14. 9. erhalten, nachdem ich Dir den letzten vom 9. 8. am 12. 8. beantwortet hatte. Ich weiß aber auch, daß Du an und zu meinem Geburtstag meiner gedacht hast, und danke Dir recht herzlich für alle Liebe. Nun wird unser Büblein unter Gottes Schutz und Bewahrung auch ins Leben hinauslaufen lernen, nachdem Du, liebe Kindermutter, es unter solchen Umständen hast auf die Beine stellen helfen. – Mein Evmariechen ist schon 9 Jahre alt geworden; ich habe seiner zum 1. September herzlich gedacht und freue mich nun der Blockflöte mit. Unser guter Hirte wird es auch in seinem Lebensjahr wohl bewirten und mit Segen und Behütung begleiten auf allen Wegen zum Spiele und zur Schule. Wie werde ich mich erst freuen, wenn ich

meinen mir noch so fremden Buben und mein großge-
wordenes Töchterlein wiedersehen darf! Hoffentlich
kann Dieter bald mit Evmarie um die Wette flöten. Wem
sollen dann die schönsten Lieder klingen? Die liebe
Sophie tut mir herzlich leid; sie soll sich nur schonen
und ruhen! ... Über die lange Schreibpause sorge
Dich nicht. Du weißt mich ja in guter Hand, ich bin
noch gesund und munter...

B., 4. 10. 1938

Jetzt ist es gerade ein Jahr, daß wir nach den schönen
Urlaubstagen wieder voneinander getrennt wurden. Wir
ahnten, daß die Trennung diesmal ernster und länger
sein würde; wie schwer sie ist, das spüren wir jetzt. Aber
wir wollen tapfer sein und weiter den Weg gehen, den
wir uns von Gott geführt glauben. Vielleicht, daß wir
den Segen der Trübsal schon bald in neuem Beieinan-
dersein genießen dürfen, wo ich Dir dann ein ordent-
licherer und liebevollerer Ehegatte sein will. Vor allem
aber geschieht uns die zeitliche Trennung ja darum,
daß wir uns ewig wiederhaben sollen. – Ich schrieb Dir
zuletzt vor 14 Tagen. Seitdem geht es mir im ganzen
unverändert, ich bin noch gesund und munter. – Was
werdet Ihr nach dem Urlaub in D. wieder erlebt haben?
Meinen Vorschlag für Leo betreffs baldiger Heirat
meinte ich ernst, die beiden sind ja alt genug, und die
Existenzfragen sind uns doch eigentlich recht klein geworden und gar nicht mehr vorhanden, wo uns etwas
zur Glaubensfrage geworden ist. Den Lieben grüße ich
besonders herzlich in der Zuversicht, daß er mein Fern-
sein an den unmündigen Kindern reichlich erstattet ...
Wie sehne ich mich, mit meinen Kinderlein fröhlich zu
sein! Mit warmem Herzen gedenke ich Euer ...

B., 18. 10. 1938

Hab herzlichen Dank für Deinen lieben Brief, den ich vorgestern als eine rechte Sonntagsfreude erhielt. Wie froh bin ich, daß es Euch noch allen gutgeht und daß so mancherlei erfreuliche Abwechslung ins Haus kommt, durch die sich auch das Schwere wieder leichter trägt. Daß ich so liebe, fleißige Kinder habe, ist mir auch hier ein rechter Trost. Wie lebhaft kann ich mir den Kartoffelacker vorstellen mit all dem kleinen Kinder- und Weibsvolk und mit dem karstschwingenden Hünen dazwischen! Sicher schmecken die Pellkartoffeln nachher doppelt! . . . Auch was Du von Luise schreibst, freut mich. Wie war aber der Liebste so schnell gefunden!? . . . Ich merke, Liebste, daß Dir das Warten oft recht schmerzlich ist. Hoffentlich hat Dir inzwischen ein Brief von mir ein wenig Trost bringen dürfen. Wir wollen doch froh und dankbar sein, daß ich Dir nach einem langen Jahr noch gesund und munter und soweit auch immer wieder fröhlich und getrost meine Grüße schikken darf. Es darf ja nicht schwerer kommen, als wir tragen können, diese Zusage haben wir. Für alles, auch für unser eigenes Reifen und Wachsen, weiß Gott allein die rechte Zeit . . .

B., 20. März 1939

Wie bin ich froh, daß ich Dir wieder schreiben und ein Lebenszeichen von mir geben darf! Gott sei Lob und Dank! Noch bin ich gesund und munter, was ja auch bei Euch allen der Fall ist, wie ich einem Brief von Dir vom 17. Februar* entnehmen darf; auch dafür will ich

---

* Meine anderen Briefe waren zurückgekommen: »Adressat hat bis auf weiteres Postsperre!«

von Herzen Gott dankbar sein, weiß ich doch, wieviel mehr ich Euch durch die lange Nachrichtenpause habe zu tragen und zu sorgen gegeben als mir selbst. Dafür ist nun unser Weg der Trennung und Trübsal ein gutes Stück weiter gefristet; ich ersehe das aus den anderen Nachrichten Deines Briefes vom 17. 2. über die größer werdenden Kinder, vor allem über Dieter. Ich machte mir viel Sorge über ihn. Über diese Lösung bin ich sehr froh. Grüße die guten Lutzes mit dem allerherzlichsten Dank und vor allem auch den lieben Buben selbst*! Wie manchen Festtag haben wir nun im Geiste miteinander verbunden im vergangenen Halbjahr miteinander feiern dürfen ... Hoffentlich hat es Euch an Lob und Dank und Freude dennoch nicht gefehlt, wenn auch mit Schmerzen in den Herzen. – Ihr meine Lieben! Wir wollen uns die Zeit nicht zu lang werden lassen. Ihr kennt eine alte Geschichte, wo einer um seine Liebste diente sieben und noch einmal sieben Jahre, und die Jahre deuchten ihn wie Wochen, so lieb hatte er sie; so darf auch uns die Liebe zueinander und die größte Liebe, von der wir wissen, die Trübsal kürzen. Einmal kommt der Tag, wo wir befreit ...

Karte vom 5. 4. 1939
Euch und allen Freunden ein recht gesegnetes, fröhliches Osterfest! Unserm »Großen« frohe Ferien! Er wird sein Mütterlein darüber trösten, daß er gewöhnlich ihr so ferne ist. Unser »Dicker« wird auch wieder zu Hause sein und unser »Goldiges« beim Osterhas-Suchen zum erstenmal mittun. Onkel wird auch den

---

*   Dieter war seit Januar 1939 im Pfarrhaus Lutze in Barmen, um von dort aus das Gymnasium in Elberfeld zu besuchen. In dieser Anstalt war es möglich, ihn nicht in die Hitlerjugend einzugliedern.

Großen und anderen Kindern die Ostereier gut verstek-
ken. Auch Brief vom 16. 3. erhalten.

B., 9. 5. 1939 (Postkarte)
Dein Brief vom 25. 4. wurde mein Osterbrief, herz-
lichen Dank! Ich weiß nun von Eurer Osterfeier und
Deiner Koblenz-Reise. Freue mich über alles Leben
und allen Trost, die bei Euch kräftig sind. Grüße die
Freunde, die Dir so Gutes taten, herzlich! Dieter nach-
träglich herzlichste Segenswünsche des Vaters ins neue
Lebensjahr! Sein Weg und Lernen ist mir Trost und
Freude. Lutzes wieder herzlichen Dank für alle Güte!
Laß uns weiter in Geduld und Zuversicht warten auf
den rechten Ausgang unserer Trennung . . .

B., 8. Juni 1939
Dein Pfingstbrief war wieder ein rechter Kinderbrief.
Herzlichen Dank! Auch über die eigenhändigen Grüße
der Kinder freute ich mich sehr, sehe ich doch daraus,
wie sie lernen und wachsen, wenn mir die Zeit oft stille-
zustehen scheint. Wenn ich wiederkomme, will ich ihnen
auch »einen schönen Jahrmarkt« mitbringen. Mit Scho-
kolade allein ist es da wohl nicht getan, wenn der große
Bruder die schon in die Ferien mitbringt. Ja, Liebste,
Deine Kinderbriefe sind mir lieb und wert, weil Deine
wache Liebe und Sorge unsere Sechse frisch und ge-
sund in die Zukunft marschieren und als frohe Tröster
zu mir reden läßt. Dazu sind sie uns ja die Unterpfän-
der unserer in Gottes Treue gegründeten Ehe und
Liebe und dürfen mithelfen, daß das »Wetter, das auf
uns zu schlahn gekommen ist, und alle Betrübnis und
Pein« unserer Liebe Verknotigung sind. Mit Dir hoffe
ich zuversichtlich, daß sich die jetzt schmerzende und

blutende Familienwunde bald wieder schließen wird und daß die Kinder nicht vor dem Vater davonlaufen werden; schon aus diesem Grunde wird er diesmal auf Schnurr- und andere Bärte verzichten. Laß indessen immer neu mit Geduld uns wappnen. Leos und Tuttis Heiratspläne kenne ich zwar nicht, aber heiße sie von vornherein gut, wie Ihr ja wißt. Der liebe gute Onkel soll sich auf die Länge nicht immer nur als Vizevater betrachten, sondern auch sein Eigenes bauen ohne Beschwernis. Es wird das in aller Interesse sein nach dem, wie es heißt: Der eine säet, der andere schneidet bzw. kommt ja zuerst das Begießen, zumal in diesen heißen Tagen. Wir wissen ja auch nicht, wie sich alles in die Zukunft wendet und löst ... Auf meine Weise hatte ich auch fröhliche und gesegnete Pfingsten; der Geist Gottes wehet, wo er will. Ich bin gesund und munter. Möchtest Du nicht mehr zu viel und zu lange Trübsal haben um mich ...

B., 18. Juni 1939

... Halte mir die Torheit zugute, wenn ich im letzten Brief mit unserer menschlichen Hoffnung zuviel an Gottes gerechten, heiligen und für uns heilsamen Wegen herumgeflickt habe; in der »lebendigen Hoffnung« müssen wir es ja immer neu üben und lernen, den eigenen Wünschen abzusagen und unserem Herrn nachzufolgen ...

B., 3. Juli 1939

Meine liebe Gretel*!

Vorgestern schon erhielt ich Deinen lieben Brief aus Oberstdorf mit Grüßen von Sophie, Mariele und den vier Trabanten. Für Brief und alle Grüße herzlichen Dank. Es freut mich sehr für Dich, daß du mit Evmarie als kleinen Ausgleich neben allem Schweren die schönen Ferientage genießen darfst dank der Güte der Freunde und auch des lieben Mariele, die Dich zu Hause vertritt. Wie freundlich ist Gottes Führung! Und das Töchterlein darf auch schon in die Berge. Wenn sich die liebe Mutter erholt und gestärkt hat, langt es vielleicht doch noch auf einen kleinen Berg. Hoffentlich bleibt Euch das Wetter treu. Wie schön war es vor 13 Jahren, Du Liebe**! Gott gebe, daß wir auch noch einmal miteinander nach Süden in den Urlaub fahren dürfen. Die vielen Besuche halten ja unser Haus in Atem und helfen Dir gewiß auch leichter über die Zeit hinweg. Grüße Leos Eltern mit ihm herzlich. An Herbert Mayer kann ich mich wohl mit gutem Zutrauen erinnern. Grüße auch ihn herzlich. Das Zusammenwohnen mit dem jungen Paar nachher stelle ich mir gemütlich und vergnüglich vor, eine Zeitlang! Dank den Lieben, daß sie dies Opfer bringen. – Mutter wird die Trennung von Konrad sicher noch schwer. Schade, daß sie nicht zu uns ziehen kann und unser eigenes Häuschen noch nicht soweit ist! Wie ist sie doch im Alter noch so umgetrieben: »Meine Zeit in Unruhe . . .« Wie fliegen auch für uns Jüngere über der Trübsal die Wochen und Monde da-

---

* Diesen letzten Brief bringe ich im vollen Wortlaut, während in den anderen persönliche Anrede und Grüße an Familie, Freunde und Gemeinde z. T. gekürzt wurden.

** Auf der Hochzeitsreise.

hin! Möchten wir nur auch lernen und reifen an dem, was uns aufgegeben wird, und überwinden! — Nun wünsche ich dem Brief so schnellen Lauf, wie der Deine nach hier hatte. Grüße auch Deine lieben Gastgeber herzlich und dankbar. Sei mit dem Töchterlein mit herzlichem Gottbefohlen für die Ferientage und eine glückliche Heimkehr in inniger Liebe gegrüßt! D.P.

Daheim

»Er ist nun erlöst, er darf schauen, was er geglaubt, er ist daheim. Die Krone des Lebens krönt die Treue bis zum Tod. Er mußte vielen durch sein Zeugnis zeigen und sagen, um was es geht, und Gott hat ihn gewürdigt, zu leiden. Das Neue Testament spricht von dieser Würde des Leidens, sie ist nicht umsonst. Sie ist ein Zeigefinger höher hinauf, dorthin, woher die Würde verliehen und wo die Krone des Lebens gegeben wird.«
(Karl Barth in einem Brief am 3. 8. 1939)

Am 14. Juli kehrte ich mit der kleinen Evmarie von der Oberstdorfer Reise zurück. Die nächsten Tage waren ausgefüllt durch Besuche, die mit der Abreise des Hilfspredigers zusammenhingen. Daß er vom 18. Juli ab zur militärischen Übung einberufen war, wußte Paul. Es wurden aus dem Vierteljahr Übung 6 Jahre Kriegsdienst. Durch diese Abreise verspätet, hielten wir an diesem Tage erst zwischen zehn und elf Uhr die Morgenandacht über die Losung des Tages: »Der Mensch sieht, was vor Augen ist, der Herr aber sieht das Herz an.« Das Lied »O Durchbrecher aller Bande« war dazu in unserem Andachtsbuch vorgeschrieben. Dieses Lied, besonders seine beiden letzten Verse, begleiteten mich in den nächsten Tagen.

»Ach wie teur sind wir erworben,
nicht der Menschen Knecht zu sein.
Drum, so wahr du bist gestorben,
mußt du uns auch machen rein,

rein und frei und ganz vollkommen,
nach dem besten Bild gebildt;
der hat Gnad um Gnad genommen,
wer aus deiner Füll sich füllt.

Liebe, zeuch uns in dein Sterben;
laß mit dir gekreuzigt sein,
was dein Reich nicht kann ererben;
führ ins Paradies uns ein.
Doch wohlan, du wirst nicht säumen,
laß uns nur nicht lässig sein;
werden wir doch als wie träumen,
wenn die Freiheit bricht herein.«

Abends um halb sieben Uhr bekam ich folgendes Telegramm: »Paul Schneider, geb. 29. 8. 97, heute verstorben. Falls Überführung auf eigene Kosten erwünscht, Antrag innerhalb 24 Stunden an das Bestattungsamt in Weimar, sonst Einäscherung. Lagerkommandant Buchenwald.« (Nach amtlicher Mitteilung ist der Tod 10.40 Uhr eingetreten.) Noch in derselben Nacht fuhr ich nach Weimar.

Aus den verschiedensten Mitteilungen der Kameraden geht hervor, daß Paul in den letzten Monaten seiner Haft durch ein Herzleiden sehr geschwächt war. Wir können aus seinen Briefen u. a. feststellen, daß er im letzten Brief den ständigen Ausdruck »gesund und munter« nicht mehr gebraucht hat. – Brief von H. Mißlitz: »In den letzten Monaten stellte sich Herz- und Kreislaufschwäche ein, die vor allem in den Füßen Wasser zur Folge hatte. Letztere hatte natürlich auch das lange Stehen bei Fesselungen zur Ursache gehabt. Zuerst kümmerte man sich nicht um die zunehmenden Krankheitserscheinungen und ließ ihm keinerlei Pflege zuteil werden. Erst kurz vor seinem Tode wurde er unter Bewachung von Sommer oder einem anderen Massenmörder ins Revier gebracht. Die Häftlingssanitäter haben zweifellos, wie in anderen solchen Fällen, auch ihr Bestes getan. Mit ambulanter Behandlung ist in solchen Fällen natürlich nichts getan. Ein Freund von mir, Helmut Thiemann aus Werdau/Sa., half Pfr. Schneider bei den Besuchen des Reviers durch Rotlicht u. a., was nur irgendwie in seinen Kräften stand. Das Ende ist Ihnen bekannt.« – Walter Poller: »Im Sommer 1939 bekam ich Paul Schneider zum erstenmal aus nächster Nähe zu Gesicht. Er wurde von dem SS-Scharführer Sommer plötzlich in das Häftlingsrevier gebracht. Welch ein Anblick! Niemals habe ich die tiefe Tragik des Pilatuswortes ›Ecce homo‹ erschütternder gefühlt. Das große, edle, fahlgelbe Gesicht mit den hellen, offenen Augen, leidzerfurcht und doch voll jener Verklärung, die edelstes Menschentum und entschlossener Wille auf jede Kämpferstirne legt. Der Körper abgemagert zum Skelett, die Arme unförmig geschwollen, an den Handgelenken blaurote, grüne und blutige Einschnürungen, und die Beine – es waren keine Menschenbeine mehr – es waren Elefantenbeine – Wasser! Wir, die wir viele, viele Häftlinge schon hatten an Kreislaufstörungen sterben sehen, standen vor einem Rätsel: Wie war es möglich, daß dieser Mensch noch lebte? Daß er in diesem Zustande, zwar unbeholfen und wankend, aber doch noch aus eigener Kraft den langen Weg über den großen Appellplatz, durch die endlos lange Barackenreihe und durch den Wald hinunter ins Häftlingsrevier zu gehen vermocht hatte?! . . .«

Auf einem dieser Gänge ins Revier hatte Paul eine Begegnung mit einem Koblenzer Kameraden, Peter Probst. Sie konnten einige Worte miteinander reden. Paul sagte etwa: »Ich habe dicke Füße und auch schon Herzwasser. Es ist keine Stelle an mir, die nicht blau geschlagen wäre. Man hat mir Spritzen gegeben; seit der zweiten Spritze ist das Herz furchtbar unruhig. Ich werde wohl nicht mehr lange leben. Ich will dich zum Abschied segnen und auch für dich beten, daß du auf den rechten Weg kommst.«

Über Pauls Tod sind wir uns soweit klar, daß er durch den Lagerarzt vorsätzlich durch eine überdosierte Strophantinspritze und darauffolgende intensive Lichtbestrahlung herbeigeführt wurde, wie W. Poller in seinem Buch »Arztschreiber in Buchenwald« (S. 158 ff.) berichtet. – Alfred Leikam bestätigt dies insofern, als er persönlich mit einem Chemiker (Häftling) gesprochen hat, der die Sektion des Herzens vorgenommen hatte. Das inoffizielle Ergebnis dieser Sektion war: Getötet durch zuviel Strophantin.

Die Häftlinge Poller und Peix haben am 19. Juli nach unserem Anruf aus Weimar auf Befehl der Lagerleitung Paul in einer Autogarage aufgebahrt. Ich durfte Pauls Antlitz noch einmal kurz sehen. Er war nicht geschminkt, wie es in etlichen Büchern steht, jedoch leicht gepudert. Um seinen Kopf lagen rote und weiße Blumen, die die Schnittwunden der Obduktion verdecken sollten; der Körper, auch seine Hände waren zugedeckt. Auf Pauls Gesicht lag der Friede und die Hoheit der Erlösten. Ich durfte Paul in diesem kurzen Augenblick mit den Augen des Glaubens sehen: »Rein und frei und ganz vollkommen nach dem besten Bild gebild't.« ... »Wie selig die

Ruhe bei Jesus im Licht, Tod, Sünden und Schmerzen, die kennt man da nicht.«

Mein Begleiter, Pfarrer Gerhard Petry, sprach: »Weil du vom Tod erstanden bist, werd' ich im Grab nicht bleiben; mein höchster Trost dein Auffahrt ist, Todsfurcht kann sie vertreiben. Denn du bist mein und ich bin dein, und wo du bist, da werd' ich sein, drum fahr ich hin mit Freuden«, und betete das Vaterunser. – Bei diesem kurzen Wiedersehen waren der Lagerführer, der Lagerarzt Dr. Ding und ein Stapoinspektor zugegen, die mich vorher mit ausgesuchter Höflichkeit begrüßten und mir allerlei über die Krankheit und über den sie überraschenden Herzkollaps erzählten. Dr. Ding behauptete, daß er sich alle Mühe gegeben hätte, aber auch mit der letzten Spritze sei meinem Mann nicht mehr zu helfen gewesen. Ich wisse ja wohl, daß er herzkrank gewesen sei, was ich verneinte. Dr. Ding habe die Obduktion der Leiche angeordnet, um sich dadurch über die Todesursache selbst klarzuwerden. Es sei einwandfrei ein Herzschlag gewesen, und an seinem Gesicht würde ich ja erkennen, daß er einen leichten Tod gehabt hätte. – Paul wurde von den genannten Häftlingen in unsern mitgebrachten Sarg gelegt und der Sarg siebenfach versiegelt, während ich im Geschäftszimmer des Stapoinspektors die Formalitäten erledigte. Der Stapoinspektor bot mir an, meine etwaigen Fragen zu beantworten. Ich wollte nun also wissen, warum mein Mann 5¹/₂ Monate nicht geschrieben: »Er war so störrisch und wollte nicht schreiben.« Darauf ich: »Im ersten Brief nach dieser langen Pause schrieb er aber: ›Wie bin ich froh, daß ich wieder schreiben darf!‹«

Oder: Ob mein Mann eine Bibel gehabt hätte: es

wurde zuerst unklar bestätigt, dann aber verallgemeinert: »Wir haben in unserer Lagerbücherei 2000 Bücher.« – Der Inspektor behauptete auch, er hätte die Freilassung meines Mannes schon daliegen, nur eine kleine Bedingung: nicht mehr ins Rheinland zurückzukehren, wäre damit verbunden. Die hätte mein Mann abgelehnt.

Bald habe ich mit Fragen aufgehört, da mir doch alles fraglich erschien und meinen Begleiter ohnehin diese Atmosphäre verstummen ließ.

Es wurde mir zur Auflage gemacht, den Sarg nicht mehr zu öffnen und auch nicht in einem Privathaus unterzustellen, wohl aber erlaubt, ihn in der Dickenschieder Kirche bis zur Beerdigung aufzubahren.

So konnte ich also den Kindern das Gesicht ihres lieben Vaters nicht mehr zeigen und konnte nur einen versiegelten Sarg mit heimbringen. Schon erreichten wir auf schneller Fahrt den Rhein, den geliebten Hunsrück. Nun galt für Paul Schneider keine Ausweisung mehr! Aber mitten in der Nacht wurden wir von der Polizei doch noch einmal aufgehalten: Der Sarg durfte nicht nach Dickenschied, sondern mußte in die Kapelle des Krankenhauses Simmern gebracht werden. Eine ernste Weihe lag dort über den beiden folgenden Tagen. Der, den man hier noch einmal seinen Gemeinden entriß, war den Schwestern wohlbekannt und ein Bruder in Christo. – Als der Sarg am 21. 7. beim Mittagläuten freigegeben wurde, war eine kleine Gemeinde unter Gottes Wort und Gebet versammelt, und der Schwesternchor sang für den Heimgegangenen: ». . . Herr, habe Dank, ich bin am Ziel.«

Unser Dickenschieder Kirchlein hielt sich in der Nacht der Überführung bereit, den heimkehrenden

Pfarrer zu empfangen. Feierlich war es mit weißen Lilien geschmückt worden, feierlich harrend sah die Gemeinde der Ankunft entgegen. Sobald der Sarg über die Gemarkung käme, sollten die Glocken ihn grüßen. Die Trostlieder Paul Gerhardts verkürzten die Zeit und nahmen die traurigen Menschen mit hinein in die Geborgenheit: »Gib dich zufrieden und sei stille in dem Gotte deines Lebens ... Er wird uns bringen zu den Scharen der Erwählten und Getreuen ...« – Still gingen die Menschen in ihre Häuser, als ich allein zurückkehrte.

Ich bat um ein Grab für den Heimgekehrten neben dem hundertjährigen hohen Holzkreuz in der Mitte des alten Teiles des Friedhofes. Jedes Haus stellte nun eine Arbeitskraft bereit, um das überwucherte Land von Gebüsch und Hecken zu befreien, und bald lohten hohe Feuer auf dem weiten, leeren Gelände. Ich ahnte noch nicht, daß es am andern Tage von einer großen Gemeinde völlig ausgefüllt wurde! – Auch unsere Frauen rüsteten für viele Gäste: In selbstverständlicher Zugehörigkeit buken sie gemeinsam das Hunsrücker Leichengebäck und sorgten mit den herbeigeeilten Pfarrschwestern für alles Nötige.

In Womrath war am Donnerstagabend der reguläre Bittgottesdienst angesetzt. Bruder Lutze von Barmen sprach über Römer 11, 33–36 zu der Gemeinde:

»O welch eine Tiefe des Reichtums, beides, der Weisheit und Erkenntnis Gottes! Wie gar unbegreiflich sind seine Gerichte und unerforschlich seine Wege!

Denn wer hat des Herrn Sinn erkannt, oder wer ist sein Ratgeber gewesen?

Oder wer hat ihm etwas zuvor gegeben, daß ihm werde wiedervergolten?

Denn von ihm und durch ihn und zu ihm sind alle Dinge. Ihm sei Ehre in Ewigkeit! Amen.

Immer schon seid Ihr in der Woche zusammengekommen, um fürbittende Hände zu erheben. Ihr habt Fürbitte getan für Volk und Obrigkeit, Fürbitte für die Kirche, ihre Not und ihre Bedrängnis. Vor allem habt Ihr Fürbitte getan für Euern Pfarrer. Zwei Jahre war er nun von Euch getrennt. Es war eine schmerzliche Trennung. Ihr hingt aneinander.

In den drei Jahren, da er unter Euch war, seid Ihr in einer ganz seltenen Weise miteinander verbunden gewesen. Das ist auch der Grund gewesen, weshalb er sich außerstande sah, dem Ausweisungsbefehl zu folgen. Noch im Lager hat er erklärt: ›Ich kann die Ausweisung nicht annehmen, ich bin zu sehr mit meiner Gemeinde und meine Gemeinde ist zu sehr mit mir verbunden.‹ Diese Verbindung ist nicht geringer geworden in den zwei Jahren, da Ihr voneinander getrennt waret – Im Gegenteil, sie ist durch Eure Gebete nur enger geworden. *Nichts schweißt so zusammen wie die Fürbitte.* Das wußtet Ihr: Euer Pfarrer betet. Er hat es einmal aus dem Gefängnis geschrieben: ›Ich bete die Gemeinde durch.‹ Und das wußte er: Meine Gemeinde betet für mich, und um diese Gemeinde schart sich ein großer, unübersehbarer Kreis von Betern, ein Heer von Betern, das wir nicht kennen, aber Gott kennt es, und das ist genug. So waret Ihr durch tausend Fäden mit ihm verwoben. Und wofür habt Ihr gebetet? Daß Euer Pfarrer gesund bliebe! Daß er die Kraft bekäme, äußerlich und innerlich alles gut zu überstehen! Und vor allem, daß er wieder frei würde, daß Ihr ihn wieder bei Euch hättet.

Daß Ihr sein strahlendes Gesicht, sein leuchtendes Auge wieder sehen, seine fröhliche Stimme wieder vernehmen und besonders, daß Ihr seine Predigt wieder hören könntet: das teuere Evangelium aus seinem Munde!

Nun ist Euch mit einem Schlage alles zerstört worden. Ach, wie oft habt Ihr es Euch ausgemalt, wie es wäre, wenn er wiederkäme! Nun ist er wiedergekommen. Als ein Toter ist er wiedergekommen. Jäh wie ein Blitz ist die Todesnachricht bei Euch eingetroffen. Er hatte zuletzt noch so fröhlich geschrieben. Da kam der Tod, das treue Herz hat aufgehört zu schlagen. Es konnte nicht mehr. Es war zu schwach geworden. Es zerbrach. Da sind uns die Worte des Apostels aus dem Herzen geschrieben: ›Wie unbegreiflich sind deine Gerichte und wie unerforschlich deine Wege!‹

Wir wissen nicht, warum es geschah. Wir können es nicht begreifen. Mit all unseren Gedanken können wir das Dunkel nicht durchdringen. Es steht vor uns wie eine unübersteigbare Wand, über die wir mit unseren Meinungen, Hoffnungen, Wünschen, Träumen nicht hinüber können. *Gottes Wille kennt kein Warum.* Das ist hart für uns Menschen. Wir bilden uns soviel auf unseren Verstand ein. Wir meinen, wir wüßten alles, wir könnten alles, es gäbe nichts, was wir nicht fertigbrächten. Ja, wir denken sogar, wir könnten Gott Vorschriften machen und hinterher Vorwürfe, wenn Er sich nicht genau so verhalten hat, wie wir es wünschten. Aber, so sagt der Apostel, »Wer hat des Herrn Sinn erkannt, oder wer ist sein Ratgeber gewesen?« Ja fürwahr, »unbegreiflich sind Seine Gerichte und unerforschlich Seine Wege«. Mit königlicher Freiheit geht Gott über alle unsere Gedanken hinweg. Gottes Wille kennt kein Warum.

Aber zugleich wollen wir uns auch das andere sagen lassen: Gott *macht keinen Fehler.* Das war das Wort, das mir gestern einer in Barmen unter Schluchzen sagte, als er die Todesnachricht empfing: Gott macht keinen Fehler. Unser Apostel spricht von »der Tiefe des Reichtumes der Weisheit und Erkenntnis Gottes«. Der Ratschluß Gottes ist wie ein tiefes Meer, dem wir mit dem Senkblei unseres Verstandes niemals bis auf den Grund kommen. Aber dieser Ratschluß ist ein weiser Ratschluß. Es ist mit dem Menschenleben wie mit einem Teppich: Wenn wir ihn von unten sehen, laufen die Fäden kreuz und quer durcheinander, aber von oben her schauen wir ein schönes Gebilde. So dürfen wir gewiß sein: Gott hat in Seiner Weisheit auch das Leben unseres Bruders Paul Schneider gewebt, und wie Er es gewebt hat, ist es recht.

Aber mehr noch – Gottes Ratschluß ist ein barmherziger Ratschluß. Sein Strafen ist nicht nur Weisheit, sondern Liebe. Er hat Euern Pfarrer Paul Schneider liebgehabt, so wie Er uns alle liebhat, Seine Freunde und Seine Feinde. Hat Er doch in Seiner Liebe Seinen eingeborenen Sohn für uns alle in den Tod gegeben. Wie sollte Er uns mit Ihm nicht alles schenken? Vielleicht hat Er sogar Euern Pfarrer ganz besonders liebgehabt, weil Er ihn auf dem Weg der Kreuzesnachfolge soviel hat leiden lassen. Um diese Liebe dürfen wir wissen – wissen mit der Gewißheit des Herzens. Und diese Gewißheit dürfen wir festhalten, unerschütterlich. So können wir Herr werden über alle Verbitterung, die immer wieder in uns aufsteigt, Herr werden über alle Anklagen, die sich uns immer wieder auf die Lippen legen, Herr über allen Trotz und über alle Verzagtheit des Herzens; denn unser Herz ist ein trotzig und verzagt Ding, und es wird anders nur, wenn es von der Liebe Gottes in Jesus Christus überwältigt wird.

Von dieser Liebe legt der letzte Vers unseres Textes Zeugnis ab: ›Von Ihm und zu Ihm und durch Ihn sind alle Dinge.‹ *Von* Ihm, dem *Vater*, *durch* Ihn, den *Sohn*, *zu* Ihm, dem *heiligen* Geist. Ein mächtiger Akkord ist es, in den unser Text ausklingt. In ihm soll auch unser heutiger Abend ausklingen. Möge er dann auch hineinklingen in den morgigen schweren Tag und durch die kommenden Tage und Wochen hindurch!

Von Ihm, dem Vater, war dies Leben, dies gesegnete Leben. Er war gesegnet für Euch, seine Gemeinde. Es war – das ist mir gewiß – gesegnet auch für manchen im Gefängnis und im Lager. Von Ihm war auch das Leid und die Trübsal dieses Lebens. Denn dieses Leid war um Gottes willen erlitten und wurde darum auch aus Gottes Händen genommen. Von Ihm, dem Vater! Jawohl, das väterliche Angesicht Gottes, das Auge des Vaters, die Hände des Vaters waren auch über diesem Leben. Auch da, wo Gott völlig verborgen war, wo nichts von Ihm zu spüren war, war Er dennoch da, und wir dürfen getrost und voller Zuversicht beten: ›Unser Vater . . .‹

Durch Ihn, den Sohn! Wodurch wurde dies Leben ein so gesegnetes Leben? Durch *Jesus Christus*. ›Ein treuer Knecht‹, sagte unser Präses Humburg, als er am Telefon die Todesnachricht von mir hörte. Zinzendorf hat einmal gesagt: ›Ich habe nur eine Passion: das ist Er, nur Er!‹ So war auch Paul Schneiders Passion Er, nur Er. Daß Sein Name verherrlicht werde, daß Sein Reich komme, daß Sein Wille geschehe, das war sein entscheidendes Anliegen. Darum konnte er, der ein so zarter Mensch war, so unbeugsam sein. Und wodurch wurde sein Leben ein so leidvolles Leben? Durch Jesus Christus! Weil er ein treuer Knecht war, darum mußte er Verfolgung erleiden. Wer wundert sich? ›Alle, die gottselig leben wollen, müssen Verfolgung erleiden!‹ Und Jesus spricht: ›So euch die Welt haßt, so wisset, daß sie mich vor euch gehaßt hat. Wäret ihr von der Welt, so hätte die Welt das Ihrige lieb; weil ihr aber nicht von der Welt seid, sondern ich habe euch von der Welt erwählt, darum haßt euch die Welt‹ (Joh. 15, 18–19).

Zu Ihm, dem *heiligen Geist*! Unser Bruder Schneider war ein Mensch mit Schwächen, Fehlern und Sünden. Aber eine Kraft war in ihm lebendig, die nicht von dieser Welt war: der Geist Gottes. Daß er so unerschütterlich festbleiben konnte zwei Jahre hindurch, das vermochte er nicht aus sich. Der Geist Gottes erfüllte das Gefäß seines Lebens. Und wir wissen jetzt, wie schwach er war. Schon seit Herbst hat er nach dem Urteil des Arztes am Herzen zu leiden gehabt. Dieser Geist Gottes gab ihm Mut zum Bekennen und Geduld im Leiden. Er war von einer großen, reinen, hellen Flamme erfüllt, die hat ihn verzehrt. Gott hat ihn ausgelöscht. Er war wie eine Kerze, die sich selbst verbrennt. Ihre Stunde war gekommen. ›Er ist am Ziel‹, sagte mir Paul Humburg. Ach, wären wir alle am Ziel!

Und nun laßt uns wieder in unsere Häuser gehen! Wir wollen uns still rüsten auf den morgigen Tag. Eine große Gemeinde wird zugegen sein beim Begräbnis. Eine noch größere wird sich mit Euch im Geiste vereinigen. So wurde ich gestern in Barmen den ganzen

Tag über nach dem Tode Eures Pfarrers gefragt. Überall trat mir ergriffene Anteilnahme entgegen. Mit dieser großen Gemeinde auf Erden wird sich die Gemeinde derer vereinigen, die überwunden haben durch das Blut des Lammes. Und dahinein wird klingen der Chor der Engel, die vor dem Throne Gottes stehen: ›Ihm sei Ehre in Ewigkeit! Amen.‹«

Am Morgen des Begräbnistages trugen mir die Kinder viele weiße Lilien in den Garten. Wir banden davon ein großes, weißes Kreuz; es wurde oben auf den Sarg genagelt, und ich denke, es ging nicht allein mir so, daß dieses Kreuz auch noch aus des Grabes Gruft den Sieg verkündigte. Der lebendige Christus bezeugte sich an uns durch die Kraft seines Wortes als der, der des »Todes Macht zerbricht und die Hölle selbst macht stille«.

Ins Dickenschieder Pfarrhaus floß in jenen Tagen eine Fülle von Trostbriefen als Zeichen der Einheit und Verbundenheit innerhalb der Bekennenden Kirche. Menschen, die sich nie von Angesicht gesehen haben, waren durch jahrelange Fürbitte für Paul Schneider geschwisterlich verbunden. Es ist eine Gnade, wenn von der »Gemeinschaft der Heiligen« etwas sichtbar wird. Hier und dort ist das Zeugnis des treuen Hirten begriffen worden.

Darum möchte ich einige solcher Briefe bringen:

Aus einem Brief eines Lehrlings aus Wuppertal, der mir ein Bild des Grabes schickte; der Hügel war mit frischen Kränzen bedeckt, von dem großen Friedhofskreuz sah man nur ein Stück des Stammes: ». . . Hoffentlich schmerzt es Sie nicht zu sehr, wenn Sie das frische Grab immer vor sich haben. Sehen Sie das Grab so wie ich! An dem schwarzen Pfahl auf dem Bilde hängt der Herr Jesus Christus. Darunter steht: ›Das tat ich für dich. Was tust du für mich?‹ Ja, und darunter liegt einer, der sich selbst ins Gefängnis, ja, ins Konzentrationslager stecken ließ und zum Schluß das dunkle Todestal durchwandern mußte. Aber am Ende dieses Todestales steht der Herr Christus, er hat die Arme weit auseinander und nimmt seinen Boten, seinen Pastor Schneider, in Freuden an. Darüber wollen wir jubeln und wollen allen Schmerz vergessen . . .«

Aus dem Brief der Freundin Anna Groth, August 1939: » . . . Wir alle, alle machen Kompromisse über Kompromisse, und es hat zwischen uns jemand gegeben, der nur treu sein wollte, treu seinem Herrn, treu seinem Glauben! Ich glaube, daß Ihr lieber Mann für viele eine Stärke bedeutet.«

Aus dem Brief des Amtsbruders Walter Disselnkötter: »Ich kann es noch gar nicht übersehen, was er uns alles hinterlassen hat. Je länger ich mich damit vertraut zu machen suche, daß er nicht mehr unter uns Lebenden, Kämpfenden ist, um so größer und mannigfaltiger und heiliger werden mir die Verpflichtungen, die er uns hinterlassen hat. Es ist ein großes Geschenk Gottes gewesen, daß wir um seinen Einsatz wissen dürfen – wenn wir's auch oft nicht wert waren. Wenn ein Quentchen von einer Prophezeiung erlaubt ist, darf man sagen: Die Zeit wird kommen, wo die, welche sich eingesetzt haben wie er, die Herren unserer Zeit genannt werden und wo man uns glücklich preisen wird, mit ihnen zusammen gewesen zu sein. – Aber das ist wohl sehr irdisch gedacht. Und es ist auch nicht entscheidend. Entscheidend sind die Verheißungen, die der Herr selbst gegeben hat denen, die sich ganz für ihn hingaben. Die hat er nun ererbt. Verzeihen Sie, daß ich so lange von dem rede, was Ihr Mann in seinem Verhältnis zur Gemeinde Jesu Christi bedeutet, und so wenig an das denke, was Ihnen persönlich auferlegt war und ist! Aber ich meine so: Wie sollen Sie und Ihre Kinder anders getröstet werden als durch den Herrn in seiner Gemeinde? Und von dem, was Ihr Mann für die Kirche war und ist, wird auch Ihr Trost immer wieder gespeist werden. Gott helfe Ihnen, wie er bisher geholfen hat! . . .«

Aus dem Brief vom 19. 7. 1939 von Superintendent Lic. Martin Albertz, ref. Mitglied der »Vorläufigen Leitung« der D.E.K., der an Pauls Weg besonders teilnahm und dessen Frau sich in all den Jahren wahrhaft mütterlich meiner annahm: ». . . Der Herr kennt die Seinen. Er weiß, wen er erwählt hat und wozu er ihn erwählt hat. Er schaut allen ins Herz, und so hat er auch Deinem lieben Mann zur Seite gestanden in den letzten Stunden seines Lebens. Er hat seinen Knecht gerufen in sein Reich. Gottes Barmherzigkeit ist über ihm. Wo wir heute die Nachricht hingaben, schlug uns große Teilnahme, große Trauer entgegen. Aber Du weißt auch, daß in diesen Tagen viele deutsche Männer und Frauen für Dich und Deine Kinder von Herzen beten . . . Wir können wahrlich nur von ganzem Herzen danken, daß Dein lieber Mann zu seinem und unserem Herrn heimgerufen ist und mit den Aposteln und Märtyrern den Herrn preist. Er ist durch Leiden zur Herrlichkeit eingegangen und betet mit uns den an, der ihn auf seinen Weg gerufen hat. – Es ist eine große Gnade, die Gott der Bekennenden Kirche durch Deinen Mann geschenkt hat. Es ist ein weithin sichtbares Zeichen aufgerichtet für uns alle.

Wir beten um die Frucht solchen Sterbens ... Ich sage immer wieder: Die Fürbitte für Br. Schneider hat nun aufgehört. Aber unser Dank und Lobpreis um seinetwillen soll nicht aufhören ...«

D. Otto Dibelius schrieb am 19. 7. 1939: »... Aber wir sind dessen gewiß, daß ein Zeuge Jesu Christi, der bis zum letzten Atemzuge im Bekenntnis gestanden hat, über den Tod hinaus, ja gerade durch seinen Tod zum Führer werden wird für viele ...«

Der englische Bischof von Chichester, Dr. George Bell, veröffentlicht in der »Times«, in der eine Notiz über Pauls Tod erschienen war, am 25. Juli 1939 den folgenden Nachruf:

»Der Tod von Pfarrer Schneider im Konzentrationslager von Buchenwald vermehrt die Zahl der deutschen Märtyrer. Pfarrer Schneider war ein Geistlicher der deutschen evangelischen Kirche in der Gemeinde Dickenschied, einem kleinen Dorf im Rheinland. Vor fast zwei Jahren kam er ins Konzentrationslager, weil er sich weigerte, seine Gemeinde auf den Befehl der nationalsozialistischen Machthaber zu verlassen. Kein Gericht untersuchte die Gründe seiner Weigerung, und er wurde sogar ohne den Schein eines öffentlichen Verhörs verhaftet. Während seiner ganzen Haftzeit war er von seiner Familie und seinen Freunden getrennt. Er wäre vielleicht freigelassen worden, wenn er bereit gewesen wäre, seiner Gemeinde die Treue zu brechen. Trotz seines Leidens war sein Geist ungebrochen. Alle, die das System dieser Lager kennen, können die Art der moralischen und physischen Leiden ermessen. Er starb – wie man sagt – an einem Herzschlag. Er gab sein Leben für Deutschland und für die Kirche Deutschlands. Alle Christen und alle humanen Völker bezeugen seiner Witwe, seiner Familie von sechs kleinen Kindern und seiner Gemeinde ihre Teilnahme.

Er wurde als Pfarrer von Dickenschied gefangengenommen. Im Lager von Buchenwald war er noch Pfarrer von Dickenschied; denn, obwohl er sein Amt in Dickenschied nicht länger ausüben konnte, lehnte er, solange er lebte, ab, es niederzulegen. Er starb als Pfarrer von Dickenschied, und seine Leiche wurde zur Beerdigung in seine treue Gemeinde, in die alte Dikkenschieder Heimat, zurückgebracht. Aber, obwohl er von uns gegangen ist, kann keine Macht das Zeugnis seines Lebens zerstören oder die Fackel auslöschen, die sein Glaube angezündet hat.«

Rückblick auf den Tag der Beerdigung
Von Pfarrer Karl Dieterich

Ein Bericht über die Trauerfeier in Dickenschied am Freitag, dem 21. Juli 1939, schließt mit den Worten: »Es war eine unvergeßliche Stunde der Gemeinschaft der ganzen Bekennenden Kirche, der von nun an das Grab von Pfarrer Schneider auf dem Friedhof Dickenschied Mahnung und Vermächtnis ist: ›Hier ist Geduld und Glaube der Heiligen‹ (Offenbarung 13, Vers 10)‹*. Was uns auch heute nach vielen Jahren im Gedenken an diese Feier bewegt, ist nicht der Schmerz und das Vermissen der Person Paul Schneiders, der uns hätte noch so manche treue Freundschaft als ein von der Heilkraft und Schärfe des Wortes Gottes Getroffener beweisen können; es ist nicht die Verehrung für den in beispielhafter Tapferkeit und Konsequenz zurückgelegten Weg durch Abgründe und Schrecken einer dämonisierten Menschheit; es ist nicht das menschlich Rührende in der Härte dieses Weges und desjenigen seiner Familie, das uns im Bild der kleinen, verwaisten Schar entgegentrat; es ist nicht nur die seltene Versammlung der Gleichgesinnten, der Treuen, die zu diesem Dienst noch herbeieilen konnten, und der Nichtgezählten, die sich durch die Gekommenen vertreten wußten, der Wissenden und Ahnenden in jenem Juli 1939; es ist auch nicht einfach die Güte des Gebotenen und Gehörten, in dem schlicht bezeugt wurde, daß es beim Worte Gottes bleibt. Es war nicht das, was wir Menschen taten oder getan hatten, sondern es war der Friede des Herrn, der von diesem Sarge

* Deutsche Kirchendokumente, Zollikon 1947, S. 114

ausging. Es war die unaussprechliche Tröstung, die der Herr bereit hat, wenn ein Mensch Seiner Verheißung mehr folgt als den Versprechungen der Welt und Ihn mehr fürchtet als die, die zwar den Leib töten, aber nicht in die Hölle verderben können. Es war die Freiheit, zu der die Erkenntnis der Wahrheit, das Bleiben an Seiner Rede führt, die Freiheit von den Sorgen um das eigene Leben und den Sorgen, ›wie es noch alles gehen soll‹, eine Freiheit ›zu dankbarem Dienst an Seinen Geschöpfen‹. Es war das Heimkommen-Dürfen, wenn dieser Kampf ein Ende hat. Weil wir das mit freiem Herzen für unseren Bruder Paul Schneider glauben durften, darum wurde sein Begräbnis zu einer Feier des Dankes und der Liebe: des Dankes, daß der Her sich an ihm zu einem immer kompromißloseren Zeugnis verherrlicht hatte, und der Liebe zu allen, die den Herrn Jesus Christus liebhaben unverrückt.«

Als die Gäste am 21. und auch schon am 20. Juli eintrafen, fanden sie auf den Höhen des Hunsrück ein Dorf vor, das den Atem angehalten hatte. Es bedurfte keiner Worte, es war alles eine große Gemeinschaft, aus der einzelne heraustraten und mit Worten ihrem Dank und ihrer Verbundenheit gegenüber ihrem toten Seelsorger Ausdruck gaben. »Er hat mir zu einem neuen Verständnis des Evangeliums geholfen«, sagte ein Mann der Gemeinde. Der Ausgang seines Pfarrerlebens stand vor dem Hintergrund einer treuen Arbeit in Predigt und Einzelbesuchen.

Um die Mittagszeit des Beerdigungstages war der in Simmern festgehaltene Sarg mit dem Toten endlich gebracht und dann in der Kirche aufgestellt worden. Feierlich ernst stand der große Sarg neben der Kanzel vor dem Altar, verschlossen mit sieben großen roten Siegeln. Der Tote lag vor der Predigtstätte, von deren Dienst er sich nicht hatte entbinden lassen wollen. Frau und Kinder hatten noch eine kurze Zeit des Alleinseins mit ihm. Dann füllte sich das Kirchlein mit der Gemeinde und den Angehörigen, während die anderen Gäste draußen warteten. Bruder Langensiepen, Gödenroth, hielt eine Andacht über Paul Schneiders Konfirmationsdenkspruch (Johannes 18, 37): »Ich bin dazu geboren und in die Welt gekommen, daß ich für die Wahrheit zeugen soll. Wer aus der Wahrheit ist, der höret meine Stimme.« Er sprach davon, welche Bedeutung dieses Wort des Herrn im Leben des Entschlafenen gewonnen habe, wie er sich immer wieder habe von ihm ermahnen lassen, keine faulen Kompromisse zu schließen, auf nichts anderes zu sehen als auf die Wahrheit in Christus und selbst Bote dieser Wahrheit zu sein. Der Herr habe sein Wort vor Pontius Pilatus, vor den Hohenpriestern, vor den Pharisäern und den Zöllnern bezeugt, und im Bezeugen sei er selbst die Wahrheit. Auch bei seinen Dienern sei die Wahrheit zuerst oft bitter, aber es gehe auch bei der Wahrheit, die uns bitter dünkt, um das süße Wort, daß Gott uns seine Gnade schenkt. Diesem Gnadenwort habe der Entschlafene auch mit der Verhängung der christlichen Bußzucht, wie sie der Heidelberger Katechismus vorsieht, dienen wollen. Und der Gemeinde sei zu sagen: sie habe einen Prediger des wahren Wortes in ihrer Mitte gehabt, der auch über den Tod hinaus zu ihr reden werde. Sie könne nicht zurück. Ihre Entscheidung aber möge mit Gottes Hilfe die Entscheidung einer rechten christlichen Gemeinde sein.

Bruder Kemper segnete darauf die Leiche aus mit dem Wort aus Daniel 12, Vers 13: »Du aber gehe hin, bis das Ende komme; und ruhe, daß du auferstehest zu deinem Erbteil am Ende der Tage!«

Wie war auch in dieser Stunde das Lied der Gemeinde die Antwort des Glaubens! ». . . Warum sollte mir denn grauen? . . . Lässet auch ein Haupt sein Glied, welches es nicht nach sich zieht?« Der von dem Entschlafenen gegründete Singkreis sang unter Leitung von Bruder Müsse sehr fein den Seifertschen Satz von »Es ist vollbracht, gottlob, es ist vollbracht, mein Heiland nimmt mich auf . . .« Als die Gemeinde zum Schluß das »Gloria sei dir gesungen« anstimmte, setzte sich der Gesang fort in der großen Gemeinde, die draußen die Kirche umgab. So wurde der Sarg von den Presbytern hinausgetragen. Bruder Held aus Essen hatte sich an die Spitze der 170 bis 200 Pfarrer im Talar gesetzt, die in langem Zuge auf dem Wege zu dem außerhalb des Dorfes gelegenen Friedhof die Lieder sangen: »Was Gott tut, das ist wohlgetan . . .« und: »Wie Gott mich führt, so will ich gehn . . .«. Aufgerichteten Hauptes durfte die Witwe mit ihren Kindern dem Sarge folgen und mit ihr eine große Gemeinde aus Dickenschied und Womrath, aus Hochelheim bei Gießen und aus den bekennenden Gemeinden des Hunsrücks, der Nahe und einzelnen von weit her. Unter Führung ihres Geistlichen hatte sich auch die katholische Gemeinde Dickenschied dem Zuge angeschlossen. Die Feier am Grabe war getragen vom gemeinsamen Bekenntnis in diesem gemeinsamen Leide. Der Rheinische Bruderrat hatte als Schriftwort ausgewählt Römer 14, Verse 8 u. 9: »Leben wir, so leben wir dem Herrn, sterben wir, so sterben wir dem

Herrn . . .« An Stelle des leidenden Präses D. Humburg war als Mitglied des Rates Pfarrer Schlingensiepen entsandt worden, der die Predigt hielt, die unten im Wortlaut wiedergegeben ist. Bruder Lutze aus Barmen nahm die Bestattung vor: »Es wird gesäet verweslich und wird auferstehen unverweslich. Es wird gesäet in Unehre und wird auferstehen in Herrlichkeit.« Unser Wandel ist im Himmel, von dannen wir auch warten des Heilandes Jesu Christi, des Herrn . . .«

Nach dieser Wortverkündung, Fürbitte und Gebet trat die eine Kirche Christi noch einmal heraus in den Voten der Abgesandten der einzelnen BK-Gebiete. Vertreten waren die Vorläufige Kirchenleitung (Forck, Hamburg, zugleich für Hamburg und Schleswig-Holstein), die Konferenz der Landesbruderräte (Kloppenburg, Oldenburg, zugleich für Oldenburg), der Bruderrat der altpreußischen Union (Scharf, Berlin, zugleich für Brandenburg), Hessen-Nassau (Rumpf, Wiesbaden), Evangelisch-lutherische Kirche Bayerns, Landesbischof und Pfarrerschaft (Putz, Fürth), Württembergische Kirchenleitung und Landesbruderrat (Mörike, Kirchheim/Teck), BK Westfalen (Rinneberg, Heepen bei Bielefeld), Ostpreußen (Linck, Königsberg), Berlin und Bruderschaft der Hilfsprediger und Vikare (Klapproth, Berlin), Reformierter Bund in Deutschland (D. Hesse, Elberfeld, der mit erhobener Stimme die Frage 85 des Heidelberger Katechismus von der christlichen Bußzucht vor die Gemeinde stellte), Schlesien (Seidel, Breslau), Bruderschaft rheinischer Hilfsprediger und Vikare (Müller, Hilden), Hunsrücker Pfarrbruderschaft (Petry, Wirschweiler; er hatte zusammen mit der Witwe den

237

Sarg in Buchenwald abgeholt), Nahebruderschaft (Hoetzel, Meckenbach), Synode Wetzlar (Essen, Volpertshausen, und Heider, Dorlar), Synode Koblenz (Hammdorf, Bacharach), Kirchliche theologische Sozietät Württembergs (Dieterich, Edelfingen), Theologisches Seminar der Herrnhuter Brüdergemeine (Hennig), Singkreis Hunsrück (Müsse, Hausen), Rheinische Mission (Lic. Weth, Barmen), Stadtmission Baden-Baden (Ippach, Baden-Baden). Zu Beginn der Voten hatte Superintendent Gillmann vom Kirchenkreis Simmern, der den Entschlafenen mit Jeremia 15, 19 einst ins Dickenschieder Amt eingeführt hatte, Abschiedsworte gesprochen. Für die Gemeinden Dickenschied und Womrath sprachen Kemper, Dickenschied, Kirchmeister Klos und Kirchmeister Fuchs, für die landeskirchliche Gemeinschaft des Oberrheins Stadtmissionar Hach, Simmern; Fräulein Glassmann für die Frauenhilfe und Fräulein Timme, Bremen. Dreißig »Nachrufe«, die doch keine waren, sondern Bezeugung des »einen Wortes Gottes, das wir zu hören, dem wir im Leben und Sterben zu vertrauen und zu gehorchen haben« (Erste Barmer These). Kurze Worte an Angehörige und Gemeinde, großenteils jedoch kurze Bibelworte. Als die Gemeinde die Feier am Grabe mit dem Verse schloß: »Der Grund, da ich mich gründe, ist Christus und sein Blut ...«, war sie *gesättigt worden mit der Speise, die nur die Glieder des Leibes Christi kennen*. Und als sich draußen neben dem alten hohen Holzkreuz der Hügel wölbte und mit Kränzen und Blumen über und über bedeckt war, gingen nach kurzen Grüßen Menschen auseinander, in allem Getrenntsein verbunden und in aller Zerrissenheit wunderbar getröstet und zu eigener Treue kräftig aufgerufen.

Predigt am Grabe

»Leben wir, so leben wir dem Herrn, sterben wir, so
sterben wir dem Herrn. Darum, wir leben oder sterben, so sind wir des Herrn. Denn dazu ist Christus
auch gestorben und auferstanden und wieder
lebendig geworden, daß er über Tote und Lebendige
Herr sei.«

Röm. 14, 8 u. 9

Liebe Gemeinde Dickenschied!
Liebe Gemeinde Womrath!

Nun haben wir den Leib Eures treuen Hirten und
Seelsorgers ins Grab gesenkt. Mit Euch, der lieben
Frau und den Kindern des Entschlafenen und mit seinen Verwandten und Freunden trauert unsere ganze
Kirche um den Verlust, den sie mit dem Heimgang
unseres Bruders Paul Schneider erlitten hat. Nicht
nur wir, die wir zu Euch gekommen sind, um diese
Stunde mit Euch gemeinsam vor Gottes Angesicht zu
durchleben, sondern wir sind gewiß, daß heute Tau-
sende und Abertausende ihre Hände zu Gott empor-
heben. Sie treten mit uns vor Gottes Thron, wie sie es
all die Monate hindurch getan haben, als wir in bestän-
diger Fürbitte Eures Predigers gedachten und Gott
darum baten, daß – wenn es sein Wille wäre – Euer
Pfarrer noch einmal zu Euch zurückkehren dürfe, Ihr
lieben Gemeinden.

Unser aller Herzen sind erschüttert, und niemand
kann den Gedanken und Fragen Ausdruck geben, die
uns bewegen. Aber in dieser Stunde, in der wir mit

unseren Gedanken nicht fertig werden – und erst recht für die noch schwereren Stunden, Tage und Monate und Jahre, die nun folgen werden –, wird uns der Weg gewiesen durch das Wort Jesu, das Du, liebe Schwester, uns in der Nachricht vom Heimgang Deines lieben Mannes weitergabst: »Habe ich dir nicht gesagt, so du glauben würdest, du solltest die Herrlichkeit Gottes sehen?« (Joh. 11, 40).

Dem Herrn sei Lob und Dank, daß wir zu ihm aufschauen dürfen, denn »soviel der Himmel höher ist denn die Erde, sind auch seine Wege höher denn unsere Wege und seine Gedanken denn unsere Gedanken« (Jes. 55,9). Während wir noch klagend und fragend vor dem Rätsel des Todes – und gerade dieses Todes – stehen, läßt er uns seine Gedanken wissen. Er selbst kommt zu uns mit dem Evangelium, der wunderbaren Kunde, der frohen Botschaft, und sein heiliger Geist bezeugt uns durch das Wort des Apostels dies eine als die Wahrheit: *»Für Jesu Herrschaft über die, die er erlöst hat, macht es keinen Unterschied, ob einer noch am Leben ist oder hier schon sterben mußte«*, denn »leben wir, so leben wir dem Herrn, sterben wir, so sterben wir dem Herrn. Darum, wir leben oder sterben, so sind wir des Herrn«. Der Tod ändert nichts an dem Eigentumsverhältnis der Erlösten zu ihrem Herrn. Das Besitzrecht, das sich Jesus durch sein Blut an unserem Bruder Schneider erworben hat, läßt er sich von niemandem rauben, auch von dem Tode nicht. »Im Leben und im Sterben sind wir und bleiben sein.« So klingt das Lied der Seinen am offenen Grabe. Und in solchem Liede spiegelt sich die Herrlichkeit wieder, die zu sehen Jesus den Glaubenden verheißen hat.

Laßt uns allein auf ihn schauen, unseren lieben Herrn Jesus Christus! In ihm ist das Wunder geschehen, daß der Gegensatz zwischen Leben und Tod aufgehoben ist. Er hat die beiden Gebiete, die wir durchwandern müssen, für uns durchschritten: das Gebiet des Lebens und des Todes. Er ist der Auferstandene. Als lebendiger Toter, als der, der tot war, und siehe, er ist lebendig von Ewigkeit zu Ewigkeit, herrscht er nun über die Seinen, die Lebendigen und die Toten. »Denn dazu ist Christus gestorben und auferstanden und wieder lebendig worden, daß er über Tote und Lebendige Herr sei.« Dies eine trieb ihn vom Himmel in unser armes Fleisch und Blut, es trieb ihn auf den Weg zum Kreuz und ließ ihn wieder aus dem Grab hervorkommen, daß er uns sündige und verlorene Menschen aus der Gewalt der Sünde, des Todes und des Teufels erlöste und zu seinem Eigentum machte im Leben und im Sterben. Dies ist der Grund für Jesu Tod und Auferstehung, daß er an den Seinen, den Toten und den Lebendigen, die Verheißung wahr machte: »Ich gebe ihnen das ewige Leben; und sie werden nimmermehr umkommen, und niemand wird sie mir aus meiner Hand reißen« (Joh. 10, 28).

Liebe Gemeinde! Siehst Du die Herrlichkeit des Herrn? Da wird sie von uns geschaut, da ist der Himmel inmitten dieser sündigen Welt, wo wir mit dem Apostel sprechen dürfen: »Ich bin gewiß, daß weder Tod noch Leben ... mag uns scheiden von der Liebe Gottes, die in Christo Jesu ist, unserm Herrn« (Römer 8, 38.39). Wer für ihn lebt, darf auch für ihn sterben. Wer ihm im Leben gehört, bleibt auch im Tode sein Eigentum. So hängt für uns alles an dem Herrn »Jesus Christus, wie er uns in der Heiligen

Schrift bezeugt wird«. Er »ist das eine Wort Gottes, dem wir im Leben und im Sterben zu vertrauen und zu gehorchen haben« (Art. I der Theol. Erklärung der 1. Bek.-Syn. der D.E.K. Barmen, 1934).

»Leben wir, so leben wir dem Herrn, sterben wir, so sterben wir dem Herrn. Darum, wir leben oder sterben, so sind wir des Herrn. Denn dazu ist Christus auch gestorben und auferstanden und wieder lebendig worden, daß er über Tote und Lebendige Herr sei.« Dies Wort der Heiligen Schrift, mit dem der Bruderrat der Bekennenden Kirche im Rheinland den Pfarrern und Gemeinden davon Kenntnis gab, daß Euer Prediger und Hirte entschlafen ist, soll unsere Herzen bei sich festhalten. Mit diesem Wort dürfen wir alle bösen Geister, die uns von innen und außen anfechten wollen, aus unserer Mitte vertreiben und ihnen im Glauben befehlen: »Weicht, ihr Trauergeister, denn mein Freudenmeister Jesus tritt herein.« Dies Wort des Apostels darf nun aber zugleich die Unterschrift sein, die wir im Glauben unter das Leben und Sterben unseres Bruders setzen. Es soll uns dazu dienen, in allem allein dem Herrn die Ehre zu geben. Denn es ist die unvergleichliche Gnade unseres Heilandes, daß er unseren Bruder gewürdigt hat, für ihn zu leben und zu sterben.

Jesus hat Euren Pfarrer durch sein Wort gerufen und ihn »durch den Heiligen Geist des ewigen Lebens versichert« (Frage 1 des Heidelberger Katechismus). Von der Treue Jesu überwunden, der »mit seinem teuren Blut für alle seine Sünden vollkömmlich bezahlt hat«, wurde er »dem Herrn forthin zu leben willig und bereitgemacht« (Frage 1 des Heidelberger Katechismus). So gewiß solches Leben für den Herrn in jedem Stande und Beruf geschehen kann und soll, so gibt es doch nichts Köstlicheres in der Gemeinde Jesu als das von ihm selbst gestiftete Predigtamt. In der Stunde, in der vor der Gemeinde dies teure Predigtamt Paul Schneider übertragen wurde – im Namen des Vaters und des Sohnes und des Heiligen Geistes –, da hat er wie alle Prediger unserer Kirche vor Gottes Angesicht gelobt, »sich mit allen Kräften Leibes und der Seele dem heiligen Amt zu widmen«. Sein Ordinationsgelübde war die dankbare Antwort auf den gehörten Ruf: »Ich habe dich bei deinem Namen gerufen, du bist mein« (Jes. 43, 1).

Es ist die Barmherzigkeit Jesu, daß er es unserem Bruder nicht auf einmal kundgetan hat, was das heißen kann: sich mit allen Kräften Leibes und der Seele dem Predigtamt zu widmen. Es ist die Barmherzigkeit Jesu, daß er nur Schritt für Schritt das Wort an ihm wahr gemacht hat: »Ich will ihm zeigen, wieviel er leiden muß um meines Namens willen« (Apostelgesch. 9, 16). Wir preisen in dieser Stunde die Treue unseres Herrn, mit der er seinen Knecht fort und fort zugerüstet hat, für seinen Wink und Willen bereitzustehen.

Versteht das nicht falsch. Nicht davon ist die Rede, daß Ihr einen fehlerlosen, sündlosen Hirten gehabt hättet. Wehe uns, wollten wir uns eines Menschen rühmen! Paul Schneider war ein Mensch wie wir, der mit der Sünde und dem Teufel zu ringen hatte bis ans Ende; aber er war ein Mensch, der von der Gnade dessen lebte, den er verkündigen durfte als den Herrn, der den Sieg für uns errungen hat. Als begnadigter Sünder hat Euer Hirte seines Amtes unter Euch gewaltet, und wenn an jenem großen Tage das Buch des Lebens aufgeschlagen wird, dann wird offenbar werden, wie viele unter Euch er durch das Wort vom Kreuz hat rufen dürfen zu einem Leben und Sterben für den Herrn.

Es war das inbrünstige Gebet Eures Predigers, so wie er es Gott gelobt hatte, »ohne Menschen gefällig zu sein und ohne Menschenfurcht« Euch das Wort zu verkündigen zur Zeit und zur Unzeit und in heiligem Eifer über Euch, die ihm anvertraute Herde, zu wachen. Es war das heiße Gebet Eures Seelsorgers, seinem Gelübde gemäß »keine Seele verloren zu geben«. Deshalb hat er auch mit dem Presbyterium die der Leitung der Gemeinde vom Herrn befohlene Bußzucht ausgeübt an denen, die – wie das Bekenntnis sagt – »unter dem christlichen Namen unchristliche Lehre und Wandel führen« (Frage 85 des Heidelberger Katechismus), damit auch sie möchten gerettet werden.

Euch allen steht der Tag vor Augen, an dem er um dieses Dienstes willen von Euch getrennt wurde und wie er dann in langen Wochen der Stille im Hören auf Gottes Wort Antwort erwartete auf die Frage, ob der Herr es ihm erlaube, in die Trennung von Euch einzuwilligen. Mit anhaltendem Gebet hat er darum gerungen, daß auch in dieser schwersten Entscheidung seines Lebens sein Auge allein auf den Herrn gerichtet sein möchte. Als ich in jenen Wochen im Auftrag der Leitung der Bekennenden Kirche mit ihm und Dir, liebe Schwester, noch einmal alles durchsprach und wir immer wieder die Frage aufwarfen, ob es nicht doch einen Ausweg geben könnte, da wurde ihm vor Gottes Angesicht klar, daß es keinen anderen Weg gab, den er mit unverletztem Gewissen hätte gehen können.

Durch den Herrn wußte er sich an Euch, seine ihm vertrauten Gemeinden, gebunden. Und – das war ihm gewiß geworden – der Herr gab ihn nicht los. Die Folgen seiner Rückkehr zu Euch hatte Euer Pfarrer klar vor Augen. Aber das Leben für den Herrn, der von ihm so erkannte Wille Gottes, galt ihm mehr als die irdische Freiheit.

So legte er denn Leben und Freiheit in seine Hand. Uns aber wurde es zur Gewißheit, daß sich nun das Wort des Apostels an ihm erfüllen sollte: »Euch ist gegeben, um Christi willen zu tun, daß ihr nicht allein an ihn glaubt, sondern auch um seinetwillen leidet« (Phil. 1, 29). Der Herr schenkte ihm die Gabe des Leidens. Es begann für unseren Bruder jetzt der Weg des Leidens und des Sterbens; der Weg, auf dem wir Stück für Stück dieses Lebens aus der Hand geben müssen. Das Wirken in Deiner Mitte, Du liebe Gemeinde, das Zusammenleben mit Frau und Kindern, das Forschen in der Heiligen Schrift, die persönliche Freiheit und vieles andere mehr mußte nun abgelegt werden. Und er ließ es sich abnehmen im Aufblick zum Herrn, dessen Erlöste beten dürfen: »Der Herr hat's gegeben, der Herr hat's genommen, der Name des Herrn sei gelobt« (Hiob 1, 21 b). Daß nur eines ihm bliebe: die Gemeinschaft mit dem Herrn und das Zeugnis für ihn! – Aus seinen kurzen Grüßen, die Dich, liebe Schwester, seit jener Zeit erreichten, klang im tiefsten immer wieder heraus, was der Apostel aus seiner Gefangenschaft an die Philipper schrieb: »Ich lasse euch aber wissen, liebe Brüder, daß, wie es um mich steht, das ist nur mehr zur Förderung des Evangeliums geraten, also, daß meine Bande offenbar worden sind in Christo in dem ganzen Richthause und bei den andern allen, und viele Brüder in dem Herrn aus meinen Banden Zuversicht gewonnen haben und desto kühner worden sind, das Wort zu reden ohne Scheu« (Phil. 1, 12). »Leben wir, so leben wir dem Herrn, sterben wir, so sterben wir dem Herrn.« Für den Herrn! Daß das Zeugnis für ihn in seinem Herzen und auf seinen Lippen nicht verstumme, blieb sein Gebet auch auf dem Weg des Sterbens. Und der Herr hat diese Bitte erhört. – Sich »mit allen Kräften Leibes und der Seele« dem Amt der Verkündigung widmen, hatte unser Bruder gelobt. Und Gott hat ihn beim Wort genommen. Er hat ihn bei diesem Wort behaftet wie noch keinen von uns. Die letzten Kräfte der Seele und auch des Leibes wurden von ihm gefordert; gefordert durch den Herrn, dem er die Verfügungsgewalt über Leben und Tod willig überlassen wollte; gefordert durch den Herrn, von dem er bekennen durfte, daß er uns »also bewahrt, daß ohne den Willen meines Vaters im Himmel kein Haar von meinem Haupt kann fallen, ja auch mir alles zu meiner Seligkeit dienen muß« (Frage 1 des Heidelberger Katechismus). Es geschah das Wunder, das immer geschieht, wo ein Mensch die Herrschaft über Leben und Tod dem Herrn überläßt: Jesus half unserem Bruder die ihm auferlegte Last tragen, daß sie ihm nicht zu schwer wurde, und machte an ihm seine Verheißung wahr: »Mein Joch ist sanft, und meine Last ist leicht« (Matth. 11, 30).

Und nun ist der Tod gekommen. »Leben wir, so leben wir dem Herrn, sterben wir, so sterben wir dem Herrn.« Wer für ihn lebt, darf auch für ihn sterben. So viel tut Christus an den Seinen, daß sie für ihn sterben dürfen. Er macht ihr Sterben zum Gottesdienst, zu einem Opfer des Lebens, womit die Seinen ihn preisen dürfen. Was das heißt, für den Herrn sterben, darf ich Euch im Anschluß an die Worte eines hochbegnadeten Lehrers unserer Kirche sagen, zu dessen Füßen auch unser Bruder gesessen hat. Dem Herrn sterben, das heißt, so sterben, daß sein Wohlgefallen über unserem Sterben liegt und Jesu freundlicher Blick auf ihm ruht. Dem Herrn sterben, heißt, ihm glauben, wo alles zerbricht und wir zerbrechen. Dem Herrn sterben, heißt, uns in seine gnädige Hand legen, jetzt, da nichts mehr uns tragen kann als er allein. Dem Herrn sterben, das heißt, ihn anbeten, wo wir alles lassen müssen, nur ihn nicht. Solches Sterben läßt er sich wohlgefallen als für ihn getan. Solches Sterben darf dann aber auch zugleich ein Zeugnis sein für ihn, das letzte – und wohl auch das größte – Zeugnis, das ein Mensch auf Erden ablegen kann für seinen Herrn. Ihm sei Lob und Dank, daß wir unter das Leben und Sterben unseres Bruders Paul Schneider im Glauben dies Wort setzen durften: »Leben wir, so leben wir dem Herrn, sterben wir, so sterben wir dem Herrn. Darum, wir leben oder sterben, so sind wir des Herrn. Denn dazu ist Christus auch gestorben und auferstanden und wieder lebendig worden, daß er über Tote und Lebendige Herr sei« (Röm. 14, 8.9).

Er ist und bleibt der Herr unseres Bruders in Ewigkeit. Das ist der »Trost, mit dem wir getröstet werden von Gott« (2. Kor. 1, 4), um dessen Thron in Ewigkeit versammelt sind, die »überwunden haben durch das Wort ihres Zeugnisses und haben ihr Leben nicht geliebt bis an den Tod« (Offenbarung 12, 11); sie, die »gekommen sind aus großer Trübsal und haben ihre Kleider gewaschen und haben ihre Kleider hell gemacht im Blut des Lammes« (Offenbarung 7, 14). »Habe ich dir nicht gesagt, so du glauben würdest, du solltest die Herrlichkeit Gottes sehen?« (Joh. 11, 40). Darin erkennen wir im Glauben die Herrlichkeit Gottes, daß – wie verschieden unsere Lebensführungen auch sein mögen – jeder von uns, der im Leben »unseres getreuen Heilandes Jesu Christi eigen« ist, es auch im Tode bleiben darf. Ihr lieben Gemeinden Dickenschied und Womrath, liebe Brüder und Schwestern! Gott gebe, daß das Zeugnis Eures Hirten, unseres Bruders, Euch erhalten bleibe und fortwirke durch Generationen hindurch und daß es darüber hinaus lebendig bleibe und Frucht bringe in der ganzen Kirche. Wir wollen uns durch sein Zeugnis rufen lassen zu dem »einigen Trost im Leben und im Sterben«, damit auch wir im Glauben bekennen können:

»Ich bin gewiß, daß weder Tod noch Leben ... mag uns scheiden von der Liebe Gottes, die in Christo Jesu ist, unserm Herrn« (Röm. 8, 38).

Jesu, Dir leb' ich, Jesu, Dir sterb' ich,
Jesu, Dein bin ich, tot und lebendig!

Amen.

Dieses Buch wurde aus Tagebucheintragungen und Briefen Paul Schneiders aus Freiheit und Gefangenschaft zusammengestellt. Den verbindenden Text schrieb Margarete Schneider im Jahr 1947; für diese Neuausgabe wurde er von ihr 1980 überarbeitet.
Berichte aus folgenden Büchern wurden verwendet:
Walter Poller: »Arztschreiber in Buchenwald«, Hamburg 1946. »Das war Buchenwald«, Leipzig (ohne Jahr).
M. Zahnwetzer: »KZ-Buchenwald«, 1946.
Leonhard Steinwender: »Christus im KZ«, Salzburg 1946.

Leseprobe aus »Wir waren im Widerstand«
von J. A. Ader-Appels

Ich saß im Studierzimmer und wartete. Was dauerte das lange! Um Viertel nach zwölf hätten sie schon hier sein können, und jetzt war es bereits halb eins.

Sollte unterwegs etwas passiert sein? Dann konnte ich von mir aus überhaupt nichts tun. Ich durfte sowieso nach elf Uhr nicht mehr nach draußen. Sie eigentlich auch nicht, aber Domie hatte einen Erlaubnisschein, der ihm die Ausübung seines Berufes auch nach elf Uhr gestattete.

Was für eine elende Spannung, in der man die ganze Zeit lebte! Immer diese furchtbare, lähmende Müdigkeit, der Schmerz in meinem Rücken! Ich wollte aber wach bleiben, auch wenn es die ganze Nacht dauern sollte. Wer konnte auch unter solchen Umständen ins Bett gehen?

Ich knipste das große Licht aus und ein kleines Lämpchen an, legte mich auf die Bank und deckte mich mit einer Jacke zu. Auf jeden Fall war es besser so. Ruhe. Werde ich die noch einmal wiederfinden? Ein normales, geregeltes Leben? Es war ja keine normale Zeit, wie sollte man da normal leben können und sich von alledem nicht stören lassen? Um Schutz für alle betend, die mir lieb waren, fiel ich in einen leichten Schlaf.

Plötzlich ein leises Ticken am Fenster. Das vertraute Klopfzeichen. Viermal. Gott sei Dank, sie waren da! Ich schaute auf meine Uhr: fast halb zwei. Bestimmt war etwas Besonderes passiert. Ich öffnete. Auf der Treppe sah ich eine Reihe von glitzernden Knöpfen blinken, ein paar weiße Tressen, eine hohe Uniformmütze. Vor mir stand de Opper, der Domie und Polletje hatte abholen sollen.

»Wo sind Domie und Polletje?« fragte ich, während ich de Opper einließ.

»Hintenherum gelaufen mit den Fahrrädern.«

In der erleuchteten Studierstube schaute ich in sein fröhliches, offenes Gesicht.

»Ist etwas Besonderes?«

»Nein, Mevrouw«, klang beruhigend seine hohe Tenorstimme mit dem eigenartig metallischen Klang. »Wir mußten noch einen Gast unterbringen, der ursprünglich die Ostertage im Pfarrhaus verbringen wollte.«

Sicherlich war es Lisette, dachte ich, während ich nach hinten lief. Ein jüdisches Mädchen, das »arisch« aussah und nun unter neuem Namen und mit neuen Papieren zu Domies neuen Mitarbeitern zählte.

Ich schob die Riegel von der Hintertür. Da standen Domie und Polletje mit den Rädern im Dunkel der Nacht.

»Seid ihr da?« sagte ich ohne Enthusiasmus. »Was ist es spät geworden!«

Ich half ihnen mit den Rädern und dem Gepäck.

Sogar Polletje hatte etwas von ihrer gewohnten Heiterkeit verloren.

Müde lehnte sie an der Wand im Flur. Domie sah aschfahl aus, übermüdet und hungrig. Das machte mir Sorgen. Ich konnte nicht mit Eiern und Brei wiedergutmachen, was er in einer einzigen Woche an Kräften verlor.

Ich schenkte Kaffee ein. »Noch etwas zu essen? Butterbrote? Brei!«

»Nein, danke, bitte nichts.«

»Ein Stück Kuchen wenigstens.«

Domie aß ihn mechanisch auf. Er saß zwar körperlich im Zimmer, aber mit seinen Gedanken war er irgendwo anders. Wo?

»Was ist denn nun eigentlich passiert?« fragte ich.

Da begann Domie zu erzählen, mit einer sich überstürzenden Flut von Worten. Wil, ebenfalls eine Mitarbeiterin von Domie, war geschnappt worden mit allem, was sie bei sich hatte an Lebensmittelmarken, Personalausweisen usw. Durch Verrat war das geschehen, weil sie eine Jüdin war und frei herumlief. Sie wohnte in dem Haus, in dem auch ihre Eltern untergetaucht waren. Man hatte sie mit ihrer Tasche mitgenommen zum Hauptquartier der »Grünen« in der Euterpestraat, während ihre Eltern und ihr Bruder nach Westerbork abgeführt wurden. Wir würden Wil wahrscheinlich nie mehr lebend wiedersehen. Wil hatte Gift in ihrer Tasche. So konnte sie sich umbringen und niemanden verraten, ehe sie ohnehin totgeschossen werden würde. Sie hatte schon lange den Plan, ihrem Leben selbst ein schnelles Ende zu setzen, wenn sie gefaßt werden würde. Aber die Tasche hatten sie ihr ja abgenommen.

Ich sagte nichts. Entsetzen hatte mich ergriffen. Die Folgen dieser Katastrophe waren nicht zu übersehen! Für Domie die Kugel, wenn Wil ein Wort sagte, und vorher eine Razzia, um nach ihm zu suchen. Man würde ihn hier zwar nicht finden, aber sicher unsere versteckten Menschen, die hier überall untergebracht waren. Sie konnten mich zum Verhör mitnehmen. Und was sollte dann aus Hansje werden? Arme verzweifelte Wil – sie bettelte um Gift! Sie kannte als Laborantin die geheimnisvolle Wirkung verschiedener Stoffe. Gib mir Salicyl und . . . ein Name, den ich vergessen habe. Das schrieb sie in einem Brief an Margo, meine Nichte, die ebenfalls Domie half. Wenn das in verkehrte Hände gekommen wäre! Margo war neunzehn, also noch minderjährig. Sie würden meinen Bruder anstelle seiner Tochter ergreifen.

»Und was dachtest du nun zu tun?« unterbrach Domie meine Gedanken.

»Ich bleibe zu Hause. Wenn sie kommen und mich holen, dann lassen sie mich nach einer bestimmten Zeit gewiß wieder los.«

De Opper nickte. »Ja, drei Monate bekommt man gegenwärtig dafür. Wenn man dann nichts ausgesagt hat, lassen sie einen von selbst wieder frei.«

»Wenn ich mich verstecke, dann wird die Gefahr akut, denn dann fragt sich jeder: ›Was ist denn im Pfarrhaus los?‹ Wenn ich aber zu Hause bleibe und alles seinen gewohnten Gang nimmt, kann es zunächst so aussehen, als wäre ich krank. Ich kann dann auch die Interessen der Menschen im Versteck besser berücksichtigen, und Hans braucht dann auch nicht weg.«

»Aber ich würde doch raten, alle wertvollen Dinge aus dem

Haus zu bringen«, sagte de Opper. »Rechnen Sie damit, daß Sie eine Räuberbande ins Haus bekommen. Die Methoden der SS bei so einem Verhör sind unmenschlich. Wil scheint mir ein Mädchen mit sehr starken Nerven zu sein, aber hier sind so viele belastende Momente, und Sie dürfen nicht damit rechnen, daß sie nichts herausfinden.«

Dann stand de Opper auf, um zu gehen. Ja, wir durften unsere Zeit hier nicht verreden. Es mußten noch hundert Dinge erledigt werden. Wir mußten die Nachbarn wecken. Sie konnten uns helfen, indem sie das eine oder andere für uns aufhoben. Ich ging nach oben, um ein paar Dinge zusammenzusuchen. Domie ging mir nach. Nun waren wir zum erstenmal wieder allein. Da brach es aus mir heraus.

»Nun ist es endlich soweit! Du hast uns alle tief unglücklich gemacht! Alles, alles nur für die anderen! Nichts für uns selbst!«

Auf dem Frisiertisch stand das kleine Porträt, das Johan gemacht hatte. Ein Brautpaar, das aus der Willem de Zwijgerkerk herauskam, mit zwei Mädchen in Weiß, die den Schleier trugen. Eines von den Mädchen war Margo, damals noch ein kleines Ding. Und das Brautpaar, das waren wir – und darüber der Giebelstein von Willem von Oranje, der die Worte gesprochen hatte, deren Initialen in unsere Trauringe graviert worden waren: S. T. I. U. Saevis, Tranquillus in Undis.

Aber mir war nicht danach zu Mute, »Ruhe inmitten der wütenden See«. Nicht in diesem Moment! Eine große Bitterkeit war in meinem Herzen, denn ich sah nichts anderes als schwarze Nacht vor mir.

»Ich habe nicht anders gekonnt«, sagte Domie, »es sind immer dieselben, die alles ertragen müssen.«

Das stimmte mich ruhiger. Eigentlich wußte ich das selber. Not, Not an allen Enden, die auf einen einstürzte. Mußte man da nicht sein Leben einsetzen als Christ und für seine Landsleute als Holländer? Was hatte Prinz Willem anderes getan? Aber jetzt war eigentlich keine Zeit zum Philosophieren. Wir mußten handeln! Domie weckte die Nachbarn, ich suchte die Sachen zusammen.

Mitten in der Nacht kam der Nachbar an – kaum angezogen, mit ungekämmten Haaren, aber fest entschlossen zu helfen, wo er konnte.

»Hier die Schreibmaschine, der Fotoapparat, der Dia-Apparat. Hinter solchen Sachen sind sie her. Auch das Tafelsilber. Auch noch einige Decken und Bettwäsche? Das Eingemachte auch – von dem kleinen, frisch geschlachteten Schwein? Nein, das lassen wir ruhig stehen, man kann nicht alles hinüberschleppen!

Froukje war auch wach geworden von all dem Räumen, Schleppen und Treppenlaufen. Sie saß zitternd am Ofen im Studierzimmer, während Polletje ihr berichtete.

Endlich waren wir wieder allein, mein Mann und ich. Die eiskalte Bitterkeit war weggeschmolzen und hatte sich in Traurigkeit verwandelt. Würden wir uns noch einmal wiedersehen? Und wann? Domie mußte bald fort. Es war schon fünf Uhr, gleich würde es hell werden, und dann würde er nicht mehr sicher fortkommen können. Der Abschied war doch gut. Aber wir konnten noch nicht zusammen beten. Das kam erst später, viel später wieder.

Nun reihten sich die Tage aneinander. Besuche bei den Menschen im Versteck, die ich doch nicht einfach im Stich lassen konnte. Ja, aber ich müsse aufpassen, flüsterte man nach einer Woche, nach vierzehn Tagen. Man warnte mich. Domie war spurlos verschwunden, war unterwegs krank geworden. Es verschwanden gegenwärtig so viele Menschen von der Bildfläche.

hänssler

Johanna Dobschiner

Zum Leben erwählt

Ein jüdisches Schicksal

Tb., 296 S., Nr. 391.684, ISBN 3-7751-1684-2

Eine atemberaubende Geschichte, wie die Autorin die schreckliche Zeit der Judenverfolgung im Dritten Reich durchlebt. Sie verliert darin fast ihre ganze Familie. Im Untergrund fällt ihr eine Bibel in die Hand, und sie findet dadurch zum Glauben an Jesus Christus als ihren Messias. Sie durchlebt den Holocaust. Lesen Sie hier die bewegende Lebensgeschichte einer Frau, die trotz Verfolgung »zum Leben erwählt« war.

Maury Blair / Doug Brendel

Heute kann ich wieder lachen

Eine bewegende Lebensgeschichte

Tb., 160 S., Nr. 391.851, ISBN 3-7751-1851-9

Maury Blair hat eine traumatische Kindheit hinter sich. Unehelich geboren, in asozialen, ärmlichsten Verhältnissen aufwachsend, mit einem von Haß erfüllten, alkoholisierten Stiefvater, der ihn ablehnt und mißhandelt, und einer Mutter, die resigniert hat, ist Maury Blair der ideale Kandidat für Selbstmord, Drogenszene oder Gefängnis. Doch einer will den ungewollten Jungen ...
Der Autor, der hier seine eigene Jugend erzählt, ist Evangelist und Jugendmissionar.

Bitte fragen Sie in Ihrer Buchhandlung nach diesen Büchern! Oder schreiben Sie an den Hänssler-Verlag, Postfach 12 20, D-73762 Neuhausen-Stuttgart.

hänssler

Anton Schulte

Das habe ich mit Gott erlebt

Tb., 224 S., Nr. 392.002, ISBN 3-7751-2002-5

Wie wurde aus dem ganz gewöhnlichen Jungen der 10-köpfigen Familie Schulte einer der größten Evangelisten Deutschlands?

Rückblickend erzählt Anton Schulte die Geschichte seines Lebens, von seiner Kindheit im Nazi-Deutschland, wie er nach Abschluß seiner Müller-Lehre zu den Fallschirmjägern kam und schließlich in amerikanische Gefangenschaft geriet.

Als kriegsgefangener Landarbeiter in Schottland erlebte er die große Wende seines Lebens: die Begegnung mit Gott.

Von da an erhielt sein Leben eine völlig neue Richtung — es war der Beginn einer großen missionarischen Bewegung, die ganz Deutschland und weite Teile darüber hinaus erfaßte.

Bitte fragen Sie in Ihrer Buchhandlung nach diesem Buch! Oder schreiben Sie an den Hänssler-Verlag, Postfach 12 20, D-73762 Neuhausen-Stuttgart.